SEBASTIAN BLAU

Rottenburger Hauspostille

Rottenburger Hauspostille

oder anmutiger Blick
durch des Verfassers Brille
auf die löbliche schwäbische Neckarstadt,
die ein Alter von mehr
als zweitausend Jahren hat,
die merkwürdigen Schicksale,
die sie erlitten,
und ihrer Bewohner
Wesen und Sitten

Getreulich beschrieben,
wahr und genau
durch ihren Bürger

Sebastian Blau

HANS STOEGER VERLAG

Auslieferung:

KONRAD THEISS VERLAG
STUTTGART

Meiner Frau
und dem Andenken
meiner Eltern

Ich hab ein Lust, ein Freud, ein Mut,
Zu beschreiben kürzlich und doch gut
Rottenburg, die Stadt ungefahr,
Welche vor vierthalbhundert Jahr
Erbauen ward und aufgericht,
Wie man dann hier vor Augen siecht.
Der Ort, da sie gegründet ist,
Ganz lieblich anzusehen ist
Mit Wiesen, Wäldern, Berg und Tal,
Brunnen und Wassern überall.
Das Feld ist fruchtbar um die Stadt,
Viel schönen Wiesenwachs sie hat,
Dabei viel schöner Berg mit Reben,
Die Bürger haben davon 's Leben.
Derwegen sie, gar weit bekannt,
Von Vielen »Schmalzgrub« wird genannt!
– Nun nehmet freundlich mit fürlieb,
Was ich nit weiß, ich nit beschrieb.

Nach dem
»Lobspruch über die Stadt Rottenburg am Negger«
ihres Chronisten
Christoph Lutz von Lutzenhartt

A. D. 1609.

Blick vom Turm

Eine seltsame Erregung befiel mich, als ich, von innen wieder abschließend, wie man mich im Mesnerhaus geheißen, den Schlüssel umdrehte und nun vor der steilen Treppe stand. Abgeriegelt vom Draußen, vom Heute, umschloß mich in dem gedämpften, schattenlosen Licht plötzlich Vergangenheit, eine Vergangenheit, die am Alter des Turms gemessen zwar kaum als ein Gestern zählte, wie denn auch seine Ehrwürden dem Emporsteigenden mit der milden Eindringlichkeit des Alters zuredete, für die fünfundzwanzig Jährlein seit dem letzten Besuch doch keine so großen, ernsten Worte zu gebrauchen. Fast hätte er mich überzeugt, der alte Turm: die grauen, ausgetretenen Stufen, die bekritzelten Wände, die kühle, leicht dumpfige Luft ließen mich glauben, es sei wirklich erst gestern die große Vakanz gewesen, da man seine Basen hier heraufgeführt hatte, ihnen voll Bubenstolz die Stadt von oben zu weisen.

Die Glocken mit den Herkuleskeulen ihrer Klöppel hingen reglos und mächtig wie eh zwischen staubgrauem Gebälk. Von ihren eisernen Hebelarmen liefen die Seile hinab, an deren vielteiligen Enden unten in der Sakristei man seine Kraft probiert hatte – gutmütig hatte einen die große Glocke beim Ausschwingen bis ans Deckengewölbe gehoben. Zum Dank dafür schlug ich sie nun mit dem Knöchel an – sie gab kaum Anwort. Auch ihre Inschrift vom Jahre 1649 ließ sich nur unwillig entziffern:

Als Rottenburg, die werth Stadt,
durchs Fewrs Brunst verloren hat
all Gebew, Rathhaus, die Kirch zuegleich,
wariber wehklagt Arm und Reich,
bin Ich durch Hitz im Thurm zerflossen,
im Jahr wie volgt von newem gossen.

Durch ein finsteres, enges und steiles Schneckengehäuse tastete sich die Treppe vollends hinauf ins grelle Licht. Niemand war auf dem Umgang, niemand in der winzigen Türmerküche mit dem Büschel gelber Rüben auf dem Schüsselbrett. Die Tür zum Stüblein war abgeschlossen, die Fensterläden waren ringsherum zu. Ob noch immer ein alter Türmer unter dem Netzgewölbe des achteckigen Gehäuses auf dem Schusterbock saß, riesternd und nagelnd in luftiger Höhe, damit die unten um so fester auf dem sicheren Boden schritten? Ich meinte fast, das Gurren seiner Turteltauben zu hören . . .

So war ich denn allein hier oben, einziger Herr des Turms und Höchster der Stadt für eine selige Stunde. Nichts mehr über mir, als die schlanke Pyramide des Turmhelms, in dessen Maßwerk der blaue Himmel spielte. Es fehlte wenig, und ich hätte, wie jenes Oberländer Büblein auf dem Bussen, vor Lust gejauchzt: »Au, dô sieht ma' de ganz Welt ond Andelfinge'!« Hingebreitet im hellen Licht des Mittags, frischgewaschen von einem abziehenden Augustgewitter lag sie unter mir, die schöne Welt meiner Jugend.

Goldgelb das weite Sülcherfeld, Schatten weißer, dampfender Wolken lagern auf ihm, das Spitzberg und Rammert, damit es nicht ins Unendliche zerfließe, mit sattem Waldblau umrahmen. Im Südosten fernhin verblauend die Alb. Buschwerk läßt die Ufer des Neckars ahnen, der durch das breite, lichte Tal an Kiebingen, Bühl und Kilchberg vorbei hinabzieht nach dem fern schimmernden Tübingen. Links in grüner Insel Sülchens eckiger Turm und weißer Giebel, im Hintergrund, gleichseitig wie von Menschenhänden aufgeschüttet, in prallem Sonnenschein der Wurmlinger Berg; ihm zu Füßen das Dorf, und weiter hinaus in flimmerndem Glast der Schönbuchrand, Roseck und Hohenentringen.

Im Norden lugt aus Obst- und Hopfengärten St. Theodorichs schlanker Dachreiter. Hart, überscharf steht vor einer regengrauen Wolkenwand, die den Heuberg verhüllt, das Huthüttele auf seiner Höhe; horizontale Weinbergmäuerchen und senkrechte Stufenkerben weben dem steilen Hang, wie Kette und Schuß, eine gewürfelte Decke aus Grün, Braun und Ocker. Diesseits des tiefeingeschnittenen Baches in Lindengrün, Hopfenstangen und Baumgütern das Weggenthal.

Auf dem Burgberg neben Baukastenklötzen, traurigen Mahnmalen an eine Zeit, da Zweckmäßigkeit jede Ehrfurcht vor der Vergangenheit und allen Schönheitssinn erstickte, halten Schütteturm und ein Stück zerbröckelnder Mauer melancholische Ehrenwache am Grab versunkener Herrlichkeit: hier glänzten einst Göttertempel, hier wehte das weiß-rote Fähnlein der Hohenberger Grafen vom Bergfried, hier rannten Frau Mechthilds Ritter im Turnier dröhnend widereinander...

Weiter westlich, links vom hochragenden Kalkweiler Tor, stürzen graugelbe Felsen jäh zu Tal; verdeckt von saftigem Gartengrün blinkt da und dort der Neckar auf wie eine Spiegelscherbe in der Sonne. Tannenhänge überschneiden sich mit den Felsen der Neckarhalde und schließen das Tal nach Westen ab. Auf ihrem Scheitel, eingebettet in schwärzlichen Wald, das rosa Gemäuer der Altstadt. Wie drüben auf der andern Seite der Wurmlinger Berg unwillkürlich zum Blickfang wird, von dem aus das Auge die Landschaft erfaßt und gliedert, so beherrscht hier der massige Waldberg Alt-Rottenburgs das Bild. Von ihr, der Weilerburg, die kanzelgleich vorragt, zieht sich der Rammert das Neckartal entlang, seine grünen Bühle und waldigen Höhen zerschnitten von Tälern und Schluchten; zu seinen Füßen das weite Tal, bedeckt mit einem Teppich aus Altgold und Wiesengrün.

Und dann die Stadt! Ein Gewirr von braunen, roten, schwärzlichen Dächern, von Fachwerkgemäuer und Giebeln, die sich schwatzhaft zueinander neigen, nachbarlich in Haufen stehen, einander über die Achsel sehen, einander verdrängen wollen oder abweisend die Hinterfront zeigen. Wäsche flattert auf Altanen, aus Kaminen steigt bläulicher Rauch, in den Höfen stehen Leiterwagen und scharren Hühner, in ummauerten Gärtchen blühen Sommerblumen. Türme schießen auf, dort Schütte und Kalkweiler Tor, hier des Seminars kropfige Zwiebel, drüben in Ehingen die spitze Nadel von St. Moriz und die rostrote Kappe des Pulverturms. Krumm und verzwickt durchschneiden die Rinnsale der Gassen und Gäßlein das Häusergewimmel, gliedern die breiteren Schluchten der Straßen es in regellose Viertel.

So, an den grauen Stein der Brüstung gelehnt, überschaute ich wieder einmal diese Welt, in der mir einst kein Haus und kein Weg, kein Fels und kein Hügel fremd gewesen. Mörike-Verse fielen mir ein:

Hier wird ein Strauch, ein jeder Halm zur Schlinge,
die mich in liebliche Betrachtung fängt;
kein Mäuerchen, kein Holz ist so geringe,
daß nicht mein Blick voll Wehmut an ihm hängt:
ein jedes spricht mir halbvergess'ne Dinge . . .

Was längst dem Gedächtnis entschwunden schien, hier war es mit einem Male wieder da: liebe Gesichter tauchten auf, vertraut klingende Namen, die großen Freuden der Jugend und allzu frühes Leid, Schulnöte und Lausbubenstreiche, helle Festtage und Kriegssorgen, erste Liebe und Äpfelstehlen und der unwiederbringliche Glanz der großen Ferien...

Ich beugte mich über das Gesims, es war rissig und ausgewaschen von Regen und Schnee, da und dort hielten es eiserne Klammern zusammen. An den Fialen waren Krabben abgefallen, andere waren gänzlich verwittert, die Fratzen der Wasserspeier formlos geworden. Überall sah ich Stützen und eiserne Bänder weiterem Zerfall wehren. Auch du, alter Domturm, bist also älter geworden! Daß dir aber aus der abgeschrägten Ecke deines Schallfenstergeschosses, aller Eisenklammern spottend, luftig und lustig ein Holunderbusch grünt, das macht mich wieder froh.

Mehr als vier Jahrhunderte sind dahingegangen, seit der kühne Steinmetzgeselle Meister Schwarzachers dir deine Kreuzblume aufgesetzt hat. Was hast du alles geschaut im Wandel so vieler Jahreszeiten! Dreimal lag die Stadt um dich her in Asche, dreimal sahst du sie wieder auferstehen. Den Kaiser Maximilian hast du noch persönlich gekannt und Herrn Jörg von Ehingen, den letzten schwäbischen Ritter; aufrührerische Bauern sahst du durch den Sülchgau ziehen, und der widerliche Rauch allzuvieler Scheiterhaufen stieg bis zu dir herauf; Schweden, Franzosen, Österreicher kampierten an deinem Fuß, Jesuitenpatern warst du freundlicher Nachbar, und gastweise nistete um dich die Blüte des französischen Adels. Unbewegt standest du in Kriegswettern und Revolutionen und bedauertest aus deiner sternnahen Ruhe die ewig Ruhelosen, Gehetzten und Geplagten da unten.

So stand ich und dachte den wechselvollen Geschicken dieses Bodens um mich her nach. Gestalten und Bilder, frohe und düstere, glitten lautlos vorüber, ohne daß es der Wurmlinger Zaubererbsen bedurft hätte. Es war ein langer Zug in den Trachten und Moden aller Jahrhunderte, dessen Anfang nebelhaft verdämmerte. Viele Gestalten mit Namen von geschichtlichem Klang entdeckte ich darunter, sie alle hat das Große Welttheater hier einmal auftreten lassen. Unversehens weitete sich der Horizont, alle Wege und Straßen führten aus der kleinen, alten Stadt hinaus in das Reich...

Noch einmal ließ ich den Blick in die Runde gehen, vom Heuberg bis zur Weilerburg und vom Martinsberg zur Wurmlinger Kapelle, beglückt von der vertrauten Schönheit dieser Landschaft, die Weiches und Schroffes, verwinkelte Enge und blauende Ferne, behäbig sich breitende Fruchtbarkeit und karge Größe in reizvollem Wechsel verbindet. Und stolz auf die zweitausendjährige Geschichte ihrer Erde, darin meine Vorfahren ruhen, dankte ich dem Geschick, daß es mir diese Heimat gegeben.

Buch der Bilder

Was in der Zeiten Bildersaal
Jemals ist trefflich gewesen,
Das wird immer einer einmal
Wieder auffrischen und lesen.

Goethe

Sumelocenna

»P. Domitius Celer grüßt seinen Cornelius Tacitus.

Du bittest mich als einen Augenzeugen und Kenner, wie du mich schmeichelhaft nennst, dir über Land und Leute meines früheren Wirkungskreises in Obergermanien zu berichten. Daß ich dank dem Vertrauen des Caesars einige Jahre dort zugebracht, kann ich nicht leugnen; ob dir aber mit dem, was ich von der Herkunft der Dekumatlandbewohner erfahren und von ihren Sitten gesehen habe, für dein geplantes Buch über Deutschland gedient sein wird, das mußt du nach der Lektüre meines Briefes selbst beurteilen.

Ich will also meine Erinnerungen an jenen fernen Landstrich am Neckar, an den ich nicht ungern zurückdenke, vor dir ausbreiten; ich tue es um so lieber, als mich der milde Himmel und die Üppigkeit hier in Kleinasien auf meinen ewigen Schnupfen im Dekumatland und die dortige Härte des Lebens zurückblicken lassen wie auf Heldentaten, die ich für das Vaterland erlitten habe, wenn man so sagen kann.

Zuerst sollst du wissen, daß den fraglichen Winkel zwischen Rhein und Donau, den man das Dekumatland nennt, keine Germanen bewohnen. Vielleicht erinnerst du dich der Stelle bei Herodot, wo er berichtet, es hätten zu seinen Zeiten im Quellgebiet der Donau Kelten gehaust. Ich habe mir sagen lassen, diese Helvetier – denn dies ist der Name des dort wohnhaft gewesenen keltischen Volksstammes – seien von den Scharen des mächtigen Suebenkönigs Ariovist, der, wie du weißt, selbst dem göttlichen Julius hart zu schaffen machte, aus ihren Wohnsitzen am Neckar und an der Donau verdrängt worden. Doch ist dies nicht so zu verstehen, als ob dadurch das Gebiet von Kelten entblößt oder gar völlig entvölkert worden wäre; diejenigen, welche es als ›helvetische‹ Einöde bezeichnen, übertreiben meiner Meinung nach stark. Es saßen auch nachher noch Kelten im Land, und bald gesellten sich zu ihnen neue gallische Landsleute, die, verlockt von dem herrenlosen Boden in dem jeder staatlichen Organisation entbehrenden Winkel, über den Rhein herübergekommen waren. Was aber dies für Menschen gewesen, kannst du dir denken: fragwürdige Elemente und Glücksritter, die die Not verwegen machte. Die Niederlassung im Dekumatland fiel ihnen um so leichter, als wir Römer, schon ehe wir das Gebiet förmlich dem Reiche eingegliedert hatten, germanische Ansiedler um der Sicherheit unserer Grenzen willen dort nicht geduldet haben; und wenn wir diesen Zuzug leichtester gallischer Ware nicht gerade förderten, so unterbanden wir ihn auch nicht.

Jene gallischen Abenteurer, die sich inzwischen zu seßhaften Bauern gewandelt hatten, und ganz kleine Reste der von dem Zug des Ariovist hier hängengebliebenen Sueben, fanden wir bei der schließlichen Einverleibung des dekumatischen Landes unter dem Kaiser Vespasian vor. Wir sicherten unsere neue Grenze gegen Norden und Osten durch den Limes, schoben alsdann unsere Besatzungen vor und machten diesen Winkel des Imperiums zu einem Teil unserer obergermanischen Provinz. Die Tatsache der alteingesessenen keltischen Bewohnerschaft erklärt auch die keltische Herkunft so vieler Orts-, Fluß- und Personennamen dort, wie ja ›Dekumatland‹ selbst eine für unsere Zunge zurecht gemachte gallische Bezeichnung ist. Ohne mich vor dir als Kenner des Keltischen aufspielen zu wollen – habe ich doch von dieser rauhen und schweren Sprache kaum ein paar Brocken zum Hausgebrauch aufgeschnappt –, glaube ich doch, dir den Versuch einer Erklärung dieses Wortes schuldig zu sein. Sofern man mir recht berichtet hat, kommt es vom keltischen *dekmat*, das ist eine Anzahl von zehn, so wie wir etwa sagen: eine Hundertschaft; die

Übertragung auf Land und Boden soll mit der Stammesgliederung jener alten Helvetier zusammenhängen. Wie dem auch sei, du siehst, daß selbst den Dekumatbauern Herkunft und Sinn des Namens nicht mehr recht gegenwärtig sind; heute, unter der Herrschaft unserer Adler und den Gesetzen Roms, hat er seine Berechtigung gänzlich verloren. Nicht viel besser weiß ich dir den Namen des Hauptortes im Dekumatland zu deuten: *Sumelocenna* soll nach den einen den Namen eines keltischen Gottes, nach andern den eines Stammeshäuptlings enthalten, nach dritten aber soll es ›Ort am schönen Talende‹ heißen. Willst du aber wissen, was *Nicer* (Neckar), *Murra* (Murr), *Armisa* (Erms), *Ad Lunam* (Lone), *Grinario* (Köngen), *Alba* (Alb), *Abnoba* (Schwarzwald), *Opia* (Ipf) bedeuten, so kann ich dir nur raten: besuche den Zirkus und frage einen gallischen Gladiator, ich weiß es nicht.

Als mich die Gnade des Caesars Domitian zum Verwalter seiner Domänen im Dekumatland bestellte, reiste ich, von *Lugdunum* (Lyon) kommend, auf der südlichen der beiden Heerstraßen, die damals in jenes Gebiet führten, über unser Legionslager *Vindonissa* (Windisch bei Brugg in der Schweiz), *Brigobanne* (Hüfingen) zu den ›Flavischen Altären‹ (Rottweil), wo unsere vom westlichen *Argentoratum* (Straßburg) kommende Straße auf jene trifft; von dort war es noch eine Tagesreise nach meiner Residenz Sumelocenna. Ich fand das Land weder so rauh noch so regnerisch, wie ich befürchtet hatte; die vielen Höhen und Bergzüge sind mit Eichenwald bestanden, die Täler wasserreich und fruchtbar –

weder Gras, noch sprudelnde Quellen
*mangeln den Herden**.

Ich sah gallische Bauerngehöfte und bereits auch römische Gutshöfe und Villen, um so zahlreicher, je mehr ich mich Sumelocenna näherte.

* Vergil »Gedicht vom Landbau«.

Dieser Ort, denn eine Stadt ist es nicht, weder der Größe noch dem Recht nach, scheint wie zur Verteidigung des oberen Neckartales angelegt; er liegt zu beiden Seiten des Flusses genau an der Stelle, wo dieser aus einem engen und steilen Tale heraustritt in eine weite Ebene. Ein Standlager, das wir dort errichtet haben, hat durch den *Limes* seine Bedeutung fast gänzlich eingebüßt; schon zu meiner Zeit war die Rede davon, es aufzuheben, was inzwischen wohl auch geschehen sein wird.

Da wir im Dekumatland einen geschlossenen Volksstamm nicht antrafen und noch weniger große Städte, konnten wir bei der Einrichtung unserer Verwaltung nicht wie in Gallien verfahren, wo wir mangels einer Stadt oft einen ganzen Stamm und sein Gebiet zur Gaugemeinde mit Selbstverwaltung (*civitas*) gemacht haben. Du kennst ja unsere bewährte Übung, altgewohnte Ordnungen und Verhältnisse möglichst zu schonen, sie aber unseren Zielen dienstbar zu machen. Hier jedoch fehlte schlechthin jegliche Ordnung. Daher mußten wir weiter vorn anfangen und das Land um Sumelocenna als kaiserliche Domäne in unmittelbare Verwaltung nehmen. Nur so konnten wir die Voraussetzungen schaffen, auf denen die für das Gedeihen des Imperiums und dieses zurückgebliebenen Provinzteils erforderliche Entwicklung zu Verfassungsformen höheren Rechts fußen kann.

Ich weiß, du liebst sachliche Einzelheiten. Dennoch klänge es wie Selbstlob, wenn ich dir deinen Domitius als Verwalter der sumelocennensischen Domäne in voller Tätigkeit schildern würde. Nur so viel: er hat Straßen gebaut, den Ackerbau begünstigt und ihn durch Einrichtung römischer Musterbetriebe auf eine höhere Stufe zu heben versucht; er hat das Handwerk gefördert und den Handel mit anderen Provinzteilen unterstützt, Veteranen angesiedelt, Sumelocenna vergrößert, für anständige Unterkunft seiner Beamten gesorgt und dem Ort aus einem etwa zwei Stunden westlich gelegenen Seitental des Neckars gesundes Quellwasser zugeleitet. Auch der Götter hat er nicht vergessen, indem er ihnen auf dem höchsten Punkt der Ansiedlung einen Tempelbezirk weihte. Inspizierend, kontrollierend und Recht sprechend hat er seinen Amtsbereich teils im holpernden Wagen, teils im Sattel ausgemessen und sich nach Kräften gemüht, das seiner Verwaltung anvertraute Gebiet römisch zu machen.

Von den dekumatischen Bauern kenne ich am besten die Bewohner meiner einstigen Residenz Sumelocenna. Sie sind, wie gesagt, gallischer Abstammung und halten zäh an ihrem hergebrachten Volkstum fest. Außerhalb des Ortes, der ihren Vorfahren Entstehung und Namen verdankt, wohnen sie in Einzelgehöften, deren strohgedeckte Häuser und Stallungen teils auf rechtwinkligem, teils auf ovalem Grundriß in einfachster Bauweise errichtet sind. Da die Kunst des Mörtelbaus ihnen fremd ist, füllen sie die Zwischenräume zwischen den in den Boden gerammten Hauspfosten mit Flechtwerk aus, das sie mit Lehm verputzen und außen mit Kalk weißen. Auch runde Hütten mit spitzem Dach, die Bienenkörben gleichen, habe ich gesehen. Obgleich sie die Töpferscheibe kennen, sind ihre Gefäße meist ungefüge und kunstlos und in ihren Formen ohne viel Abwechslung. Sie lieben es, sich mit Armringen aus farbigem Glas und mit rohgearbeiteten Amuletten, Menschen- und Tierfiguren aus Erz, zu schmücken. Nur ganz alte Männer tragen noch *torques*, jene eisernen oder erzenen Halsringe, die früher den Galliern eigentümlich waren, und die ich hier in Galatien, wo ich es ebenfalls mit den Abkömmlingen keltischer Einwanderer zu tun habe, auf Standbildern wiederum sehe. Die Hauptwaffe der dekumatischen Kelten, habe ich mir sagen lassen, sei das lange eiserne Hiebschwert gewesen.

Sie verehren Götter mit zungenbrecherischen Namen, die freilich in unserm Munde fast römisch klingen: den Apollo heißen sie *Grannus*, den Merkur *Visucius*, den

Mars *Caturix*, ferner opfern sie einer Pferdegöttin *Epona*, einer Unterweltsgöttin *Herecura*, einer *Sirona*, einem *Sucellus*, *Teutates* und vielen anderen.

Ihre Sprache klingt lateinischen Ohren mißtönend und rauh, dazu sprechen sie sehr laut wie zu einem Tauben; man könnte fast sagen: sie schreien beim Reden, auch wenn sie nicht schimpfen, was sie übrigens aus kleinstem Anlaß sofort tun und oft auch ohne Grund, rein zu ihrem Vergnügen. Sie sind von lebhaftem, hitzigem Naturell, brausen schnell auf und sind in ihrer, freilich rasch verrauchenden, Wut nicht ungefährlich. Dumm sind sie nicht und keineswegs ohne Witz; sagte mir doch einer, der allerdings römische Bildung genossen*, als ich ihn mit der Gründung Sumelocennas durch Räubergesindel aufzog: solchem, habe man ihn gelehrt, verdanke auch das stolze Rom sein Dasein.

Dies ist, mein Tacitus, was ich dir über Sumelocenna und das Dekumatland berichten kann. Mein Brief ist noch länger und geschwätziger ausgefallen, als ich von vornherein befürchtet habe, aber so geht es, wenn man liebe Erinnerungen heraufbeschwört. Verwende davon, was du für dein Buch brauchen kannst, falls du überhaupt etwas davon brauchen kannst; denn einen Brief für einen Freund und ein Buch für die Nachwelt zu schreiben, sind zwei Paar Stiefel. Leb wohl und bewahre mir deine Freundschaft.«

Dieser Brief ist nie geschrieben, also auch nie empfangen worden; der Name des angeblichen Schreibers, P. Domitius Celer, ist Erfindung. Nicht aber die Person.

In den achtziger Jahren des letzten Jahrhunderts fand man bei Düzdsche in Bithynien einen antiken Stein mit griechischer Inschrift, die ergänzt und verdeutscht lautet: »Den von dem Kaiser . . . . bestellten Verwalter . . . . des sumelocennensischen und (jen)seits des Limes gelegenen

* Siehe Oberamtsbeschreibung I, 293.

Domänen-Areals, den von demselben Kaiser bestellten Verwalter der Provinz Galatien und der benachbarten Gebiete . . .« usw. Diese Lesart stammt von Mommsen, der sich viel mit Sumelocenna und dem Dekumatland beschäftigt hat. Jüngere Archäologen wollen statt »jenseits des Limes« lieber »diesseits« ergänzen. Sei dem, wie ihm wolle, so viel geht aus der Inschrift, die sich trotz der fehlenden Namen von Kaiser und Verwalter als dem Ende des 1. Jahrhunderts n. Chr. angehörend datieren läßt, mit Sicherheit hervor, daß sie einem kaiserlichen Beamten gewidmet ist, der, ehe er zum Verwalter jener beträchtlichen kleinasiatischen Provinz vorrückte, Verwalter der kaiserlichen Domänen am Neckar war und als solcher den Titel *Procurator Augusti Tractus Sumelocennensis* führte. Als Angehöriger des Ritterstandes dürfte er während seiner Rottenburger Amtstätigkeit ein Gehalt von 60 000 Sesterzen, das sind etwa 12 000 Mark, bezogen haben, da dieses Einkommen die Vorstufe der galatischen Prokuratur gewesen ist.

Was aber den Empfänger unseres fingierten Briefes betrifft, so weiß man, daß Tacitus seiner *Germania*, die um das Jahr 100 erschien, sorgfältige Studien von Land und Leuten zugrunde gelegt hat, wozu ihm wohl Erzählungen von Reisenden und Berichte der in Deutschland stationierten römischen Offiziere und Beamten den Stoff geliefert haben. Der gewissenhafte Tacitus war selbst höherer Staatsbeamter. Warum sollte er seine vornehmen Verbindungen nicht benützt haben, um aus erster Hand etwas über die Zustände des jungen römischen Reichsteils am Neckar zu erfahren? Jedenfalls ist es reizvoll, sich jenen sumelocennensischen Prokurator als den Gewährsmann des großen Geschichtsschreibers vorzustellen, dessen Griffel über unsere engere Heimat die vielerörterten Sätze niedergeschrieben hat:

Non numeraverim inter Germaniae populos, quamquam trans Rhenum Danuviumque consede-

rint, eos qui decumates agros exercent. Levissimus quisque Gallorum et inopia audax dubiae possessionis solum occupavere. Mox limite acto promotisque praesidiis sinus imperii et pars provinciae habentur.

Zu deutsch: »Nicht zu den germanischen Stämmen zählen möchte ich die Bauern des Dekumatlandes, obgleich sie jenseits von Rhein und Donau sitzen: gallische Abenteurer, durch Not verwegen gemacht, haben den herrenlosen Boden in Besitz genommen. Nachdem wir später den Limes angelegt und unsere Besatzungen weiter vorgeschoben hatten, wurde das Gebiet, was es jetzt ist: eine Ausbuchtung des Reiches und ein Teil der Provinz.«

Vierundachtzigjährig starb im Jahre 1862 in Rottenburg Domdekan Ignaz von Jaumann, ein weltoffener Geist und aufrechter Charakter, ein Bücherfreund, Bildersammler und liebenswürdiger Gesellschafter, dessen stets willkommene Besuche bei Freund Uhland jedesmal ungewohnt heitere und aufgetane Geselligkeit in dem stillen Haus an der Tübinger Neckarbrücke erweckt hatten; ein als Seelsorger, Pädagoge und Heimatforscher um die Stadt, in die der gebürtige Wallersteiner 1814 als Stadtpfarrer versetzt worden war, hochverdienter und dankbaren Gedenkens höchst würdiger Mann.

Seit er »die ersten Spuren des Römertritts in unserer Gegend entdeckt« hatte, war er ihnen nahezu ein halbes Jahrhundert mit nimmer erlöschender Begeisterung nachgegangen und durch vielfältige Funde für seinen Eifer belohnt worden.

Selbst jetzt, als seine Seele die Schwelle des Paradieses überschritt, hing sie noch archäologischen Fragen nach, ja, schien davon bedrückt zu sein. Dem scharfen Auge des Himmelspförtners entging dies nicht, und weil er nur wahrhaft Glückliche einlassen durfte, hielt er die Bekümmerte an. Da erzählte ihm die arme Seele, wie sehr sie auf Erden erfüllt gewesen sei von »dem erhebenden Gedanken, eine versunkene Stadt aus ihren Trümmern gleichsam neu aufzubauen, mit ihren Toten zu verkehren und selbst diese nach fast zweitausendjährigem Schlummer zu neuem Leben zu erwecken«. Dies sei ihr über Erwarten weitgehend geglückt, aber mit dem lichtbringenden Spaten, den der Tod ihr aus der Hand genommen, habe sie doch manche Fragen und Rätsel der *Colonia Sumlocenne* ungelöst auf Erden hinterlassen. Und darum fürchte sie, auch im Himmel die ewige Ruhe nicht zu finden, solange der Stachel der Ungewißheit, wie es nun wirklich gewesen sei, sie martere. Bekäme sie aber Erlaubnis, in die Unterwelt hinabzusteigen, um dort die sumelocennensischen Schatten zu befragen, dann würde ihr zur Glückseligkeit nichts mehr fehlen.

Obgleich Sankt Peter der Beschäftigung mit solch heidnischem Kram keinen Geschmack abfinden konnte, gab er, eingedenk des Sprichworts: des Menschen Wille ist sein Himmelreich, der fleckenlosen Seele die erbetene Erlaubnis.

Also stieg Jaumann hinab in den Hades. Nachdem ihn der mürrische Fährmann über den dunklen Fluß gesetzt, schritt er, nicht achtend des Cerberus' wütenden Gebells in dem dämmerigen Licht, das nicht dem Tage glich und nicht der Nacht, über die Asphodeloswiesen hin zu den Schatten der römischen Rottenburger, wie ihn der alte Charon geheißen. Und als er sie, wie einst Odysseus, beschworen, da stiegen

aus der Tiefe die Seelen der abgeschiedenen Toten,
Jünglinge und Jungfraun und leiderfahrene Greise,
jugendzarte Bräute, von frischer Trauer betroffen;
viele im Kampf gefallne, von ehernen Lanzen erlegte
*Männer kamen und hielten noch ihre blutigen Waffen.**

Als erste nahten sich ihm zwei Gestalten in blütenweißer Toga: »Du hast uns gerufen«, sprachen sie mit einer

* Homer, Odyssee XI, 37 ff. übers. von Thassilo von Scheffer.

Stimme, darin weder Trauer noch Hoffnung klang, »was willst du?« Und als er sie in besserem Latein, als diese Gallo-Römer selber sprachen, gefragt, wer sie seien, erwiderten sie: »Du kennst uns. Julius Dexter und C. Turranius Marcianus*, Vorsteher des Ortes Sumelocenna und Beauftragte des Gemeinderats.« Jaumann hob grüßend die Hand: »Gruß den Bürgermeistern der *Colonia Sumlocenne!«* – »Bürgermeister, ja, wenn du so willst, aber eine colonia ist Sumelocenna nie gewesen, nicht einmal eine Stadt, sondern ein *vicus*, ein Dorf in deiner Sprache, freilich das größte der Domäne.«

Ein anderer, trotz römischer Tracht an Aussehen und Sprechweise sogleich als romanisierter Kelte zu erkennen, trat vor: »Zu meiner Zeit – ich lebte unter Kaiser Commodus (180–192) – wurde die Domäne zur *Civitas* erhoben, und ich, P. Quartionius Secundinus, bin Mitglied ihres Bezirksrats gewesen, dem als ausübende Beamte die *duumviri iuris dicundo* (Zweimänner für die Rechtsprechung), der *Aedil* (Polizeivorstand) und der *Quaestor* (Finanzbeamter) zur Seite standen. Meine Heimat ist Grinario (Köngen), wo ich auch gewohnt habe, denn die *civitas Sumelocennensis* ist keine Stadt gewesen, sondern eine Gaugemeinde. Ihr Gebiet umfaßte weit mehr als den Ort, von dem sie den Namen trug: im Süden reichte es bis *Arae Flaviae* (Rottweil), im Westen bis zur Grenze der *Civitas Aquensis* (Baden-Baden) und Neckar abwärts sogar noch über meine Heimat hinaus.«

Jaumann blickte enttäuscht: sein Sumelocenna nicht einmal eine Stadt! Und er hatte geglaubt, ihr Rathaus, ja sogar den Weinkrug des Stadtschultheißen ausgegraben zu haben ...

Ein wohlbeleibter, geschäftiger Schatten näherte sich ihm tröstend: »Gewiß ist es so, wie diese sagen, Landsmann. Doch vergiß nicht: es sind Beamte, die zu dir sprechen,

* Diese und alle im Folgenden genannten Personen sind durch gefundene Inschriften bezeugt.

und die haben immer nur die verfassungsrechtliche Stellung Sumelocennas im Auge. Ich aber, M. Messius Fortunatus, beurteile als Geschäftsmann – ff. Tonwaren und Tuchmäntel – die Dinge vom Praktischen aus und kann dir versichern: unsere Heimat ist sehr wohl eine Stadt gewesen, was Größe, Bedeutung und städtisches Leben angeht. Darin kamen ihr rechts des Rheins wenige, und drüben in der Belgica nicht allzuviele gleich. Während der zwei Menschenalter seiner Blüte – sie begann etwa unter dem Philosophenkaiser Marc Aurel (161–180) – griff Sumelocenna im Norden, Nordosten und Osten weit hinaus über den Umfang der Stadt, aus der du, spätgeborener Landsmann, kommst. Freilich darfst du dir das von der Mauer umschlossene Stadtgebiet nicht gänzlich überbaut vorstellen, sollte es doch in Zeiten der Gefahr auch den schutzsuchenden Umwohnern Raum bieten und bei feindlicher Belagerung zur Ernährung der Bürger beitragen können. Mir selbst vergönnten die Götter, während dieser Zeit friedlichen Aufstiegs dort im Licht zu wandeln; so will ich dir ein Bild der Stadt entwerfen, wie ich sie gesehen.

Weitaus die Mehrzahl ihrer Einwohner war, wie du weißt, keltischer Abstammung, besonders wohnten viele Helvetier in Sumelocenna. Alle aber fühlten sich als Römer, wie ja auch die römische Sprache, wenigstens in der Stadt, das Keltische zurückdrängte. Die nicht sehr zahlreichen Italiker unter uns und die noch selteneren Stadtrömer – fast nur höhere Beamte – waren oder stammten von Legionsveteranen, die nach ihrer Entlassung aus dem Heer in und vor der Stadt als Colonen angesiedelt worden waren. An Markttagen sah man in den Straßen auch vereinzelte Germanen vom Stamm der Sueben, Bauern auch sie, wie alle Umwohner Sumelocennas. Im ganzen mögen zu meiner Zeit 1500 Seelen innerhalb der Mauern gewohnt haben.

Garnisonsstadt war Sumelocenna in meinen Tagen nicht mehr. Wie mir aber mein Großvater erzählte, soll sich zu Anfang des römischen Regiments ein Standlager mit Truppen dort befunden haben – wo, weiß ich nicht, weil es damals längst aufgegeben und überbaut war.

Innerhalb der Mauern herrschte reges Leben. Sumelocenna besaß Marktrecht, viele Handwerker und eine nicht unbedeutende Industrie in Tonwaren. Meine eigenen Töpfereien und Brennöfen lagen rechts der Straße, die ihr jetzt »die alte Wurmlinger« nennt. Unser Handelsverkehr erstreckte sich bis an Rhein und Mosel, ja bis tief nach Gallien hinein (Auvergne).

Rings auf den Höhen, bis hinauf zu eurem unaussprechlichen »Kalkweil« erhoben sich die Villen der Wohlhabenden. Auch in der meinen fehlten weder Warmluftheizung, noch Bad, noch Glasscheiben an den Fenstern; Mosaikböden und buntbemalte Wände schmückten die Räume, Säulen die Vorderwand, Statuen die buschigen Gärten. Waren die Gassen der Stadt auch schmal und ihre Häuser zumeist nur leicht gebaut, so bot dafür das Forum, an der Stelle eures heutigen Marktplatzes gelegen und mit sehenswerten Gebäuden und allerlei Läden umgeben, einen um so stattlicheren Anblick. Die öffentlichen Bauten Sumelocennas bekundeten es schon von weitem als den Hauptort der *Civitas*: die hohe ringsum laufende Mauer, zinnenbewehrt und mit Tortürmen versehen, die Bäder, der Sitz des Bezirksrats, die Wasserleitung und besonders das *Capitol*, jener auf dem höchsten Punkt der Stadt den Göttern geweihte Bezirk, dessen Tempel und ragende Jupitersäulen dem nahenden Fremdling zuriefen: Auch hier wohnen die Götter Roms!

Denn fromm waren schon wir alten Rottenburger. Sieh, dieser da, L. Julius Secundinus, setzte dem Jupiter, dem Höchsten und Besten, dort oben eine Statue und eine Säule; der hier, Julius Hermes, widmete im Namen der sumelocennensischen Jungmannschaft der Diana einen Altar; jener, Alinius Pervincus, löste auf dem Tempelberg ein Gelübde, froh und freudig nach Gebühr; Publius

Aelius Vocco, Soldat der XII. Legion, der auf Sonderkommando in der Stadt weilte, stiftete dem Sonnengott Mithras einen Weihestein, und das Wallisische Reiterregiment dankte dem Jupiter auf dem Berg durch Errichtung eines Altars.

Unsere Toten begruben wir draußen beim »Lindele« – du selbst hast ja dort Grabsteine und Scherben von Aschenurnen gefunden und manchen Namen der dort Bestatteten einer zweitausendjährigen Vergessenheit entrissen. Sieh, dankbar umdrängen dich dafür ihre Manen.«

Jaumann sah sich umringt von schweigsamen, ernstblickenden Schatten, die er zu seinem eigenen Erstaunen sogleich erkannte: da war die Scalla, war Vitellius Martialis, waren Balbius Liber und seine vierzigjährige Gattin Matrona, die Tochter des Caratullus, nahten sich Decimus Julius Severus und Julia Severina und Silius Victor mit der lieblichen Gattin Tessia Juvenilis, deren jugendlich blühenden Namen ihr kurzes Leben von 37 Jahren nicht hatte welken lassen. Sie alle waren Helvetier und in Sumelocenna wohnhaft gewesen. Einst hatte der Tod ihren Ehebund vorzeitig getrennt, hier im Reich der Unterweltsgöttin Herekura waren sie nun längst wieder vereint. Das treue Gedenken, das damals der Überlebende dem Vorausgegangenen mit der Errichtung eines frommen Steines bezeugt, hatte Sumelocenna und viele Jahrhunderte überdauert und war dank Jaumanns Spaten in der fernsten Nachwelt wieder aufgelebt ...

Und während die sumelocennensischen Schatten sich neigten vor dem Nachfahren, der sein Leben und Forschen ihrem Andenken geweiht hatte, winkte ihnen Jaumann einen landsmannschaftlichen Gruß zu und entschwebte ruhig und zufrieden dem dunstigen Dunkel des Hades.

Im Alamannischen Sülchgau

»Alamanni! Alamanni!« Im Jahre 213 war es, in der Maingegend, als dieser Ruf schreckenverbreitend zum ersten Male an der Grenze des Römischen Reiches erscholl. Mit Wagen und Vieh, mit Weibern und Kindern erschien das unbekannte germanische Volk mit dem vorher nie gehörten Namen vor dem mit Graben, Palisaden und Wachttürmen befestigten Grenzwall des Imperiums, Land fordernd und mit kriegerischem Einfall drohend. So ernst nahmen die Römer die alamannische Gefahr, daß Kaiser Caracalla selbst mit einem Heer in die bedrohte Gegend eilte. Noch einmal siegte die überlegene römische Kriegskunst über das ungestüme Draufgängertum der anstürmenden Scharen. Allein, kaum zurückgeschlagen, tauchten die alamannischen Haufen an anderen Stellen der Grenze auf. Immer neue Züge brandeten aus den unermeßlichen Weiten des germanischen Nordens und Ostens gegen den obergermanisch-rätischen Limes, Posten überrumpelnd und Breschen in das Bollwerk schlagend, bis sie schließlich im Jahre 260 unter Ausnützung der Thronwirren des Reiches alle Dämme des Widerstands überfluteten und sich in das Land zwischen Rhein, Main und Donau ergossen. Die kampferprobtesten Kohorten mußten ihnen weichen und jenseits von Rhein und Alb neue Grenzen beziehen. Das »Zehntland«, wie man die *decumates agri* des Tacitus mißdeutend übersetzt hat, als wären seine Bewohner dem Römischen Reich zehntpflichtig gewesen (eine Einrichtung, die es unter den Kaisern nicht gab), war den Römern für immer verloren. Unsere Heimat war germanisch geworden.

Wer waren diese Alamannen? Woher kamen sie? Der Name *»Alamanni«* soll wörtlich »Menschen insgesamt«

bedeuten. Der römische Schriftsteller Asinius Quadratus übersetzt das Wort mit einem Thukydides-Zitat als »zusammengewürfelte und vermengte Menschen«. Daraus zieht Albert Bauer, der sich um die verfassungsrechtliche und politische Geschichte der Alamannen bemüht hat, den Schluß, sie seien keine ursprüngliche Völkerschaft gewesen, noch ein Bund germanischer Volksstämme, sondern »einzelne, durch den Zufall des Krieges und der Wanderung entstandene Haufen, Splitter von alten, in der Zeit der Völkerverschiebungen untergegangenen Verbänden, ... die sich nur gelegentlich ... miteinander verbanden; stets zum Schaden der Nachbarn, von denen sie wenig respektvoll, dafür aber um so treffender *Alamanni*, d. i. ›die Zusammengewürfelten, das Menschengemengsel‹ genannt wurden.«

Die meisten Forscher verstehen unter *Alamanni* einen Männerverband, zusammengesetzt aus verschiedenen germanischen Völkerschaften, mit dem Ziel, ihren wachsenden Völkermassen Neuland zu erkämpfen. Den Kern des Bundes sollen als die Vornehmsten die Semnonen des Tacitus gebildet haben. Ähnlich, aber ihr Zusammengehen mit tieferliegenden als rein zweckbestimmten Gründen erklärend, beschreibt sie einer der besten Kenner, Peter Goeßler: »Auf kultischer Grundlage zusammengeschlossene Männer- und Jugendbünde, geeinigt unter dem Zeichen der Verehrung des Ziu, mögen eine Art Kristallisationspunkt dieser an sich losen Vereinigungen gewesen sein. Zugleich waren es vor allem die jungen Männer dieses immer als volkreich geschilderten Stammes, die, wie ein heiliger Frühling, auf Neuland ausgezogen sind.« Somit wäre die Mark Brandenburg, der Sitz der Semnonen, als frühere Alamannenheimat anzusprechen. Wieder andere meinen, unsere Vorfahren seien von der mittleren und unteren Elbe gekommen.

Wie dem auch sei, die gemeinsame suebische Herkunft, wie sie sich in Mundart, Recht und Sitte verrät, bleibt den Alamannen unbestritten, wie ja die Unterscheidung

»alamannisch« und »schwäbisch« nur eine der Mundart, nicht aber des Stammes ist.

Welche Ursachen die Lawine der Völkerwanderung ins Rollen gebracht haben, was die Völker im Norden und Osten mit einem Male veranlaßt haben mag, ihre Wohnsitze aufzugeben und drängend und gedrängt, schiebend und geschoben nach Westen und Süden zu ziehen – auf diese Frage wird uns bei dem Fehlen jeglicher Nachricht von seiten der Wandernden selbst wohl nie restlos klärende Antwort werden.

Die ihnen zur zweiten Natur gewordene Wanderlust konnten die Alamannen freilich nicht sogleich ablegen. Lange noch zogen sie dem Stillsitzen in dem neuen Land, das ihnen das Schicksal zur dauernden Heimat bestimmt hatte, das ungebundene Leben des Kriegers, des auf Beute streifenden Reiters vor und überließen die Feldarbeit und die Herstellung von Waffen und Hausgerät in der Hauptsache den im Land gebliebenen Kelten und kriegsgefangenen Römern. Denn gegen die Meinung, sie hätten die gesamte frühere Bevölkerung, soweit sie nicht geflüchtet war, ausgerottet, sprechen viele Gräberfunde, die unbestreitbar aus gallo-römischen Handwerkerhänden stammen, dagegen sprechen vor allem die Orts-, Fluß- und Gebirgsnamen keltisch-römischer Herkunft, die unsere alamannischen Vorfahren beibehalten und uns überliefert haben.

Sumelocenna aber hatten sie von Grund auf zerstört. Sie liebten es nicht, diese »Schweifenden«, wie man den Suebennamen hat deuten wollen, in eroberten Städten zu wohnen – »sie meiden die Städte wie mit Fallen umstellte Höhlen«*, berichtet der römische Offizier und Geschichtsschreiber der Alamannenkriege Ammianus Marcel-

* *ut circumdata retibus lustra* nach der 1591 in Lyon bei Franciscus Le Preux erschienenen Ausgabe des Ammianus Marcellinus (XVI, 1). Neuere lesen *»busta«* und übersetzen »wie umgitterte Grabstätten« (Hertlein) oder »wie Gräber, die mit Netzen umgeben sind« (Viktor Ernst).

linus von ihnen am Ende des 4. Jahrhunderts. Das Aufeinanderwohnen zwischen einengenden Mauern, Haus an Haus, mußte diesem auf seinen Wanderzügen an ein ungebundenes Leben in der rauhen, aber freien Natur gewöhnten Volk beklemmend erscheinen.

So lag nun der einst blühende Hauptort des Dekumatlandes verheert und verödet. Brennesseln wucherten zwischen den gestürzten Götterbildern seiner Tempel, Strauchwerk um die Säulenstümpfe, zwischen den dachlosen Mauern seiner Häuser und Villen wuchs Gras, und wo einst die Sprache Ciceros und Vergils erklungen war, klagten nun nächtlich Käuzchen und Eulen mit mißtönendem Schrei. An den Trümmern der Ringmauer, deren Zinnen gebrochen im Graben davor lagen, stauten sich zur Zeit der Schneeschmelze und in regenreichen Sommern die hochgehenden Wasser von Neckar und Weggentaler Bach, mit ihrer Schlammflut alles bedeckend, was den Augen der Eroberer in den Häusern entgangen oder als nutzlos erschienen war: Hausrat, Schmuck, Münzen, Amulette, Ampeln, Götterbilder, Waffen, Sporen, Hufeisen und Scherben, Scherben, Scherben ... Genau ein Jahrtausend schlief die alte Römerstadt diesen Dornröschenschlaf, bis sich auf und aus ihren Ruinen die neue Stadt Rottenburg erhob.

Das der Landnahme folgende Jahrhundert war erfüllt von alamannischen Einfällen und Beutezügen in Gallien, ja selbst in Italien, und umgekehrt von römischen Strafexpeditionen im Alamannenland. Auch an Versuchen der Römer, das verlorene Gebiet am Neckar dem Imperium zurückzugewinnen, fehlte es nicht. Den ersten unternahm noch im 3. Jahrhundert der tüchtige Kaiser Probus, der dabei die Alamannen bis über den Neckar und die Alb verfolgte und rechts des Rheins wieder römische Kastelle errichtete. Wenn damals Sumelocenna den Römern wieder in die Hände gefallen sein sollte, was zweifelhaft ist, so jedenfalls nicht für lange Zeit.

Den letzten Versuch zur Wiedergewinnung machte Kaiser Valentinian hundert Jahre später. Im Frühjahr 368 rückte er mit einem starken Heer aus illyrischen und italienischen Legionen von seiner Residenz Trier aus ins Feld, setzte bei Straßburg über den Rhein und zog, Gehöfte niederbrennend, Saatfelder verwüstend und nebenher im Wettstreit mit seinem Hofpoeten Ausonius lockere Verse dichtend, durchs alamannische Land. Nach tagelangem Marschieren stieß man schließlich bei einem Ort namens *Solicinium* auf den Feind, der sich in der Nähe auf einem schroffen, unzugänglichen Berg verschanzt hatte. Und hier kam es zur Schlacht.

Wo lag dieses auch von den Forschern heiß umstrittene Solicinium? Ist sein Name vielleicht eine Rückübersetzung ins Lateinische des unter den Alamannen zu Sülchen gewordenen Sumelocenna? Es wird und ward um Solicinium auf schwankendem Grund gestritten; für die Schlacht berichtet es Ammian ausdrücklich: versank doch dem Kaiser Valentinian in dem sumpfigen Gelände sein edelsteinverzierter Goldhelm mitsamt dem Kammerherrn, der ihn trug, ja, seine cäsarische Majestät wäre ums Haar selbst darin umgekommen. Wenn auch der kaiserliche Helm bis heute noch nicht gefunden worden ist, so wird man uns Rottenburgern doch den Anfall von Lokalpatriotismus zugutehalten, mit dem wir uns bis zum Beweis des Gegenteils auf die Seite jener Historiker schlagen (zu denen auch Mommsen gehört), welche die Schlacht bei Solicinium nach Rottenburg-Sülchen verlegen.

In diesem Kampf siegten zwar die Römer, aber der Sieg trug ihnen keinen Gebietsgewinn ein. Sie räumten das Neckarland, das fortan für alle Zukunft schwäbisch-alamannisch blieb.

Nur einer machte in diesem Feldzug eine Eroberung: des Kaisers Hofdichter Decimus Magnus Ausonius aus Burdigala (Bordeaux). Ihm fiel als Kriegsbeute ein Alamannenmädchen von der oberen Donau zu. Er nahm es mit nach Trier und gab ihm lateinische Stunden, in denen offenbar Ovids »Liebeskunst« als Grammatik diente. Denn obgleich bereits nahe den Sechzig und Großwürdenträger des Römischen Reichs, verliebte sich der alte Herr in das ungezähmte, blonde Ding. Hier die Verse, die er »zum Preis des schwäbischen Jüngferleins *(Sueba virguncula)* und sich zum Vergnügen« verbrochen:

Bissula, jenseits des frostigen Rheins gezeugt und geboren,
Jugendgespielin des Quells, welchem die Donau entrauscht;
Kriegsgefangene du, vom Sieger zur Beute erkoren,
Kaum deiner Fesseln befreit, hast du die Rollen vertauscht.
Frühe der Mutter verwaist und die gängelnde Amme entbehrend,
Kannte dein junges Gemüt nie die gebietende Hand,
Nie empfandst du dein Schicksal, nie deine Herkunft entehrend,
Aufrecht, obschon er dir fremd, trugst du den knechtischen Stand.
Hat dich auch römische Sitte verwandelt, germanisch geblieben
Strahlt deiner Äugelein Blau, glänzt deines Goldgelocks Schein.
Zwiefach, doppelgestaltiges Mädchen, muß ich dich lieben:
Preist deine Sprache mir Rom, lobt deine Schönheit den Rhein!

Eines aber war den Römern gelungen: dem Ausdehnungsdrang der Alamannen Schranken zu setzen. Eingekeilt zwischen die befestigte römische Rheingrenze und die im Nordosten nachdrängenden feindlichen Burgunder mußten sich die Alamannen in dem Winkel zwischen Alpen und Rhein um die Mitte des 4. Jahrhunderts zur Seßhaftigkeit bequemen. Bis heute ist dieses Gebiet das Kernland des alamannischen Stammes geblieben, zu dessen frühest und dichtest besiedelten Strichen unser Sülchgau gehört.

Mit Sülchen und Ehingen beginnt die deutsche Geschichte unserer Heimat. In diesen beiden Siedlungen am Rand des Ruinenfeldes von Sumelocenna schlugen unsere Urväter zuerst Wurzeln. Der Bedeutung der eroberten Römerstadt entsprechend, war Sülchen von Anfang an der Mittelpunkt des Gaues, dem es den Namen gab. Mehr als anderthalb Jahrtausende sind seither vergangen, aber noch erinnert ein ehrwürdiges Mal in der Stadt an die Zeit der Landnahme: die Markungsgrenze der beiden Niederlassungen Sülchen und Ehingen ist so, wie sie die Alamannen damals gezogen haben, bis auf diesen Tag als Pfarrgrenze zwischen Rottenburg und Ehingen in Kraft! Sie folgt dem Zug der römischen Stadtmauer im Westen, auf deren Fundament jetzt die vom ehemaligen Schloß zum Neckar herabführende Dohle an der Schütte verläuft.

Urkundlich wird der Sülchgau zum ersten Male 888 erwähnt, er hat jedoch ohne Zweifel diesen Namen von Anfang an getragen. Er grenzte im Süden an die Hattenhuntare (die Hundertschaft des Hatto), im Osten an den Pfullichgau, im Norden an die Glehhuntare im Schönbuch, im Westen an den Nagoldgau. Aus Sumelocenna-Sulichin entstanden, gehört er zu jenen Gauen, deren Namen »die Kämpfe um die alten Römerstädte gleichsam verewigen sollten« (E. Hesselmeyer). Mit der Uhland'schen Deutung »Pflugland« und dem von altdeutsch »sulicha« = Morast, Sumpf, abgeleiteten »Sumpfland« (es ist weit und breit keiner in der Nähe) ist es also nichts.

Die Dingstätte des Sülchgaus war ein noch jetzt erkennbarer Grabhügel, der *Birhtenlê*, der als Burgelai der umliegenden Flur zu ihrem Namen verholfen hat. Anderthalb Kilometer östlich Sülchens, am »Grasigen

Weg«, dessen uralte Bedeutung als »Totenweg« durch die schon von Jaumann an ihm gefundenen Gräber feststeht, liegt dieser geheimnisumwitterte, sagenumsponnene »Hügel des Birchtilo« – dies bedeutet *Birhtinlê* – in der weiten Neckarau. Heute freilich will das Wort Hügel auf die kaum einen Meter hohe Bodenwelle nicht mehr passen; in alten Zeiten aber, als die Aufschüttung noch nicht so verflacht oder die Talsohle durch Neckaranschwemmungen noch nicht so erhöht war, muß der Ort als Landmarke in dem ebenen Tal weithin sichtbar gewesen sein. Ein grob behauener Sandsteinpfosten erinnert an die einstige Umfriedung der mit Linden bepflanzt gewesenen Stätte, nicht weit davon grünt noch jetzt ein alter Holunderstrauch, der germanische Totenbaum.

Wer dieser Birchtilo oder Birchto gewesen, um dessen Hügel seine Stammesgenossen zu Gericht und Tagung nach altgermanischer Sitte sich zu versammeln pflegten, damit der Geist des Ahnen über ihrem Rat und Urteil walte, weiß man nicht. Nach Peter Goeßler, der sich mit diesem einzigartigen Denkmal eingehend beschäftigt hat, gehört der Hügel »der über 1000 Jahre älteren Hallstattzeit« an; seinen deutschen Namen aber könnte er durch Nachbestattung eines alamannischen Volksherzogs erhalten haben. So unscheinbar der Birhtinlê in seiner heutigen Gestalt dem Besucher erscheint, man steht mit frommer Scheu und wie im Mittelpunkt der Landschaft auf diesem Wiesenplan mit der bedeutungsvollen Erhebung, wo einst die Ahnen Opfer dargebracht, Recht gesprochen und über Wohl und Wehe der Gemeinschaft beraten haben. Und es ist schön und gut, daß hier über den menschlichen Wissensdrang die Ehrfurcht vor der jahrtausendealten Ruhe des Toten obsiegt hat: unberührt und ungeschaut, umgeben von Schätzen und Geheimnissen lebt so der alte Tote in seinem Hügel weiter als ein Anfangsglied der langen Kette, die unsere Gegenwart mit der Vergangenheit verbindet.

Der von Natur fruchtbare und von den Römern kultivierte Boden des Sülchgaus lockte die neuen Herren zu besonders dichter Besiedelung, und so gehen die meisten Ortschaften um Rottenburg auf alamannische Gründungen zurück. Ob nun, wie die einen glauben, gefolgschaftsweise, oder, wie die meisten Forscher annehmen, nach Sippen gesiedelt wurde, so viel ist sicher, daß in den gerade um unsere Stadt herum zahlreich vertretenen =ingen= Dörfern der Name des Dorfgründers steckt, er sei nun Sippenhaupt oder Gefolgschaftsführer gewesen. Anders als die Römer, die ihre Gutshöfe meistens an Südhängen anlegten, ließen sich die Alamannen stets an einer Quelle oder an einem Bach nieder, da sie als Viehzüchter auf eine dem Vieh leicht zugängliche Tränke sahen. Die Häuser ihrer weitläufigen Gehöfte, die sie gegen die ringsum liegenden Felder durch Zäune abgrenzten, waren strohgedeckte, lehmverstrichene Fachwerkbauten, manche auf Steinsockeln. Doch werden in Sülchen, Ehingen und Kalkweil bei dem Überfluß an behauenen Steinen auf dem nahen Ruinenfeld Sumelocennas und dank der Hilfe der mit dem Mörtelbau vertrauten Gallo-Romanen bald auch solidere Bauten entstanden sein.

Wenn der Spaten des Forschers noch kein alamannisches Haus zutage gefördert hat, so erklärt sich dies einmal aus dem vergänglichen Material und der im Boden keine Spuren zurücklassenden Bauweise, vor allem aber daraus, daß die alamannischen Wohnplätze, die Urzellen unserer Dörfer, im Lauf der Jahrhunderte dutzende Male unterkellert und überbaut worden sind.

Rings um das Dorf legte sich die Feldmarkung, die, solange Vieh- und Weidewirtschaft vorherrschte, das heißt: solange die Bevölkerungszahl keine intensivere Landwirtschaft erforderte, gemeinsam von allen Dorfgenossen benützt wurde. Als ein Reitervolk verstanden sich die Alamannen vorzüglich auf die Pferdezucht, und ihre Rinder erregten ob ihrer Größe die Bewunderung der Römer.

Später ging man zur Dreifelderwirtschaft über, wobei die Felder in den drei Zelgen jährlich den Bauer wechselten. Angebaut wurden Gerste, Hirse, Roggen, Haber und der bis auf unsere Zeit den Alamannen eigentümliche Dinkel (auch Korn, Spelt und Vesen genannt); ferner Flachs, Rüben, Erbsen, Linsen und Saubohnen. Am Rande der Markung lag die Allmende, deren Nutzung gemeinsam war. Auf Grund seiner Ausgrabungen in den Hailfinger Friedhöfen errechnete Hermann Stoll die Größe der alamannischen Dörfer mit durchschnittlich 60 bis 80 Einwohnern im 4. und 5. Jahrhundert, mit 100 bis 150 Einwohnern im 6. Jahrhundert.

Vom Fühlen und Denken der Vorfahren, von ihrer Arbeit und ihren Taten »meldet kein Lied, kein Heldenbuch« aus der Jugendzeit unseres Volkes selbst. Was wir über sie wissen, fließt hauptsächlich aus zwei unmittelbar zugänglichen Quellen: aus den Berichten ihrer Feinde, der Römer, und aus den Gräberfunden. Allzu lange blieb das Bild, das man sich vom Germanentum machte, römisch gefärbt. Aber konnten überhaupt die Söhne einer überreifen, bereits wieder welkenden Kultur der ungebrochenen Jugendkraft eines eben in das Licht der Geschichte tretenden Volkes historisch gerecht werden? Für sie war der in seinem Verhältnis zu Gott und Welt, in Lebenshaltung, Sitte, Rechtsempfinden und Gemeinschaftserleben so anders geartete Germane ein »Barbar«, und ein dem Reiche lebensgefährlicher dazu, was auch beim besten Willen zur Objektivität ihren Schilderungen den Akzent verlieh. Denn die Beschäftigung römischer Schriftsteller mit den Germanen entsprang weniger völkerkundlichem Bildungsinteresse, als den unaufhörlichen kriegerischen Auseinandersetzungen mit dem Reichsfeind und der Sorge um die Zukunft des Imperiums. Es ist bezeichnend für die erst jetzt überwundene, ganz römisch bestimmte Vorstellung von den Germanen, daß man in der wichtigsten und aufschlußreichsten Darstellung der alten Deutschen, in der *Germania* des Tacitus, gerade wegen ihrer Objektivität weniger einen Tatsachenbericht erblicken wollte, als einen beispielhaften Sittenspiegel, den der Römer seinen verlotterten Landsleuten habe vor Augen halten wollen.

Ebenso einseitig würde freilich verfahren, wer nun umgekehrt alle Einflüsse der älteren römischen Kultur auf die Germanen leugnen, oder gar deren kulturelle Überlegenheit behaupten wollte. Verschiedene Entwicklungsstufen der Völker kann man wohl miteinander vergleichen, aber aus dem Vergleich absolute Werturteile abzuleiten, zeugt von unhistorischem Denken. Die Römer waren im historischen Sinn alt, die Germanen jung – es ist nicht einzusehen, wie aus dieser Feststellung unsern Vorfahren Herabsetzung oder Kränkung erwachsen könnte. Wer freilich im Zeitpunkt, in dem ein Volk zu Blüte und Reife gelangt, einen Wertmesser für seine Begabung und Kulturfähigkeit erblickt, der muß mit dem Schicksal die Frage ausfechten, warum es die Griechen und Römer an das klimatisch, landschaftlich und verkehrspolitisch so begünstigte, den ältesten Kulturmittelpunkten nahe Mittelmeergestade gesetzt, die Germanen aber in die rauhe Natur ihres Nordens verschlagen hat...

Die andere Quelle unseres Wissens von den Alamannen danken wir der archäologischen Wissenschaft, die mit dem Spaten den Heimatboden durchforscht. Was sie an Funden bisher zutage gefördert, hat unser Vorstellungsbild grundlegend geändert, berichtigt und bereichert.

Aus den Gräbern steigt Leben. In den meisten Ortschaften des Sülchgaus hat man alamannische Reihengräber gefunden. Die bestbekannten, weil fast vollzählig ausgegrabenen, sind jene der vier Friedhöfe in Hailfingen, wo Hermann Stoll über 600 Gräber, vom 5. bis zum 7. Jahrhundert reichend, systematisch durchforscht und aufgenommen hat. Das auffällige Fehlen von Gräbern aus der Zeit der Landnahme, also aus dem 3. und 4. Jahrhundert, erklärt sich mit der damals noch gebräuchlichen Leichenverbrennung, von der die Alamannen erst nach ihrer endgültigen Niederlassung zur Erdbestattung übergingen – ein Zug, der uns das Verwurzeln im Boden der neuen Heimat wunderbar anschaulich macht.

Die Hailfinger Friedhöfe können nach Art der Anlage, der Bestattung und der Grabbeigaben als typisch für alle andern gelten; sehen wir, wie sich am Platz der Toten ihr längst verrauschtes Leben widerspiegelt! Ein flacher Hang, meist oberhalb des Dorfes, nahm die Toten auf. In der Mitte jeder Reihengruppe ruhen in besonders reich ausgestatteten Gräbern Bauer und Bäurin, rings um sie her Kinder, Angehörige und Gesinde – wie im Leben auf dem Hof, ist hier im Tod die Sippe versammelt. Man fand die Toten, das Gesicht nach Osten gerichtet, in steingedeckten oder holzgezimmerten Grabkammern, auch in einfachen Gruben, manche nach altgermanischer Sitte im Totenbaum, einem gespaltenen, ausgehöhlten, auf dem Deckel mit der Lebensschlange geschmückten Eichenstamm oder auf dem Totenbrett ruhend.

Der freie alamannische Bauer wurde im Schmuck seiner Waffen beigesetzt, mit dem zweischneidigen Langschwert, der *Spatha*, dem kurzen Hiebschwert, dem *Sax*, mit Lanze und rundem, metallgebuckeltem Holzschild. Nicht selten fanden sich Sporen und Zaumzeug – schon Cäsar rühmt ja die Reitkunst der Sueben, und ein römischer Geschichtsschreiber des 4. Jahrhunderts nennt die Alamannen einen volkreichen Stamm, der hervorragend zu Pferde kämpfe. Die Tracht des Alamannen bestand aus Hosen, Hemd, Leibrock mit Gürtel und Mantel.

Der Alamannin folgten die Abzeichen ihrer Hausgewalt ins Grab: Schlüsselbund, Spindel, Schere, Geschirr und reicher Gold- und Silberschmuck. Aus der Art und Reichhaltigkeit der Beigaben läßt sich die Stellung bestimmen, die der Tote in der Dorf- und Hofgemeinschaft eingenommen hat. Spatha und Sax kamen nur dem Groß- und Kleinbauern zu, während der Halbfreie mit Wurfspeer,

Bogen und Pfeilen bestattet wurde. Allen aber, auch den Knechten, gab man Speise und Trank für die Fahrt ins Dunkel mit. Die große Sorgfalt, mit der die Toten der Erde übergeben wurden, spricht beredt von der tiefen Pietät des alamannischen Ahnenkults.

Von der materiellen Kultur erhalten wir dank der Verschiedenartigkeit der gefundenen Gegenstände ein achtunggebietendes Bild. Man fand Gewandfibeln, Gürtelschnallen, Klappmesser, Zangen, Pfriemen, Bohrer, Waagen, Schleifsteine, Schnitzmesser, Feuerstein und Stahl, Beschläge, Kämme, Häkelnadeln, und – allerdings nicht in Hailfingen, wo die Bodenbeschaffenheit solche Stoffe nicht erhalten hat – Reste von Lederschürzen, Gürteltaschen, Sandalen, Riemenzeug, gedrechselte Holzarbeiten, Gewandfetzen, eine Laute und sogar feingefältelte Handschuhe.

Aufschlußreicher noch als das Was ist das Wie der Beigaben. Die gefundenen Reste von Woll- und Leinwandgeweben rühmen die Fertigkeit der Alamannin, und die geschmiedeten Waffen und sauber ausgeführten Holzarbeiten stellen den Handwerkern der Völkerwanderungszeit Meisterbriefe aus. Von großem Kunstsinn und Geschmack zeugen die Formen und Ornamente ihrer Gefäße, vom einfachen Milchtopf bis zum bronzebeschlagenen Trinkhorn, besonders aber ihr Schmuck: Gewandnadeln, Gürtelschlösser, Zierscheiben, Perlenketten, Armbänder, Finger- und Ohrringe und Beschläge an Wehrgehängen, Zaumzeug und Schwertscheiden. Dem kleinsten Gegenstand, gleichgültig, ob aus Edelmetall, Bronze oder Eisen, wußten sie eine zweckmäßige und schöne Form zu geben, ihn mit kraftvollen Ornamenten, stilisierten Tieren, Blumen und hundertfach abgewandelten Flechtbandmustern, zu schmükken. Da wurde getrieben, silber- und goldtauschiert, wurden Almandine und Granaten eingesetzt, wurde die ihnen von ihrem Hauptwerkstoff, dem Holz, her geläufige Kerbschnittmanier in Metall übertragen. Man hat in ihren

Arbeiten gotische und langobardische Einflüsse festgestellt, und gewiß haben die alamannischen Handwerker manche Technik von den im Land gebliebenen Gallo-Römern gelernt und Formen übernommen, aber sie taten es nicht in sklavischer Nachahmung, sondern in selbständiger Aneignung, mit freier Gestaltungskraft, die allen Dingen den Stempel ihres Wesens aufdrückte. Dies gilt selbst von solchen Arbeiten, die nachweisbar von fremden Händen im alamannischen Bereich geschaffen worden sind.

Alles, was mit der politischen Verfassung der Alamannen zusammenhängt, ist umstritten, besonders die Begriffe Bar, Huntare und Gau. Bezeichnen sie Herrschaftsgebiete selbständiger Fürsten? Wann sind sie entstanden? Stammen sie alle aus der Zeit der Landnahme oder spiegeln sie verschiedene Entwicklungsstufen der politischen Geschichte des Alamannenlandes wider? Da schriftliche Urkunden für die Zeit der Landnahme fehlen und die späteren oft alle drei Bezeichnungen nebeneinander gebrauchen, so daß die damit belegten Gebiete einander überschneiden, ist man auf Rückschlüsse, Vermutungen und Kombinationen angewiesen. Indes verdient die Auffassung Karl Wellers, der sich um die Lösung dieser siedlungsgeschichtlichen Fragen große Verdienste erworben hat, besondere Beachtung. Er hält die Hundertschaften für »mehr nur als persönliche Verbände« der Wanderschaftszeit, die »mit der Zuteilung ihres Landgebiets auch den Charakter eines abgegrenzten Bezirkes« annahmen. »Sie werden darum oft mit dem Namen -gau bezeichnet, einem Wort, das zunächst rein landschaftliche Bedeutung hatte, aber eben darum auch für verschiedene Bezirke rechtlicher Art gebraucht werden konnte.« Nach ihm wäre auch unser Sülchgau eine Hundertschaft gewesen.

Sei dem, wie ihm wolle, soviel scheint festzustehen: eine alle Baren, Huntaren und Gaue zusammenfassende Zentralgewalt, etwa einen alamannischen Stammkönig, gab es nicht. Die politische Organisation des Alamannenlandes bestand in einer Vielzahl von selbständigen, erblichen Gaufürsten, deren Gewalt durch den Volksding beschränkt war. Sie verbündeten sich wohl zeitweise gegen einen gemeinsamen Feind, im übrigen machten sie auf eigene Rechnung Politik. Auch unser Sülchgau dürfte seine Dynastie von »Sülchgaukönigen« mit der Residenz Sülchen gehabt haben – wenigstens bis zu den Zeiten der fränkischen Oberherrschaft.

Mit dem Tode des letzten Verteidigers des weströmischen Reichs, des Flavius Aëtius, im Jahre 454, lebte der Ausdehnungsdrang der Alamannen noch einmal mächtig auf. Damals brachten sie aus der Erbmasse des zerfallenden Römerreichs beträchtliche Stücke unter ihre Gewalt: das Elsaß bis hinunter nach Burgund, die Rheinpfalz, das südliche Hessen, Bayrisch-Schwaben und die nördliche und östliche Schweiz. Hierbei stießen sie überm Rhein mit den Franken zusammen, was für den alamannisch-schwäbischen Stamm von schicksalhafter Bedeutung wurde.

Hatten sie schon die Schlacht bei Zülpich gegen den Frankenkönig Sigibert verloren, so brach mit der Niederlage durch König Chlodwig im Jahre 496 das Verhängnis mit ganzer Schwere über sie herein: nicht nur große Teile der neu eroberten Gebiete, sondern auch den Norden des alamannischen Kernlandes verloren sie an den Sieger, der mit den Unterworfenen, wie es scheint, kurzen Prozeß machte. Die schwäbisch-fränkische Sprachgrenze unseres Landes ist ein lebendiges Denkmal dieser Katastrophe.

Nicht sofort und auch später nicht mit gleicher Härte wirkte sich der fränkische Sieg im alamannischen Süden aus. Dank dem Dazwischentreten des Gotenkönigs Theodorich, der die südlichen Alamannen – gebeten oder ungebeten – in seinen Schutz nahm, erfreuten sich diese noch vierzig Jahre lang ihrer Unabhängigkeit. Auch als sie schließlich unter König Theudebert die fränkische Oberhoheit anerkennen mußten, behielten sie weitgehend ihre Selbständigkeit, ja, was sie aus Eigenem nicht vermocht hatten, das schenkte ihnen nun das Schicksal aus der Hand ihrer Besieger: ein alamannisches, alle Gaue zusammenfassendes Stammesherzogtum.

Zwei Jahrhunderte dauerte die Herrlichkeit der alamannischen Herzöge. Ihre Kämpfe um völlige Unabhängigkeit, ihre Aufstände, Verschwörungen und offenen Kriege endeten erst mit dem Herzogtum selbst im Jahre 730. Der blutige »Tag von Cannstatt«, auf dem sechzehn Jahre später der Karolinger Karlmann die alamannischen Edlen niedermachen ließ, beraubte die Alamannen fast ihrer gesamten Führerschaft. Mit Lantfrid, unter dem sie sich noch einmal erhoben, führten die Franken den letzten Stammesherzog Alamanniens in Gefangenschaft.

Fortan lag die ausübende Gewalt in Alamannien in den Händen von ernannten und absetzbaren Beamten des Frankenkönigs: von Grafen. Der Landbesitz des alamannischen Hochadels wurde eingezogen und zu fränkischem Königsgut gemacht, und dieses Schicksal traf vermutlich auch Sülchen. Denn auch den Sülchgau verwaltete nunmehr ein Graf von fränkischen Gnaden. Später scheinen die Sülchgaugrafen ihren Sitz auf die Altstadt oberhalb Ehingens verlegt zu haben, die sie als Königsgut mit Erdwall und Mauer umgaben.

Man kennt die Bekehrungsgeschichte König Chlodwigs, der im Zweikampf mit dem alamannischen Heerkönig gelobte, den Christenglauben anzunehmen, wenn er siege. Er siegte und hielt sein Gelübde und ward vom Reimser Bischof Remigius getauft, zusammen mit vielen Edlen seines Volkes.

Nun leitete sein Sieg über die Alamannen auch deren Christianisierung ein. Doch scheint es noch ein halbes Jahrhundert gedauert zu haben, bis der neue Glaube in Alamannien Anhänger fand, zuerst und noch ganz vereinzelt bei den Führern. Die Masse des alamannischen Volkes hielt mit schwäbischer Zähigkeit an der ererbten Naturreligion noch fest, als andere Stämme, wie Burgunder und Franken, ihre blonden Schöpfe schon lang unter der Taufschale gebeugt hatten. »Sie verehren göttlich die Bäume, die Flüsse und Bergeshöhen«, heißt es bei einem byzantinischen Schriftsteller des 6. Jahrhunderts. Und so mag es für die wenigen mit den Franken ins Land gekommenen christlichen Priester eine Heidenarbeit gewesen sein, den alamannischen Dickköpfen die erstaunlichen Tugenden der Demut, Sanftmut und Feindesliebe faßlich zu machen. Noch im 7. und im Anfang des 8. Jahrhunderts war das alamannische Christentum mit heidnischen Anschauungen und Bräuchen seltsam gemischt, lange noch feierten selbst die Getauften bei den heidnischen Opferschmäusen wacker mit und tranken aus gewaltigen Bierkesseln Zius und Wotans Minne, wie aus den Lebensbeschreibungen der irischen Sendboten Columban und Gallus zu entnehmen, die das christliche Senfkorn im Bodenseegebiet ausgesät haben.

Die Mutterkirche unseres Sülchgaus ist die dem Nationalheiligen der Franken, St. Martin von Tours, geweihte Sülchenkirche, die Ehinger Pfarrkirche des hl. Remigius (die heutige Klause) ist dagegen beträchtlich jünger. Beide haben ihre ehrwürdigen Erstgeburtsrechte als Pfarrkirchen nach der Gründung Rottenburgs an die Stadtkirchen abtreten müssen – Sülchen sogar seinen Patron – und sind heute stille Friedhofskapellen.

So taufwasserscheu die Alamannen sich zuvor gezeigt, einmal Christen geworden, waren sie es mit Gründlichkeit. So sehr, daß sie bereits im 9. und 10. Jahrhundert dem Himmel drei mächtige Heilige schwäbischer Nationalität zuführten: St. Ulrich von Augsburg, St. Wolfgang aus dem benachbarten Pfullichgau und St. Meinrad.

Dieser ist nach der ältesten, aus dem 11. Jahrhundert stammenden Lebensbeschreibung *in Alamannia natus in pago quem ex villa Sulichi Sulichkewe vocavit antiquitas* (in Alamannien geboren in dem Gau, den das Altertum nach dem Orte Sülchen den Sülchgau genannt hat), und zwar von vornehmen Eltern, in denen man die Sülchgaugrafen hat erkennen wollen.

St. Meinrad wurde im Kloster auf der Reichenau, dessen Abt Hatto ein Vetter von ihm war, erzogen. Aus Liebe zur Einsamkeit floh er die Welt und zog sich in eine Hütte im Finsterwald zurück. Dort wurde er am 21. Januar 861 von Räubern, die außer seiner Tugend andere Schätze nicht bei ihm fanden, mit einer Keule erschlagen. Zwei Raben, die Gefährten seines Einsiedlerlebens und Zeugen seines Todes, verfolgten die Mörder bis nach Zürich und verrieten sie dort wie einst die Kraniche die Mörder des Ibykus. Über Meinrads Klause im Wald erhob sich bald danach das Kloster Einsiedeln, das heute noch seine Gebeine birgt.

»Das Kirchlein in der Kirche«, schreibt ein Wallfahrer des 18. Jahrhunderts, »die ehemalige Einsiedlerwohnung des Heiligen, mit Marmor inkrustiert und soviel als möglich zu einer anständigen Kapelle verwandelt, war etwas Neues, von mir noch nie Gesehenes, dieses kleine Gefäß, umbaut und überbaut von Pfeilern und Gewölben. Es mußte ernste Betrachtungen erregen, daß ein einzelner Funke von Sittlichkeit und Gottesfurcht hier ein immer brennendes leuchtendes Flämmchen angezündet, zu welchem gläubige Scharen mit großer Beschwerlichkeit heranpilgern sollten, um an dieser heiligen Flamme auch ihr Kerzlein anzuzünden. Wie dem auch sei, so deutet es auf ein grenzenloses Bedürfnis der Menschheit nach gleichem Licht, gleicher Wärme, wie es jener erste im tiefsten Gefühl und sicherster Überzeugung gehegt und genossen.«

Dieser Wallfahrer zu unserem Sülchgauer Landsmann hieß Johann Wolfgang Goethe.

Herr Hartmann von Aue

Ein Ritter so gelehret was,
daß er mit Lust in Büchern las,
was er darin geschrieben fand;
der ward mit Namen Hartmann g'nannt,
Dienstmann war er zu Aue
im schönen Schwabengaue.

Zu Obernau am Neckar ragt
ein Turm im Dorfe auf, zernagt
von Wind und Wettern, längst zerfiel
sein Zinnenkranz; in luftigem Spiel
wiegt Strauchwerk seine Äste
auf schwankem Mauerreste,
und Gras und Blumen kränzen bunt
des ragenden Gesimses Rund,
aus allen Fugen grünt's heraus.
So schaut er über Maierhaus
und Kirche ernst und altersgrau
hin auf die blumenreiche Au.

Hier war Herr Hartmann, heißt's daheim*,
hier fand er seinen ersten Reim,
hier diente er im Schildesamt
dem Haus, von dem sein Name stammt:
den Herren von der Aue
und mancher schönen Fraue.
Das Jahr, da er geboren ward,
hat kein Chronist uns aufbewahrt;

* Wenn sich auch ein unmittelbarer dokumentarischer Beweis dafür nicht führen läßt, so neigt doch die heutige Forschung immer einhelliger der schon von den Brüdern Grimm vertretenen Ansicht zu: Hartmanns Heimat sei in Owe am Neckar, unserem Obernau, zu suchen.

doch müht sich ja Gelehrtenfleiß,
zu wissen stets, was niemand weiß,
dank solcher Müh' ergibt sich
etwa Elfhundertsiebzig,
als Friedrich Rotbart, stark und klug,
des Römischen Reiches Krone trug
zu Ruhm und Ehr der Schwaben.
Dem ritterlichen Knaben
von Aue, kaum sechs Jahre alt,
versanken Heimat, Freiheit, Wald
in einer Klosterschule;
dort haspelt' er die Spule
der Weisheit ab: das Glück und Weh
des widerspenstigen ABC,
Grammatica und Einmaleins,
wohl auch ein Wörtlein Mönchlateins.
Da saß er nun, rotbäckig
und blond, gar steif und eckig
als kleines Mönchlein in der Bank
vorm Meister, der den Bakel schwang.
Und draußen war der See so blau,
so blütenfroh die Reichenau,
der Vogelsang so wundersam –
die kleine Kutte überkam
– als ob sie's sprengen müßte –
ein sonderbar Gelüste
nach Reim und Klang und Silbenmaß,
daß sie der Schule ganz vergaß
und über dem gelehrten Wust
aus Vogelsang und Apfelblust
und Heimweh sich ein Liedlein wob,
das sie des trocknen Tons enthob.

So lernte er am Bodensee
mehr als Latein und ABC,
vergaß auch, heimgekehret,

nie, was man ihn gelehret,
oblag den Büchern allezeit
mit Stete und mit Emsigkeit
und wandte nicht geringe Müh
und manche Stunde spät und früh
ans Saitenspiel und übte sich
als tumber Knecht recht fleißiglich
in allen Ritterkünsten
und höfisch feinen Diensten.
Zog aus mit seinem Herrn auf Fahrt
und lernte Sitte, Brauch und Art
an fremden Höfen kennen,
erstritt bei Stechen, Rennen,
Turnier und Buhurt manchen Kranz,
führt' manches Jüngferlein zum Tanz
und sang gar wohl von Minne.
Drob ward ihm zum Gewinne
der Damen Lob, der Ritter Preis,
denn er war hübsch und dazu weis.

Nun hatte er sein Herz gewandt
an eine Frau von hohem Stand,
für die es schon geschlagen
in frohen Kindertagen,
als er noch auf dem Stecken ritt.
Jetzt, da es ihn nicht länger litt,
gestand er ihr, wie's um ihn steh,
des Herzens Lust, des Herzens Weh
in blumenreichen Worten.
Weh! kaum erblüht, verdorrten
sie unter ihrem kalten Blick.
Doch Hartmann, der das Mißgeschick,
daß ihr sein Stand nicht hoch genug,
mit lobesamer Fassung trug,
war auf die Dame nicht erbost
und sang sich dieses Lied zum Trost:

»Gar mancher grüßet mich also
(der Gruß macht mich nur mäßig froh):
»Hartmann, gehn wir schauen
ritterliche Frauen!«
Er mag mich mit in Ruhe lan
und eiligst zu den Frauen gahn,
ich finde wenig Lust daran,
verschmäht und blöd dabei zu stahn.

In meiner Torheit mir's geschah,
zu einer Fraue sprach ich da:
»Frau, ich han meine Sinne
gewandt an eure Minne.«
Da ward ich scheel drum angesehn,
und deshalb, offen zu gestehn,
will ich mir nur ein Lieb erspähn,
das solches mir nicht läßt geschehn.«

Viel tiefre Wunde schlug der Gram,
als ihm der Tod den Herren nahm;
es ward ihm alle Freud der Welt
und seiner Jugend Lust vergällt
und bitter jede Stunde.
Da hörte er die Kunde:
Herr Kaiser Rotbart hätt' zur Fahrt
ins Heilige Land um sich geschart
viel fromme Ritter, Knecht und Mann.
Der Auer sich nicht lang besann,
er nahm das Kreuz mit frommem Sinne
und sang die Gottesminne:

»Dem Kreuze ziemen reiner Mut
und keusche Sinne,
daß man das Heil und höchste Gut
damit gewinne.
Auch ist es keine kleine Haft

dem tumben Mann,
der seiner Sinne Leidenschaft
nicht meistern kann.
Es will nicht, daß man sei
der Werke drunter frei.
Was taugt es auf der Wat*,
wenn man's nicht auf dem Herzen hat?

Der Weltlust lief ich manchen Tag
voll Eifer nach,
wo niemand Stete finden mag,
sucht' ich ein Dach.
Die Welt lacht trügerisch mich an
und winket mir,
und ich bin als ein tumber Mann
gefolget ihr.
Hilf mir, o Herre Christ,
daß ich des Bösen List
und Lockung nun entsage
in deinem Zeichen, das ich trage!

Seit mich der Tod beraubet hat
des Herren mein,
bin ich der Welt gar müd und satt,
ich laß sie sein.
Denn meiner Freude bester Teil
schwand mit ihm hin.
Nun such' ich meiner Seele Heil,
nur das hat Sinn.
Mag ihm zu Hilfe kommen,
die Fahrt, die ich genommen.
Ihm sei geweiht ihr halber Lohn –
mög ich ihn wiedersehn vor Gottes Thron!«

* Kleid, Gewand.

Und als der Frühling kommen war,
zog Hartmann mit der Ritterschar,
das rote Kreuz auf dem Gewand,
von Regensburg nach Morgenland.
Es ritt dem frommen Haufen
Herr Friederich von Staufen,
der greise Kaiser selbst, voran.
Auch sah man manchen Edelmann
und viele frommen Knechte
aus schwäbischem Geschlechte,
doch keinen streitlustvollern
als Burkhart, Graf von Zollern,
von Rottenburg und Haigerloch;
ein Heldenlied lobpreist ihn hoch*,
den Hohenberger Ahne –
der trug des Reiches Fahne.

Hartmann, als tapfrer Reiter stritt
mit Heiden, Hunger, Durst und litt
klaglos das harte Ungemach,
das auf das Kreuzheer niederbrach,
als ihm der Saleph-Fluß das Haupt
im kaiserlichen Herrn geraubt.
Zu Roß, zu Schiff, die Kreuz und Quer
zog Hartmann mit dem Christenheer,
sah Städte, Länder, Meere viel –
das Grab des Herrn, sein hohes Ziel,
erreicht' er nicht. So kehrte
er heim als Weggefährte
brabantischer Ritter, blieb auch gern
auf eine Zeit bei diesen Herrn.
Die Burgen Flanderns und Brabants,

* Johannes von Würzburg preist in dem von ihm 1314 »getutscheten« Gedicht »Wilhelm von Österreich« einen »von Rotenburg, Grav Czoller von Hohenberg und Haigerloch« als Träger der Reichsfahne in diesem Kreuzzug von 1189–92.

sie galten weit ob ihrem Glanz
als Beispiel edler Sitten.
Da war er wohlgelitten.
Herr Hartmann, der Französisch sprach,
erlauschte manchen Sang und brach,
sich's um den Helm zu ranken,
vom Liederbaum der Franken
ein Blütenreis. Das nahm er mit,
als er in seine Heimat ritt.
Indes, er hat noch andre Fracht
von Kärlingen* mit heimgebracht:
den »Zauberlist«, wie man der Welt
Beifall und Frauengunst erhält;
an Tugenden soll sieben
ein wackrer Ritter üben:
er sei getreu, stet, zuchtvoll, mild,
fromm, keusch und mannhaft unterm Schild.

So trug die Fahrt ihm guten Zins,
er kehrte heim gereiften Sinns;
als tumber Knecht einst schied er,
als Ritter kam er wieder.
Bald senkte er das fremde Reis
der Heimat ein und pflegt's mit Fleiß,
so daß es freudig Wurzel schlug
und sproß und wuchs und Blüten trug
zu seines Gärtners Ehren:
es sind Herrn Hartmanns Mären,
wie Erec mit Eniten,
nach Taten ausgeritten,
von Ritter Iwein mit dem Leu,
von Männermut und Frauentreu'
und Fahrten ohne Ende.
Drauf sang er die Legende

* = Karolingen, Nordfrankreich.

von Sankt Gregorius auf dem Stein:
für jede Sünde gibt's Verzeihn,
lehrt Hartmanns guter Sünder
die schwachen Menschenkinder.
Den vollsten Ton, den reinsten Klang,
der je sich seiner Brust entrang
beim Singen und beim Sagen,
den hat er angeschlagen
im Armen Heinrich. Schöner spricht
kein Heldenlied und kein Gedicht
vom Höchsten im Vollbringen:
sich selber zu bezwingen.

Herrn Hartmanns liederreicher Mund
war bald im ganzen Reiche kund,
Herr Wolfram, der von Eschenbach,
ein Meister selbst im edlen Fach,
erwies dem Auer hohe Ehr.
Noch lauter klang von Straßburg her
aus Meister Gottfrieds Munde
der Beifall in die Runde.
Er rühmt, wie lauter und wie rein
Hartmanns kristallne Wörtlein sei'n,
und reicht ihm mit Verneigen
den Kranz aus Lorbeerzweigen.

Und nochmals traf die Königin,
Frau Minne, Hartmanns Herz und Sinn
mit ihrem schmerzend süßen Pfeil.
Ward diesmal ihm auch Glück zuteil
– die hohe Frau erhörte,
dem sie das Herz betörte –
so gab es leider, leider
Aufpasser, Melder, Neider,
so daß die Hut zu bergen zwang,
was doch zu bergen kaum gelang.

Dazu war Hartmann viel auf Fahrt,
und wußt' er sie auch wohlverwahrt –
getrennt von seiner Guten,
wollt' ihm das Herz verbluten.
Da spürte er voll Sehnsuchtsweh:
daß rechte Liebe nicht zergeh,
und sandte seiner Lieben,
ein Büchlein, schön geschrieben,
das seine Lust und seine Pein
in Reime faßt, wie Gold den Stein:
»Kleines Büchlein, wo ich sei,
wohne meiner Fraue bei,
weis mein Herz ihr, meinen Mund,
tu ihr treue Liebe kund,
sag ihr, daß mit Herz und Sinn
allezeit ich bei ihr bin ...«

In Büchern steht, Herr Hartmann hab'
sich noch einmal zum Heiligen Grab
mit Kaiser Heinrich aufgemacht,
auch seine Jahre hingebracht
an einem Hof in Franken.
Ich weiß es nicht; das Zanken
mit Oder, Aber, Wenn und Ob,
mit Argumenten fein und grob,
das laß ich den gelehrten Herrn,
geb gern die Schale für den Kern.

Herr Hartmann starb, man weiß nicht wann
noch wie er dieser Welt entrann,
noch wo er liegt begraben –
in Bayern, Franken, Schwaben?
Gewiß ist nur: Herrn Hartmanns Sang
und Name haben guten Klang
noch heut, nach siebenhundert Jahr' –
nicht nur im trocknen Seminar,

wo sich mit Wortgeklaube
im hochgelehrten Staube
die Philologen um ihn mühn.
Noch ziert dem Auer frisch und grün
»sein Schapel und sein Lorbeerzweig«
die reine Stirn. Du aber neig
die deine, Freund, wenn einer dir
den Namen nennt, und ruf mit mir:
Es grüßt euch euer Heimatgau,
Herr Landsmann von der Au!

Graf Albert von Hohenberg, der Gründer der Stadt

Albertus sustentaculum Romani imperii totius Sueviae

ALBRECHT VON STRASSBURG

Man kennt die in ihrer beziehungsvollen Kürze klassische Antwort, die der Tübinger Kanzler Rümelin 1849 dem König von Preußen gegeben hat: als Mitglied der Frankfurter Parlamentsabordnung, die Friedrich Wilhelm die deutsche Kaiserkrone anbot, von diesem gefragt, woher er stamme, und als er's gesagt, wo dieses Nürtingen liege, erwiderte er: »Auf dem Weg vom Hohenstaufen zum Hohenzoller.«

Rümelin hätte die historisch-geographischen Kenntnisse des hohen Herrn noch mehr erweitern können durch den Zusatz: und einen Katzensprung von der Heimat der Stammutter des Hauses Habsburg. Denn die Gemahlin des ersten deutschen Königs aus diesem Geschlecht ist eine Hohenbergerin gewesen. Drei deutsche Kaisergeschlechter – drei schwäbische Berge! Und alle drei von einem Punkt aus zu überblicken: Staufen, Zoller und Weilerburg ...

Und wie sich im Schwäbischen bei näherem Zusehen Nachbarschaft nicht selten als Vetternschaft herausstellt, so auch hier, wenigstens bei den beiden letztgenannten: die Zollern drüben auf dem Albberg und die Hohenberger auf dem waldigen Buckel unseres Rammerts, der einst Alt-Rotenburg trug, sind *eines* Stammes.

Wahrscheinlich haben die Grafen von Zollern die Erbschaft der erloschenen Sülchgaugrafen angetreten. Ihre Herrschaft reichte im 11. Jahrhundert vom Neckar bis zur Donau. Ende des 12. Jahrhunderts spaltete sich ihr Geschlecht in drei Zweige: der eine, mit der Burggrafschaft Nürnberg belehnt, verließ Schwaben; aus ihm sind die Markgrafen von Brandenburg, die preußischen Könige und schließlich die deutschen Kaiser hervorgegangen. Die andern beiden teilten die heimatliche Herrschaft: die Stammburg Zollern mit Zubehör fiel an jenen Zweig, der im Geschlecht der Fürsten von Hohenzollern-Sigmaringen heute noch blüht, während die Burgen und Herrschaften Hohenberg (bei Spaichingen), Haigerloch und Rottenburg an den dritten Zweig übergingen.

Als Stammvater der Hohenberger ist jener Burkard anzusehen, der auf dem Kreuzzug Barbarossas (1189–92)

den Fahnen führt,
kein Laster ihn berührt,
von Rotenburg Graf Zoller ...
Sein Geschlecht man nennet
*von Hohenberg und Haigerloch ...**

Ein treuer Anhänger der Staufer, war er häufig im Gefolge Rotbarts und Kaiser Heinrichs VI. anzutreffen. Auch seine beiden Söhne Burkard II. und Albert, der sich *dominus de Rotinburc* nennt, hielten zum staufischen Banner.

Anders Burkards II. Sohn (Albert hinterließ keine Nachkommen); dieser dritte Burkard stand in den das Reich erschütternden Kämpfen zwischen Staufern und Päpsten im Lager der päpstlich Gesinnten. Durch seine Vermählung mit Mechthild, der Tochter des Pfalzgrafen Rudolf von Tübingen, deren Mitgift auf dem Birhtinlê ausgehandelt wurde, wuchsen seinem Gebiet die Burgen und Herrschaften Nagold, Bulach und Altensteig zu. Selbstbewußt betitelt er sich in einem Schreiben vom Jahr 1249 an »seinen verehrungswürdigen Herrn, den Bischof von Gottes Gnaden von Bamberg« als dessen »getreuen

* Siehe Anmerkung Seite 53.

Grafen von Hohenberg von gleichen Gnaden«. Seine Wohnung hatte er auf der Rotenburg. Er starb eines jähen Todes: am Sankt Margaretentag 1253 wurde er auf einem Ritt über Feld bei Deckenpfronn vom Blitz erschlagen. Man begrub ihn in dem Dominikanerinnenkloster Kirchberg (zwischen Sulz und Haigerloch), das er hatte mitstiften helfen. Fünf Kinder umstanden seine Gruft: Albert, Burkard, Ulrich, Gertrud und Mechthild. Graf Albert II. von Hohenberg, oft auch Albrecht geheißen, der älteste von Burkards Söhnen, war beim Tod des Vaters bereits erwachsen. Er und seine beiden Brüder Burkard und Ulrich regierten die Grafschaft längere Zeit gemeinsam, vielleicht bis zum Tode Ulrichs, 1280. Dann teilten sich Albert und Burkard in die Herrschaft so, daß Burkard, als der Jüngere, die neueren Gebiete Nagold, Haiterbach, Wildberg und Altensteig erhielt (wozu später noch Horb kam) und damit zum Begründer dieser Hohenberger Seitenlinie wurde, indes Albert die alte Reichsgrafschaft mit den Stammburgen Hohenberg, Haigerloch und Rotenburg nahm. Nach diesen drei Burgen schrieb er sich abwechslungsweise bald »Graf von Hohenberg«, bald »Graf von Haigerloch«, bald »Graf von Rotenburg«.

Die Rotenburg auf einem Vorsprung des Rammerts trug ihren Namen von dem roten Gestein dieses Höhenzugs, der bis ins 16. Jahrhundert hinein der »Rotenberg« hieß. Mochte die alte Burg, die bei den geringen Ausmaßen der Bergkuppe nicht sehr geräumig sein konnte, den Vorfahren genügt haben, für Alberts große Familie und Hofhaltung und bei den Repräsentationspflichten, die er in seiner bedeutenden Stellung zu erfüllen hatte, erwies sie sich bald als zu eng. Einen hochillustren Gast zum Beispiel sah Alt-Rotenburg im Frühjahr 1268: auf einer Reise von Eßlingen nach Straßburg kehrte der größte Naturforscher des Mittelalters, der *doctor universalis*, die Zierde des Dominikanerordens, der Lehrer Thomas von Aquins an der Pariser Hohen Schule, unser schwäbischer

Landsmann aus Lauingen an der Donau, Albertus Magnus bei den Hohenberger Gönnern seines Ordens ein und weihte bei dieser Gelegenheit den Hochaltar in der Altstadt-Kapelle. – So baute Graf Albert die vielleicht schon von seinem Vater begonnene neue »Rotenburg« auf dem Hügel links des Neckars zu Ende, vergrößerte den Ort an ihrem Fuß durch Neubauten, umgab ihn mit Graben und Mauer, verlieh ihm städtische Verfassung und wurde damit der Gründer Rottenburgs, das von der Burg den Namen lieh.

So ungefähr kann es zugegangen sein, vielleicht auch anders, denn in dem tiefen Dunkel über den Anfängen unserer Stadt erlöschen die hellsten Kirchenlichter wie die dürftig flackernden Geisteslämpchen, und selbst große Armleuchter mühen sich vergebens, Helle zu verbreiten. Fest steht lediglich, daß schon vor Graf Alberts »Gründung« ein bewohnter Ort bestanden hat. Ja, sagen die einen, sogar eine herrliche Frankenstadt, die »Landsfurt« oder »Landskron« oder »Landsort« hieß; sie soll im Jahre 1112 durch Erdbeben und Hochwasser untergegangen sein. Die Fundamente, auf denen dieses »Landskron« heute in den Büchern steht, sind allerdings recht wacklig. Der »Besenfelder«, ein Hofschreiber der Erzherzogin Mechthild, der es auch nur vom Hörensagen wußte, scheint in seiner Chronik Näheres über die untergegangene Stadt berichtet zu haben; aber diese Chronik ist leider verschollen, nur ein paar Stellen daraus haben sich in anderen Schriften erhalten. Dies ist der eine Grundstein. Der andere, obgleich wirklich aus Stein, ist nicht tragfähiger: eine Inschrift an einem Stück alten Gemäuers auf der Altstadt erzählt folgendes:

> ANNO CHRISTI 1112 DEN 3. TAG JENERS BEY LEBZEYTEN BAPST BENEDICT DES ACHTEN VND KHAYSSER HEINRICH DES FYNFTEN IST DIE STAT, SO LANDCZORTH ODER LANDCZ KRON GENANT, DURCH ERTBIDEM VND GEWESER VNDERGANGEN VND ANNO 1271 VON GRAFF ALBRECHT VON HOHENBERG WIDER UFF GEBAVWET VND ROTENBVRG GENANT VND DISE MAVR ALSO ZVM GEDEHTNVS VIDER ANNO 1602 ERNEWERT.

In dieser Inschrift ist alles rätselhaft, die Namensangaben wie die Jahreszahlen. Papst Benedikt der Achte regierte von 1012 bis 1024, Kaiser Heinrich der Fünfte aber ein Jahrhundert später (von 1106–1125); wohl wird von einer Wassernot in der Gegend berichtet, aber aus dem Jahre 1012, also hundert Jahre früher, während ein starkes Erdbeben, das ganz Mitteleuropa heimsuchte, von vielen Zeitgenossen für den 3. Januar 1117 bestätigt wird.

Manche verlegen die vorhohenbergische Stadt nach Sülchen oder auf die Altstadt oder in die Ruinen des alten Sumelocenna, und wenn die einen den Ort mit viel Scharfsinn irgendwo aufgebaut haben, kommen andere und reißen ihn wieder ein mit derselben lustvollen Gründlichkeit wie ihre alamannischen Vorfahren die Römerstadt. Gott sei Dank, nur auf dem Papier!

Die »neue Stadt« des Grafen Albert dagegen steht nicht auf Hypothesen. Wann aber ist sie gegründet worden? Auch darüber gehen die Berichte und Meinungen auseinander. Indes verdient hier vor allen andern Chronisten der Verfasser der Sindelfinger Chronik, Konrad von Wurmlingen, Glauben, schreibt er doch als Nachbar und Zeitgenosse. Er gibt als Rottenburgs Gründungsjahr 1280 an. Ein Jahrzehnt später war die Stadt bereits so weit ausgebaut, daß ihr Gründer die Hochzeit einer seiner Töchter »festlich und unter großer Beteiligung« darin begehen konnte. Auch die wenigen urkundlichen Belege aus Rottenburgs Frühzeit fügen sich zwanglos an das genannte Gründungsjahr: so ein Kaufbrief vom 10. Februar 1292, ausgestellt *in der nvwen stat Ehingen,* und die Zustimmung des Bischofs von Konstanz zur Errichtung eines Karmeliterklosters »in der neuen, Rotenburg genannten Stadt«. Natürlich blieb in der »angefangenen Stadt« noch viel zu tun übrig, und so überließen Graf Albert und seine Gemahlin ihren »burgern von Rotenburch« im Jahre 1295 das Umgeld, »daß man damit die vorgenannte Stadt bessere und baue«.

Der erste uns bekannte *scultetus* oder Stadtschultheiß von Rottenburg unterschreibt als Zeuge auf einer Kreuzlinger Urkunde aus dem Jahre 1307 mit Heinrich; er wird wohl aus einem der beiden ältesten Rottenburger Geschlechter, ein Aman oder Stahler gewesen sein.

»Ein außerordentlicher und berühmter Mann«, »ein hervorragender Graf«, »eine Stütze des Römischen Reiches in ganz Schwaben«, »einer der zwölf Recken«, »streitbar, beherzt und rechtschaffen«, »bieder und treu« – der Ehrentitel sind es viele, die Graf Albert von Hohenberg von seinen Zeitgenossen aus allen Gauen des Reiches beigelegt wurden. Geschichtsschreiber rühmen an ihm Tapferkeit und ritterliches Wesen, Dichter preisen dankbar seine »milde Hand«, Lehensleute loben seine Redlichkeit, und seine treuen Bauern stiften ewige Lichter an sein Grab. Graf Albert war Ritter und Feldherr, Politiker und Staatsmann, Minnesänger und Regent seiner Grafschaft. An Leistung und Bedeutung überragte er seine gräflichen Standesgenossen in Schwaben um ebensoviel, als er sie an Charakter und Begabung übertraf. Freilich mußte auch in diesem Fall das Glück ein Übriges tun, solchen Anlagen den nötigen Spielraum zur Entfaltung zu verschaffen, sollten sie nicht in der Enge einer kleinen Grafschaft verkümmern. Das Glück hatte ein Einsehen und tat es auf fast romanhafte Weise.

Noch zu Lebzeiten des alten Grafen Burkard, des Vaters, hatte ein Graf Rudolf von Habsburg und Kyburg um die Hand seiner Ältesten, Gertrud, angehalten. Der damals zweiundzwanzigjährige Habsburger, den der große Staufenkaiser Friedrich II. aus der Taufe gehoben, war mit dem Hause Zollern verwandt und als Landgraf im Elsaß begütert. Mehr als die Weissagung des Hofastrologen jenes Staufers, die dem Gräflein die Kaiserkrone versprach, dürften Vater Burkard die persönlichen Eigenschaften des jungen Mannes bewogen haben, ihn zum Schwiegersohn anzunehmen: seine ritterliche Tatkraft, seine

Zielstrebigkeit, seine nüchterne, kühle Klugheit. Gertrud erhielt als Mitgift die hohenbergischen Gebiete im Elsaß. Das Beilager wurde, wahrscheinlich um die Mitte der vierziger Jahre des 13. Jahrhunderts, auf Alt-Rotenburg »gar lieblich« gefeiert. Die fast noch kindliche Hohenbergerin scheint ebenso schön wie fromm gewesen zu sein, verglich sie doch der Tübinger Magister Crusius noch nach etlichen Jahrhunderten mit der homerischen »Prinzessin Briseïs«.

Der alte Graf Burkard sollte sich in seinem Schwiegersohn nicht getäuscht haben; ihm selbst zwar vergönnte das Glück es nicht, seine Tochter an der Hand des Habsburgers den deutschen Königsthron besteigen zu sehen. Rudolf erfuhr von seiner Wahl zum römischen König im Feldlager vor Basel, dessen Bischof, sein alter Feind, bei der Nachricht ausrief: *Sede fortiter, Domine Deus, vel locum occupabit Rudolphus tuum!* Was der »Schuolmeister von Ezzelingen« in der Manessischen Liederhandschrift also verdeutscht hat:

Gott, nun sieh zu deinem Reiche,
daß er dir nit erschleiche
deinen Himmel ohne Wehr! ...

Im Auftrag seines Schwagers geleitete Graf Albert Gertrud zur Krönung nach Aachen, und am Krönungstag, dem 24. Oktober 1273, huldigte der Rottenburger Graf als einer der ersten dem nach »der kaiserlosen, der schrecklichen Zeit« neu erstandenen Oberhaupt des Heiligen Römischen Reiches, seinem König und Schwager Rudolf, seiner Königin und Schwester Anna, welchen Namen Gertrud nach der Krönung annahm.

Gertrud schenkte ihrem Gemahl viele Kinder, die Chronisten zählen bis zu einem Dutzend auf; verbürgt sind vier Söhne, darunter der nachmalige König Albrecht, und jene »sechs lieblichen Töchter«, die dem Habsburger sechs Kronen ins Haus brachten. Zwei feierten noch in den

Krönungstagen zu Aachen ihre Vermählung: Mechthild mit dem Pfalzgrafen Ludwig dem Strengen von Bayern, und Agnes mit Herzog Albrecht von Sachsen; die dritte aber, Hedwig, war bereits dem Markgrafen von Brandenburg zugesagt. Darin bestand »die Handsalbe«, die Rudolf diesen Kurfürsten für seine Wahl hatte versprechen müssen. Von den andern drei Töchtern heiratete Anna einen Bayernherzog, Clementia den König von Sizilien und Gutta den Sohn des Böhmenkönigs. Es ist also keine Übertreibung, wenn ein Historiker im Jahre 1772 über unsere Rottenburger Landsmännin schreibt: von Anna als der Mutter so vieler Söhne und Töchter sei nicht nur das regierende Haus Habsburg in Österreich ausgegangen, sie sei auch die Stammutter zahlreicher Fürstengeschlechter von Deutschland, ja von ganz Europa.

Königin Anna starb im Jahre 1281 in Wien und wurde ihrem Wunsche gemäß nach Basel übergeführt und im Münster unter großen Feierlichkeiten begraben. Ihr dortiges Grabmal ist aber leer, da ihre Gebeine 1770 nach dem Kloster St. Blasien im Schwarzwald, 1805 nach Spital in Oberösterreich und endlich 1918 in die Benediktinerkirche zu St. Paul in Kärnten gebracht worden sind.

Die Wahl des Habsburgers zum römischen König eröffnete unserm Grafen als Feld militärischer und politischer Betätigung das ganze Reich. Immer waren die Hohenberger Grafen ihrem Schwager in brüderlicher Freundschaft verbunden gewesen; nun äußerte sich dieses innige Verhältnis als unwandelbare Treue zum König, als begeisterte Hilfsbereitschaft bei der Verfolgung seiner Ziele zum Wohl des Reiches und des Hauses Habsburg. Mag der Vorwurf, die Reichsinteressen ihrer Hausmachtpolitik allzu oft untergeordnet zu haben, späteren Habsburgern gegenüber berechtigt sein, König Rudolf trifft er nicht. Für ihn, den von Haus aus an Macht und Mitteln nicht Überreichen – man sagt, er habe gerade diesem Umstand seine

Wahl zu verdanken gehabt – ging es darum, die königliche Autorität nach den Wirren des Interregnums wieder durchzusetzen. Dazu aber bedurfte es, wollte der König nicht von den mächtigen und reichen Fürsten abhängen, vor allem einer starken Hausmacht. Im Bestreben, sich diese zu schaffen, fand er in seinen Hohenberger Schwägern dienstbereite Helfer, besonders in Graf Albert, dessen lauterer Charakter und wacher politischer Verstand den Verdacht, allein aus Vetterles-Gründen so gehandelt zu haben, nicht leidet. Es war ein Beweis königlichen Vertrauens, als ihm Rudolf bald nach der Krönung das Amt eines Reichslandvogtes in Niederschwaben übertrug.

In dem anarchischen Widereinander von Kaisern und Gegenkaisern, als die päpstlichen und gegenpäpstlichen Bannstrahlen über Schwaben zuckten wie Blitze bei einem Augustgewitter, hatten sich Adel, Geistlichkeit und Städte an Lehen, Gerichtsbannen, Zöllen und anderen Reichsgütern angeeignet, so viel sie konnten, und sich zu unabhängigen Landesherren und -herrchen, zu geistlichen Herrschäftchen und Stadtrepubliken aufgeschwungen. Nicht als rühmliche schwäbische Kunde vernimmt man, daß dem letzten Staufer Konradin auf seinem Zug zur Eroberung seines italischen Reiches keiner der schwäbischen Grafen folgte, weil sie alle mit der Erweiterung ihrer Macht beschäftigt waren – auch Graf Rudolf von Habsburg. Als König freilich sah er diese Zustände mit andern Augen; nun sollte sein Landvogt ihnen ein Ende machen, sollte den in ewigen Fehden auf den Tod verletzten Landfrieden wiederherstellen, die Klöster und Schwachen gegen Gewalttaten schützen, die von den Gegenkaisern vergebenen oder heimgefallenen Reichslehen einziehen, kurz, der Reichsgewalt wieder Achtung verschaffen. Keine leichte, keine dankbare Aufgabe!

Sie verwickelte ihn in zahlreiche Fehden mit widerspenstigen Grafen und Herren, die ihren Raub dem Reich nicht herausgeben wollten. Am meisten zu schaffen machte ihm Graf Eberhard der Erlauchte von Württemberg. Die

Achalm, als Reichsburg dem Grafen Albert unterstellt, gab Anlaß zu einem Rattenschwanz von Händeln zwischen ihm und den im Beerben der Staufer nicht gerade säumigen Württembergern. Schließlich kam König Rudolf selbst mit dem Reichsaufgebot seinem Schwager zu Hilfe. Zweimal mußte Stuttgart von ihnen belagert, einmal gar sein Mauerring gebrochen und geschleift werden, ehe sich Eberhard seinem König unterwarf. Aber auch die »lautere und stäte Sühne« vom 24. Mai 1289 hielt nur bis zum Tode Rudolfs. Im Jahre 1291 brach Graf Eberhard wiederum gegen den Hohenberger los: er rückte vor Rottenburg und Haigerloch, Dörfer, Weinberge und Obstbäume verheerend nach Kriegsbrauch der Zeit, während Graf Albert im Gegenzug auf württembergischem Gebiet Waiblingen, Berg und Endersbach zerstörte. Zuletzt aber endete der jahrelange Hader gütlich mit einer Heirat zwischen Alberts Tochter Irmengard und Eberhards Sohn Ulrich. Im Dezember 1291 feierte man in Rottenburg mit großer Pracht das Beilager. Und so steht am Anfang unserer Stadt, schicksalhaft wie ein Symbol, eine Vermählung zwischen Hohenberg und Württemberg, die nach über 500 Jahren mit dem Ende Hohenbergs ihre letzte Erfüllung finden sollte ...

Nicht nur in amtlichen und persönlichen Fehden entfaltete Graf Albert das weiß-rote Hohenberger Sturmfähnlein, auch im Reichsaufgebot wallte es ehrenhaft, wenn immer König Rudolf rief. So 1276 bei dem Zug gegen König Ottokar von Böhmen, der sich als einziger Kurfürst der Wahl Rudolfs widersetzt hatte und dem Gewählten Lehenseid wie Herausgabe der Reichslehen verweigerte. Nach längerer Belagerung Wiens kam ein Friede zustande; in Gegenwart seiner Hohenbergischen Schwäger belehnte Rudolf den demütig knienden Böhmenkönig von neuem mit den Herzogtümern Österreich, Steiermark und Kärnten. Jedoch schon nach zwei Jahren mußte er abermals gegen den Empörer ziehen. Dieses Mal erlaubten die Zustände in Schwaben, wo Ottokars Gold erfolgreich gearbeitet hatte, dem Landvogt nicht, mit auszurücken. Dagegen waren beide Hohenberger wieder dabei, als es gegen den Markgrafen von Brandenburg ging, ebenso auf dem Kriegszug gegen Savoyen 1283, auf dem Graf Albert zusammen mit dem Burggrafen von Nürnberg bei der Belagerung von Peterlingen eine Zeitlang den Oberbefehl führte. Und im Krieg gegen Pfalzgraf Otto von Burgund, 1289, ward ihm vor Besançon die hohe Ehre, dem Reichsheer die Fahne voranzutragen. Der Dichter Ottokar von Steiermark, sein Zeitgenosse, rühmt den Hohenberger in seiner Reimchronik als »stark, mächtig und kühn«, als »getreu, mild und weise«, kurz, als einen in allen Ritterkünsten erfahrenen Meister:

Wo immer er dabei gewesen,
da ward er auserlesen
als bester Mann auf beiden Seiten.
Im Turnieren und im Streiten
hätt er der Preise viel erjagt . . .

Das mittelalterliche Reich hatte keine Hauptstadt, sein Oberhaupt keine ständige Residenz. Die Kaiser regierten im Umherziehen von Stadt zu Stadt, von einer Pfalz zur andern. Auch die Reichstage fanden bald hier, bald dort statt. Wen also Stand oder Amt an die Person des Kaisers band, der mußte viel unterwegs sein und durfte die Härten des Reisens nicht fürchten.

Betrachtet man die Reisen, die Graf Albert von Hohenberg, neben seinen Zügen als Gefolgsmann des Heerbannes, in seiner Eigenschaft als Reichsstand, Landvogt, Landrichter, Freund, Berater und Schwager zu und mit dem König unternommen hat, so staunt man schon über die körperliche Leistung, solche Strecken in solcher Häufigkeit im Sattel zurückzulegen. Vor allem aber macht sein *Itinerarium*, das der verdienstvolle Historiker der Hohenberger, Ludwig Schmid, nach den Urkunden zusammengestellt hat, deutlich, welch hervorragende Stellung unser Graf im Reiche eingenommen und wieviel seine Persönlichkeit bei König und Fürsten gegolten hat.

Bald nach der Krönung treffen wir Graf Albert mit dem König in Speyer. Im Jahre 1274 wohnt er einem Hoftag zu Hagenau bei; von dort aus begleiten er und sein Bruder Burkard ihren Schwager über Oppenheim, Heilbronn, Würzburg nach Rothenburg ob der Tauber. Über Ulm geht die Reise weiter nach Schwaben, wo die Achalm besucht wird. Im April ist der König Gast seiner Schwäger auf der Rotenburg; von hier reitet man zu einem zweiten Hoftag nach Hagenau.

Im Mai des folgenden Jahres wird auf der Reichsversammlung zu Augsburg die Reichsacht über Ottokar von Böhmen ausgesprochen; beide Hohenberger sind dabei. Ein Vierteljahr darauf findet man sie mit dem Königspaar in Lausanne bei der Zusammenkunft mit dem Papst; der König, die Herzöge von Bayern und Lothringen, unsere Grafen und viele andere Ritter nehmen das Kreuz (die gelobte Fahrt kommt aber nie zustande). Im Januar 1276 sind sie in Nürnberg, im Juli in Ulm, wo sie dem König einen Streit zwischen dem Bischof von Trient und dem Grafen von Tirol schlichten helfen. In die Jahre 1277 und 1280 fällt je eine Reise Alberts nach Wien. Auch bei der Festsetzung des fränkischen Landfriedens auf dem Reichstag zu Nürnberg im Sommer 1281 sind beide Hohenberger zugegen, ebenso bei der Neubelehnung des Burggrafen von Nürnberg im September in Gmünd. 1282 hat Graf Albert in Ulm und in Weißenburg im Elsaß zu tun, und wenn er im Dezember der Belehnung von Rudolfs Söhnen mit Österreich, Steier, Krain und der Mark auf dem Hoftag zu Augsburg beiwohnt, so gehört dies zu seinen Onkelpflichten. Ein halbes Jahr später in Rheinfelden bestellt der König ihn und einige andere große Herren zu *procuratores* seiner jüngeren Söhne. 1284 macht Albert einen Abstecher nach Germersheim. Der Reichstag zu Augsburg, 1286, bringt ihm die Ernennung zum Landfriedensrichter in Schwaben; seinen Befähigungsnachweis kann er sogleich erbringen, als er mit dem König einen Span zwischen dem Erzbischof von Salzburg und dem Herzog von Bayern schlichtet.

1287 tut Rudolf zu Würzburg »mit Rat« Graf Alberts und anderer einen Rechtsspruch in der Streitsache zwischen dem Erzbischof von Mainz und den Herzögen von Braunschweig. Darauf besucht Albert wieder einmal Ulm. Zu Gunsten des Bischofs von Worms fällt unser Graf im Jahr darauf einen Spruch in Mainz. 1290 weilt er beim König in Erfurt und 1291 in Hagenau, wo über die aufrührerische Stadt Valenciennes ein Strafurteil verhängt wird.

Bis in seine letzten Tage betreuten die beiden Hohenberger ihren Schwager in der Pfalz zu Germersheim, und als der greise König sein Ende kommen fühlte und sprach: »Wohlauf nach Speier, wo mehr meiner Vorfahren sind, die auch Könige gewesen! Daß niemand mich hinzuführen braucht, will ich selbst zu ihnen reiten«, da trabten ihm auf seinem »Ritt zum Grabe«* die Hohenberger Grafen an der Seite. Erst der Tod trennte die Unzertrennlichen: einen Tag nach der Ankunft in Speyer, am 15. Juli 1291, verschied König Rudolf, 73 Jahre alt, und ward im Kaiserdom zu Speyer, wie er verlangt, begraben.

Erstaunlich bleibt, daß ein so tätiger, von vielerlei Ämtern und Pflichten in Anspruch genommener Mann noch Zeit für sein Privatleben erübrigen und Muse finden konnte für Dinge, die weitab von Politik und Kriegsgeschrei lagen.

Graf Albert war dreimal verheiratet. Name, Herkunft und Todestag seiner ersten Gemahlin sind unbekannt; die zweite Ehe schloß er 1282 mit Margarete von Fürstenberg, die 1296 starb und im Kloster Kirchberg begraben wurde. Mutig wie immer wagte er es ein drittes Mal, nun mit der Gräfin Ursula von Öttingen; sie überlebte ihn um 10 Jahre, ihr Grab soll sich in der Kirche zu Ehingen befinden.

* Siehe Justinus Kerners Gedicht.

Seine drei Gemahlinnen gebaren ihm drei Söhne – Albert, Rudolf und Albrecht – und sieben Töchter. Es gelang dem Grafen, ihrer sechs an den Mann zu bringen, was bei aller an Grafentöchtern selbstverständlichen Schönheit doch auch für das Ansehen spricht, das Albert seinem Hause erworben hatte. Die vornehme Herkunft allein tat's freilich nicht, man mußte die sechs Fräulein auch standesgemäß ausstatten, und dies kostete den Hohenberger etliche Städtlein, Dörfer und Burgen. Dennoch hat sein Biograph Schmid nicht unrecht, wenn er sagt, man müsse sich im Hinblick auf andere Grafen seiner Zeit nur wundern, daß Albert bei seinem großen Aufwand für Reisen, Kriegszüge und Mitgiften nicht mehr habe veräußern müssen. Einmal allerdings (1296) versetzte er sogar seine Burg und gute Stadt Rottenburg an den Pfalzgrafen bei Rhein, löste sie aber wieder aus.

Mit dem Erlöschen des Staufergeschlechts, in dem die so seltene Synthese von Macht und Geist in großartigster Weise geglückt war, ermattete im Reich der hochgemute Schwung, der von fast allen Gliedern dieses Hauses ausgegangen. Die Macht zu vergeistigen und den Geist mächtig zu machen, dieses staufische, wahrhaft kaiserliche Ideal lebte in den Nachfahren nicht mehr. Zu den wenigen, die in den pöbelhaften Fehden um Gewalt und Besitz nicht völlig aufgingen, gehörte Graf Albert von Hohenberg. Er schlug »die Ritterharfe, die einst so hell vom Staufen klang«, noch einmal an, als sie Konradins Knabenhänden entsank. Und rauschte sie unter Alberts Hand auch nicht mehr mit dem vollen Klang der guten Zeit, es ist Ehre genug, den Minnesang als ein Vermächtnis des letzten Staufers, dem Albert im Sommer 1262 zu Konstanz gehuldigt hatte, in einer so ganz anders gearteten Zeit gepflegt zu haben.

Der »Manessische berühmte Codex«, eine Sammlung von Minneliedern mit über 7000 Strophen und 137 ganzseitigen Bildern, womit der Züricher Ritter Rüdiger von

Manesse (gestorben am 5. September 1304) und sein Sohn der versunkenen Stauferzeit das prachtvollste literarische Denkmal gesetzt haben, und die nach mancherlei Irrfahrten von Zürich über Burg Forsteck, St. Gallen, wiederum Zürich, Heidelberg, Paris (wo Uhland und Heine sie bewundert haben) seit 1888 in Heidelberg als kostbarster Schatz der Universitätsbibliothek aufbewahrt wird, hat uns auch von »grave Albrecht von Haigerlôh« zwei Strophen und eine Darstellung seines ritterlichen Todes im Kampfgewühl überliefert. In unser Deutsch übertragen, lauten jene:

Wer ist beglückter auf der Welt,
als einer, der sein stetes Lieb
mit Armen hält gar inniglich umschlossen?
Die Treue, die sie unverstellt
ihm wahrt, bleibt fremd dem Minnedieb.
Ihn hat der langen Nächte nie verdrossen,
nicht Haß noch Melder fürchtet er
und liebet ohne Schuld und Scheu und Schande.
Pries jemand falsche Minne mehr,
die nie noch Treue kannte,
der nähme Frauenschand für Frauenehre –
das ist die Minne nicht, nach der ich gehre.
Verbotne Wasser besser sind
als offner Wein, so kann man hören
von Leuten, die in Sünde sind befangen;
auch pflegt das unverständ'ge Kind,
was ihm verboten, zu begehren.
Stets trägt die Welt nach neuer Lust Verlangen,
nur Neugewonnenes dünkt ihr gut,
und rasch verlernt sie sicheren Besitz zu schätzen.
»Geheime Lust kennt heißre Glut:
dem ganz in Liebesnetzen
verstrickten Lieb die Minne abzustehlen,
ist höchstes Glück!« So spricht sie ohne Hehlen.

Die Dichter jener Tage preisen den Hohenberger Grafen im Gegensatz zu seinem königlichen Schwager als einen Freund und Förderer der Kunst, der gebefreudig das fahrende Volk der Sänger oft »von Kummer geschieden« habe. Und wie der Herr, so der Knecht: zu Graf Alberts Dienstmannen gehörte Herr Hugo von Werenwag, dem wir das köstliche Mailied verdanken:

Freudenreicher, süßer Maie,
du sollst willekommen sein:
schöne Blumen mancherleie
bringet uns dein lichter Schein . . .

Auch die Minnesänger Gottfried von Neuffen, Walter von Klingen und Ritter Steinmar, den die Literaturgeschichte Herrn Bertold Steinmar von Klingnau nennt, wetteiferten mit dem Grafen in der ritterlichen Kunst. Herr Steinmar, dessen zerfallene Burg im Eutinger Tal noch heute zu sehen ist, dürfte mit Albert befreundet gewesen sein: die Steinmar besaßen in Rottenburg zwei Häuser, eines am Markt »vor den Brotlauben«, und eines in der Vorstadt, und werden auf Urkunden öfters mit dem Hohenberger zusammen genannt. Vierzehn lebensfrohe Lieder hat uns die Manessesche Handschrift von diesem allem Schwarzblütigen abholden Sänger bewahrt, dazu sein Bild, wie er, in der einen Hand eine gebratene Gans, in der andern ein Krüglein, im Begriff ist, fröhlichen Gästen mit Wein, Gans und Gesang Leib und Seele zu erquicken. Denn: »Traurigs Herze braucht den Tröster Wein!« Er soll im Kloster Kirchberg oder im Rottenburger Karmeliterkloster begraben sein. Einer seiner Nachkommen, Pfaff Berthold Steinmar, stiftete 1388 einen Altar in die Sülchenkirche, ein anderer, Hanns Steinmar, war 1455 Bürgermeister in Rottenburg und führte noch des Minnesängers Wappen: im silbernen Schild den schwarzen rechten Schrägbalken.

Sogar der Küchenmeister auf der Rotenburg, Herr Heinzelin von Konstanz, dichtete; so klein er selber geraten, so lang fielen seine gelehrten Gedichte aus, doch findet sich in seiner »Minnelehre« manch hübscher Vers. Die Zimmerische Chronik meint zwar, Herr Heinzelin, »der gleichfalls mit deutschen Liedern und gereimten Gedichten umgangen«, und solche Herren hätten »dazumal nit größer oder mehr Geschäft gehabt, sondern nur ‚de faire bon temps'« – nun, jedes Jahrhundert vergnügt sich auf seine Art, die Ritter des zwölften taten's mit Singen und Sagen, die Ritter des sechzehnten mit Saufen, Wegelagern und Bauernschinden ... Nicht wenig trug auch Graf Alberts witziger Notar, das ist: Vorsteher der Kanzlei, mit seinen Späßen und Possen zu dem »guten Leben« auf der Rotenburg bei. Man hieß ihn nur den »Kappadozier«.

Kurz vor seinem Tod bemühte sich König Rudolf, seinem Sohn, dem Herzog Albrecht von Österreich, die Krone zu sichern. Auch den Grafen Albert soll er zu seinem Nachfolger vorgeschlagen haben. Beide waren den Kurfürsten zu mächtig, zehn Monate ließen sie das Reich verwaist. Herzog Albrecht bot alles auf und sein Hohenberger Onkel rührte mächtig die Werbetrommel für ihn – umsonst, die Kurfürsten erhoben am 5. Mai 1292 das »Gräflein« Adolf von Nassau auf den Thron. Der hatte jede, aber auch jede ihrer Bedingungen blindlings angenommen; so einen Mann brauchten die Sieben. Kaum König, entsetzte er den habsburgtreuen Landvogt in Niederschwaben seines Amtes. Graf Albert schien seine politische Rolle ausgespielt zu haben. Allein das gute Einvernehmen zwischen Wählern und Gewählten hielt knapp vier Jahre. Graf Adolf hatte alles versprochen, König Adolf nichts gehalten; so glaubten sich nun die Kurfürsten, die mit der Krone schandbaren Schacher trieben, aller Eide und Pflichten gegen ihn ledig. Andererseits hatte sich Adolf keineswegs königlich aufgeführt und durch

Intrigen, Brutalitäten und Wortbrüche »das Reich und sich selber gelästert«, wie eine Straßburger Chronik sagt.

Bei den Krönungsfeierlichkeiten für König Wenzel in Prag 1297, an denen auch Herzog Albrecht und unser Hohenberger Graf teilnahmen, heckten die Kurfürsten von Mainz, Sachsen, Brandenburg mit dem Böhmen und vielen anderen Fürsten und Herren den Plan aus, König Adolf abzusetzen und Rudolfs Sohn zu krönen. Graf Albert warb für seinen Neffen in Schwaben und am Rhein, reiste sogar, auch den Papst zu gewinnen, nach Rom und hatte mit Geld und guten Worten Glück. Unterdessen ließ auch König Adolf seine Minen springen, Graf Albert merkte es bei seiner Heimkehr: die schwäbischen Reichsstädte wollten nichts von einem König Albrecht wissen. Nun versuchte es unser Graf anders, aber die Städte setzten Gewalt gegen Gewalt, zerstörten fünf hohenbergische Burgen und vertrieben ihn aus seiner Herrschaft.

Der Bürgerkrieg war hell entbrannt. Herzog Albrecht stand, nachdem er Schwaben durchzogen hatte, mit einem Heer bei Waldshut am Rhein, sein Gegner, König Adolf, mit seiner Streitmacht bei Kenzingen im Breisgau. Als Herzog Otto von Bayern, der es mit Adolf hielt, diesem Zuzug bringen wollte, wobei er durch hohenbergisches Gebiet marschieren mußte, beschloß Graf Albert, ihm den Weg zu verlegen. In Eile bewaffnete er seine Bauern, machte seine Dienstmannen beritten, dennoch blieb sein Haufen dem des Bayernherzogs an Zahl und Kampfkraft unterlegen, vor allem, weil dieser die größere Anzahl Ritter besaß. Schon aus diesem Grund plante Graf Albert einen nächtlichen Überfall; überdies hatte ihm sein Kundschafter gemeldet, die Bayern lägen ahnungslos in ihrem Lager. So brach er in der Nacht auf und näherte sich im Morgengrauen den Bayern bei Leinstetten im Tal der Glatt (zwischen Horb und Oberndorf). Aber: »sein Späher hätt' gelogen, er fand sie wohl bereit«:

Da er mit seinen Schwaben
kam herzugerannt,
mit wehrlicher Hand
eilten sie ihm entgegen.
Mit Stichen und mit Schlägen
ward er von ihnen empfangen . . .

Die Überraschung war nicht gelungen. Trotzdem hätte der sogleich entbrennende, hitzige Kampf vielleicht noch gewonnen werden können, würden des Grafen Ritter so tapfer gefochten haben wie er selbst und seine Bauern. Aber einen Teil der hohenbergischen Ritter lockte die Beute im schlecht bewachten Bayernlager mehr, als der Sieg: ehrlos verließen sie Herrn und Kampfplatz und stürmten zum Plündern; feig wie »Hunde mit bohnengefüllten Schweinsblasen am Schwanz« flohen die andern vor dem Ansturm der Bayern. Von den paar Getreuen um den Grafen sank einer nach dem andern aus dem Sattel. Noch immer aber stand das weiß-rote Fähnlein über dem Getümmel, noch immer schwang Albert, von feindlicher Überzahl umringt, in ritterlicher Gegenwehr sein Schwert. Als die Bauern die tödliche Gefahr ihres Herrn erkannten, eilten sie ihm zu Hilfe, stachen viele Ritterrosse nieder, konnten jedoch gegen die besser Gewappneten nicht aufkommen. Drei- bis vierhundert hohenbergische Bauern sollen für ihren Grafen gefallen sein. Am Ende brach des Grafen Streitroß verwundet in die Knie, er selbst, auch jetzt noch um sich hauend, sank auf den Tod getroffen nieder und verströmte im Angesicht der rettenden Burg Leinstetten Blut und Leben in das junge Grün des erwachenden Frühlings. Es war der 17. April des Jahres 1298. Seinen Leichnam begrub man im nahen Kirchberg. Noch heute ist in der Kirche dieses weltabgelegenen, der Vergangenheit nachträumenden ehemaligen Klosters der Grabstein des Rottenburger Stadtgründers, im Chor rechts in die Wand eingelassen, zu sehen.

Weit über Schwabens Grenzen hinaus betrauerten, die ihn gekannt, den großen Hohenberger, am lautesten seine Freunde, die Sänger und Dichter. Beklagt, ihr Ritter, Graf Albrechts Tod, wie's ritterlicher Treue ziemt, ruft Ottokar von Steiermark, klag, fahrendes Volk, um seine milde Hand:

Es wird im Schwabenland
kein Ritter mehr geboren,
an dem so viel verloren,
als wie an ihm, der nun ist tot.
Er sei empfohlen Gott!

»Ich Rudolf, Graf von Hohenberg, verkaufe Burg und Stadt ...«

»Vor vierthalbhundert Jahren sind die Grafen von Hohenberg am mächtigsten an Land und Leuten gewesen, und von dem Jahr 1200 an zu rechnen, da hat ihr Vertun und Übelhausen angefangen, und hat sie der große Staat, den sie geführt, nit verderbt, sondern die großen Stiftungen und Gottesgaben, die sie unaufhörlich getan an die Gestifte, Klöster, Spittel, Bronnen und in anderen Wegen; denn wie man spricht: wer viel hingibt, dem bleibt desto weniger, das ist den frommen Grafen, die ohne Zweifel in jener Welt ihren Lohn darum empfahen, auch begegnet; denn von diesem großen Hingeben und Stiftungen kamen sie nach und nach zu Armut, daß sie auch letztlich Land und Leut mußten angreifen und der großen Schulden halb Butzen und Stiel dem Haus Österreich zu kaufen geben.«

So die im 16. Jahrhundert geschriebene Zimmerische Chronik. Das »Vertun und Übelhausen« der Nachfahren des Grafen Albert von Hohenberg bestreiten auch die Historiker nicht; aber ihre von Generation zu Generation wachsende Schuldenlast einzig ihren Stiftungen und Gottesgaben zuschreiben, heißt den mildtätigen und frommen Sinn der Grafen doch wohl überschätzen. (Wohl hat man an ihren Nachbarn, den Tübinger Pfalzgrafen, die sich am Kloster Bebenhausen »arm schenkten« und »zu Grunde bauten«, ein Beispiel solch ruinöser Spendierfreudigkeit vor Augen; indes lagen die Dinge bei den Rottenburger Grafen nicht so.) Die unaufhörlichen Fehden und Bürgerkriege, deren Kosten man durch Veräußerungen und Verpfändungen aufzubringen suchte, verarmten den schwäbischen Adel jener Jahre ganz allgemein, dazu kam der

Aufwand, den man aus Politik oder Großhanserei trieb; und nicht zuletzt schwächten die vielen Teilungen, die beim Vorhandensein mehrerer Söhne vorgenommen wurden, die Finanzkraft der Herren.

Hatte schon die Ausstattung von Graf Alberts sechs Töchtern das hohenbergische Vermögen geschmälert, so zehrte das Kriegen und Politisieren seines Sohnes Rudolf I. weiter am Mark der Grafschaft, obschon unter ihm Verkäufe und Neuerwerbungen – darunter Horb – sich noch die Waage hielten. Seine »Gottesgaben« kamen vor allem dem Karmeliterkloster in der Residenz Rottenburg, der Schloßkapelle in Haigerloch und den Klöstern Kirchberg, Zwiefalten, Heiligkreuztal, Rotenmünster, Kniebis und Stein am Rhein zugute – immerhin einer erklecklichen Anzahl.

Graf Rudolfs Frömmigkeit war seltsam geartet: als er seinem Sohn Albert mit Waffengewalt den Bischofsstuhl von Konstanz erringen wollte und Meersburg belagerte, tat er den Schwur, er werde nicht ablassen, bis er der Heiligen Maria, der Patronin des Hochstifts Konstanz, das Hemd vom Leibe gezogen ... Die Heilige Maria behielt aber ihr Hemd, und Graf Rudolf mußte froh sein, seines nicht zu verlieren.

Seine bedeutendste kirchliche Stiftung tat er im Jahre 1320 mit der Erhebung der St. Morizkirche in Ehingen zu einem Chorherrnstift mit 1 Probst, 11 Chorherren und 8 Kaplänen. Sein Ahne Burkard II. soll nach Weitenauer die Kirche 1209 erbaut haben; bis zu Rudolfs Zeiten blieb sie eine Filiale der eigentlichen Ehinger Pfarrkirche St. Remigius in der oberen Klause. Nun bestimmte Graf Rudolf das neue Stift zum Erbbegräbnis der Hohenberger. Als erste des Hauses fand Rudolfs Gemahlin, die schöne Irmengard von Württemberg, in der neuen Gruft ihre Ruhestätte; ihr Grabmal lobt sie noch heute:

Hic iacet ecce rosa
quondam nimium speciosa
Irmengart grata
de Virtemberg generata
uxor Rudolfi

was man, etwas frei, übersetzen könnte:

Hier ruht im Erdenschoße
die einst so schöne Rose,
der Wohltun Lebenswerk,
Irmgard von Württemberg,
Rudolfs Gemahlin.

Im Jahre 1336 folgte ihr der Stifter selbst, 1359 beider Sohn Albert, Bischof von Freising in Bayern. Unter den vielen Hohenberger Gräbern in St. Moriz sind diese drei die schönsten; man zählt sie mit ihren überlebensgroßen Gestalten zu den besten Denkmälern der gotischen Plastik in Württemberg; sie zeigen, wie ein Kunsthistoriker sagt, »die einheimische, tief gemütvolle Weise, den edlen, reinen Stil der Frühgotik mit der klaren Gewandung und dem milden, weichen, sanft schwermütigen Ausdruck der Gesichter«.

Der genannte Bischof Albert von Freising mutet an wie ein Nachschlag seines mächtigen Großvaters Albert; er hatte in Konstanz die Domschule besucht, in Paris – mit beträchtlichen Kosten, wie es heißt – Theologie und Jurisprudenz studiert, ja als Licentiat selbst Vorlesungen an der Sorbonne gehalten und war später Domherr in Straßburg geworden. Nicht eben demütig strebte er mit Macht nach einem Bischofsstuhl, zuerst nach dem Konstanzer, dann nach dem Würzburger, beide Male ohne Erfolg. Zum Trost ernannte ihn der Kaiser zum Reichslandvogt im Elsaß und machte ihn zu seinem Hofkanzler; auch verwendete er den energischen und klugen Hohenberger mehrmals als Diplomaten am französischen und englischen Hof und beim Papst in Avignon. Endlich gelangte Graf Albert doch noch ans Ziel seiner Wünsche: 1349 wurde er Bischof in Freising. Auf sein Herrenrecht in der väterlichen Grafschaft hat er aber auch als bayrischer Bischof nicht verzichtet.

Die Söhne Rudolfs zeigten im allgemeinen wenig haushälterische Begabung. Was ihr Vater der Grafschaft an Neuerwerbungen hinzugefügt hatte, versetzten oder verkauften sie wieder; sie rissen sogar das uralte Gebiet der Herrschaft in die beiden Teile Rottenburg und Haigerloch auseinander. Heinrich, der jüngste, ist in die Geschichte fast nur im Zusammenhang mit Verpfändungen und Verkäufen eingegangen.

So trat die nächste Generation mit Graf Rudolf III. nicht nur eine verkleinerte, sondern auch verschuldete Herrschaft an. Politik, beim Urgroßvater Albert großen Ideen und mannhaften Überzeugungen entsprungen, bestand beim Enkel in der kläglichen Fertigkeit, ein Loch aufzumachen, um damit ein anderes zu stopfen. Er ging Dienstverträge ein, schloß mit den Städtern ein Bündnis, verpfändete ihnen Schömberg und den Österreichern Haigerloch – alles nur, um zu Geld zu kommen. Das bodenlose Faß seiner Schulden schluckte Dorf um Dorf, Recht um Recht; zuletzt warf er noch den Zehnten seiner Residenzstadt Rottenburg hinein. Es fruchtete nicht. Überdies plagte den armen Grafen häuslicher Kummer: Gemahlin und Tochter, offenbar zwei resolute Damen, setzten ihm giftig zu – vermutlich der töchterlichen Aussteuer wegen. Einen Sohn hatte er nicht. Eines Tages war es soweit: müde einer Herrschaft, die ihm nichts eintrug als Sorgen, Ärger und Pfandschulden, sprach Rudolf wie sein pfalzgräflicher Tübinger Vetter Götz, nur nicht mit dessen gutem Humor:

Ich Rudolf, Graf von Hohenberg,
verkaufe Burg und Stadt
mit Leuten, Gülten, Feld und Wald;
der Schulden bin ich satt ... *

Wirklich verkaufte Graf Rudolf III. am 26. Oktober 1381 seine väterliche Grafschaft Hohenberg dem Herzog Leopold von Österreich. Alle Liebe und allen Stolz der Ahnen, ihr Glück, ihre Sorgen, ihre Blutopfer gab er hin für 66 000 lumpige Goldgulden, die er zudem dem Käufer noch stunden mußte. Der Todesschein der während zweier Jahrhunderte freien Reichsgrafschaft Hohenberg, den er mit der Verkaufsurkunde siegelte, lautet:

»Ich Graf Rudolf von Hohenberg bestätige und tu öffentlich kund mit diesem Brief für mich und alle meine Erben, daß ich dem durchlauchtigen hochgeborenen Fürsten Herzog Lupolt, Herzog zu Österreich, zu Steier, zu Kärnten und zu Krain, Grafen zu Tirol, Markgrafen zu Ternis etc., für besondere Gnad und Förderung, die er mir erzeigt, weshalb ich ihm alle meine Länder und Güter lieber gönne denn jemand anders, recht und redlich hingeben und mit gutem Vorbedacht verkauft han, in Weise eines ewigen Kaufs, mit aller Gezierd und Schönheit, Worten und Werken, die von Recht oder Gewohnheit dazu gehören, die obgenannte Grafschaft und Herrschaft ganz und gar, das ist: Hohenberg, die Feste und Hohenberg das Städtlein, Schömberg die Stadt, Nusplingen die Stadt, Fridingen die Stadt, Kallenberg die Feste, Werenwag die Feste, Wehingen die Feste, Neckarburg die Feste, Wasenegg die Feste, Oberndorf die Stadt, Werstein die Feste, Isenburg die Feste, Horb die Stadt, Urnburg die Feste, Ow das Städtlein, Rotenburg die Feste außerhalb der Stadt, Rotenburg Burg und Stadt, Haigerloch die Feste und beide Städte, Binsdorf die Stadt, Ebingen die Stadt mit

* Siehe Uhlands Gedicht »Der letzte Pfalzgraf«.

der Losung, Dornstetten die Stadt mit der Losung, den Turm zu Altensteig mit der Losung und die Mannschaft zu Waldenbuch Burg und Stadt, die der von Württemberg inne hat. Diesen Kauf han ich, der vorgenannte Graf Rudolf, dem Obgenannten, meinem Herrn Herzog Lupolt, zu seinen und seiner Erben Handen getan um sechsund-sechzigtausend Gulden, guter, voller und schwerer an Gold und an Gewicht, deren ich ganz und gar und ohn' allen Schaden gewährt und bezahlt bin. Und soll der Vorgenannte, mein Herr Herzog Lupolt von Österreich, und seine Erben die genannte Grafschaft-Herrschaft mit Burgen, Städten, Märkten, Dörfern, Landen, Leuten und Gütern, mit Kirchensätzen, Lehenschaften, Mannschaften, Vogteien, Zwingen, Bannen, Gerichten, Mühlen, Mühlstätten, Zinsen, Steuern, Gefällen, Bußen, Gelassen, Wildbannen, Fischenzen, mit allen Gerecht- und Gewaltsamen und mit allen Rechten, Nutzen und guten Gewohnheiten, mit Steg, mit Weg und mit aller Zubehör, besucht und unbesucht, innehaben, genießen und besitzen in gleicher Weise wie dies bei meinen Vorfahren und mir bis auf diesen heutigen Tag Herkommens war, Eigen für Eigen, Lehen für Lehen, Pfand für Pfand, ... also daß der Obgenannte, mein Herr Herzog Lupolt, und seine Erben künftig damit tun und handeln sollen wie mit ihrer anderen Habe, ohne meine und meiner Erben und Nachkommen Beirrung und Hinderung, ausgenommen Neuhausen die Feste (über Eßlingen) mit Zubehör, die ich mir selbst behalten will und die dieser Kauf nichts angehen soll. Zu Urkund dessen und größerer Sicherheit han ich für mich und meine Erben und Nachkommen mein eigenes Siegel gehängt an diesen Brief, der geben ist zu Brugg im Ergau am Samstag vor Sanct Simon und Judastag, der Heiligen Zwölfboten, nach Christ Geburt im 1381. Jahr.«

Zwei Jahre darauf, am 26. November 1383, gelobten der Schultheiß, die Richter, der Rat und die Bürger von Rottenburg, reich und arm, daß sie den Kaufvertrag, soweit er sie betreffe, in allen Stücken wahrhalten und befolgen wollten; sie schworen dabei einen leiblichen Eid zu Gott und den Heiligen »mit gelerten Worten und uff gebottenen Fingern«.

Der Verkäufer starb im Jahre 1389; mit ihm senkte man den letzten regierenden Grafen von Hohenberg in die Ehinger Gruft. Über Rottenburg aber breitete nun für die nächsten vier Jahrhunderte der Doppeladler seine schirmenden Flügel.

Frau Mechthild, Pfalzgräfin bei Rhein und Erzherzogin zu Österreich

Ain große liebhaberin aller Künsten, dero guoter lümde aller wyshait tugend und menschlichkeit so groß ist, das der mit loben nit mag werden gemeret, noch mit schelten gemindert.

NIKOLAUS VON WYLE,
VON LOBE DER FROUWEN

Frau Mechthild zählte dreiunddreißig Jahre, als sie 1452 zum ersten Male in die Herrschaft Hohenberg kam, die nunmehr die ihre sein sollte, und die sie allerlei Einsprüchen, Anfechtungen und Umtrieben zum Trotz behielt bis zu ihrem Tode. Herrin der vorderösterreichischen Lande am Neckar war sie durch ihre Heirat mit Herzog Albrecht von Österreich geworden. Dem hatte sein Bruder, damals noch deutscher König, Friedrich III., im Jahre 1444 diese Lande zugewiesen. Es war aber diese Herrschaft Hohenberg seit dem Jahre 1410 von ihren früheren Herren, den Herzögen Ernst und Friedrich aus Geldnöten den Reichsstädten Ulm, Reutlingen, Überlingen, Lindau, Ravensburg, Biberach, Gmünd und anderen verpfändet, und die Pfandschuld in diesen langen Jahren auf 80 000 Gulden aufgelaufen; nicht zum Leidwesen besagter Reichsstädte, denn die gedachten, das Pfand zu behalten. Des wären auch die verpfändeten Rottenburger, Horber, Schömberger und Binsdorfer wohl zufrieden gewesen in der Aussicht, eines Tages vielleicht selber freie Reichsstädter zu werden. Indes bemühte sich Herzog Albrecht auf graden und krummen Wegen, in den Besitz der ihm verliehenen Herrschaft zu kommen.

Und da ihm die Reichsstädte hartnäckig die Lösung des Pfandes verweigerten, tat er sich mit anderen Fürsten zu einem Bündnis wider die Städte zusammen und sagte ihnen Fehde an. Nun griffen auf Befehl des Königs die Bischöfe von Würzburg und Chiemsee vermittelnd ein, ernannten den Pfalzgrafen Friedrich bei Rhein, Frau Mechthilds Bruder, zum Schiedsrichter in dem Streit und setzten einen Tag zu Heidelberg an, die Streitenden zu vergleichen. Dort brachten die beiden Parteien ihre Forderungen vor; sie waren gänzlich unvereinbar, so daß sich weitere langwierige Verhandlungen ergaben. Der Herzog bestand hartnäckig auf seinem Herrenrecht über Hohenberg, die Reichsstädte nicht minder zäh auf ihrem Schein. So standen die Dinge im Sommer 1451.

In diese Zeit fiel Herzog Albrechts Werbung um Frau Mechthild. Sie war reich, er ein Herr mit kostspieligen Passionen für politische Händel und kriegerische Abenteuer, dazu prunkliebend und ewig in Geldverlegenheiten. Eine Verbindung mit der vermöglichen Witwe des Grafen Ludwig von Württemberg, so mochte er hoffen, würde ihn aller Sorgen entheben. Auch politisch versprach die Ehe mit der Schwester des regierenden Pfalzgrafen von Heidelberg und der Mutter der künftigen Grafen von Württemberg Vorteile. Noch war das Trauerjahr für ihren verstorbenen Gatten nicht voll, da schickte der Herzog bereits seine Brautwerber zu der Witwe nach Böblingen. Kam aber Herzog Albrechts Antrag aus kalter Berechnung, so kam Frau Mechthilds Ja aus kühler Überlegung. Auch sie hatte Schwierigkeiten und suchte Unterstützung.

Mit 15 Jahren hatte man sie 1434 dem Grafen Ludwig von Württemberg angetraut, dem sie schon als Kind in der Wiege verlobt worden war. Diese Ehe soll recht glücklich gewesen sein. Aus ihr waren vier Kinder da: Ludwig, Eberhard, Mechthild und Elisabeth. Unter Frau Mechthilds Einfluß habe Graf Ludwig, der zuvor ein leichtsinniges Leben geführt, sein Wesen gänzlich geändert und dessen viele Beweise gegeben, sagt der elegante Humanist und Novellenschreiber Aeneas Silvius, welcher, selbst nicht unvertraut mit solchem Wandel, später als Papst Pius II. das Wort geprägt: *Aeneam reicite, Pium suscipite!** Überraschend schnell starb Graf Ludwig am 24. September 1450 zu Urach. Alle seine Kinder waren noch minderjährig, es mußte also eine Vormundschaft für sie bestellt werden. Nun hatte Graf Ludwig von Württemberg schon vor Jahren die Herrschaft mit seinem Bruder, Graf Ulrich, geteilt: dieser hatte das untere Neckargebiet mit Stuttgart und Neuffen erhalten, er selbst dessen oberen Teil mit Tübingen und Urach. Bei der Ordnung der Vormundschaft für Ludwigs Kinder kam es zu Mißhelligkeiten zwischen Frau Mechthild und ihrem Schwager Ulrich, gegen dessen An- und Einsprüche sie sich klug und energisch zu wehren wußte; wohl setzte sie ihre und ihrer Kinder Rechte durch, doch gab die Vormundschaft dauernd zu Verdrießlichkeiten Anlaß. Der Antrag des Österreichers kam ihr daher nicht ungelegen; Albrecht mochte ihr eine Stütze sein gegen ihren Herrn Schwager.

Wenn aber der Herzog geglaubt hatte, mit dieser Heirat ein leicht zu nehmendes Mittel gegen sein habsburgisches Erbgebrechen: chronischen Geldmangel, gefunden zu haben, dann hatte er sich getäuscht. Sein Freund und Ehemittler, Markgraf Albrecht von Brandenburg, mußte in der Eheberedung mit der hellen Pfälzerin allerlei zugestehen: Frau Mechthild brachte ihrem Gemahl wohl 73 000 fl. zu, behielt sich aber 30 000 fl. davon zu eigener Verwendung vor, forderte das Recht, über 4000 fl. des gemeinschaftlichen Heiratsgutes testamentarisch verfügen zu können, wollte mit Albrechts Schulden nichts zu tun haben und bestand auf der Zuweisung der Herrschaft Hohenberg. Herzog Albrecht schluckte die Pille, mußte aber gestehen, daß er besagte Herrschaft noch gar nicht in Händen habe.

* »den Aeneas, also den Heiden verwerfet, den Pius, das ist: der Fromme, aber lasset gelten!« (Anspielung auf Vergils »pius Aeneas«.)

Die Hochzeit ward im August des folgenden Jahres 1452 in Böblingen gefeiert, mit Pracht und Glanz, wie Herr Albrecht es liebte.

Schon im September kam das Paar nach Rottenburg in seine Herrschaft; man bezog das Schloß, hielt Hof, und Herzog Albrecht trat auf, als gäbe es überhaupt keine reichsstädtischen Ansprüche. Sein Bruder Friedrich, mittlerweile in Rom zum Kaiser gekrönt, bestätigte ihn nochmals als rechtmäßigen Herren von Hohenburg. Auch erhob er ihn im Januar 1453 zum Erzherzog. Weil aber die Reichsstädte nach wie vor eigensinnig die Auslösung der Pfandschaft verweigerten, besetzte Albrecht im Frühjahr 1454 kurzerhand die hohenbergischen Städte mit Truppen und erzwang die Huldigung. Hinterher brachte dann Frau Mechthilds anderer Bruder, Pfalzgraf Ludwig, einen Vergleich zustande, wonach Albrecht den Reichsstädtern 100 000 fl. Entschädigung zahlen mußte. Da er sie nicht hatte, streckte ihm sein Vetter, der Herzog Sigmund von Tirol, die Summe vor.

Also war Erzherzog Albrecht Herr der Herrschaft Hohenberg geworden. Lange hielt sein Vergnügen daran nicht an; trotz aller Lustbarkeiten, Rennen, Stechen, Tanzen und Bankettieren, denen er und seine glanzvolle Ritterschaft am Rottenburger Hof mit Fröhlichkeit oblagen, war er seiner mit so viel Mühe, Geld und Politik erworbenen Landesherrlichkeit bald überdrüssig, wie ein Kind, das immer neues Spielzeug braucht. Die Ehe mit Frau Mechthild, kühl und lieblos von beiden Seiten aus Vernunftgründen geschlossen, blieb kinderlos und war wenig dazu angetan, den ewig Ruhelosen zu halten und zu binden. So reiste er bald nach Freiburg, bald nach Wien und Prag, dann wieder zu seinem kaiserlichen Bruder oder zu dessen Gegnern, wie seine politischen Umtriebe es forderten. Kam er dann auf einen Sprung wieder einmal in seine Residenz, so lebte das erzherzogliche Paar, die Konvention wahrend, höflich nebeneinander her, zeigte sich bei Gelegenheiten in landesväterlicher Eintracht dem jubelnden Volke, hatte aber sonst wenig Gemeinsames. Die beiden waren in ihrem Wesen zu verschieden: Herr Albrecht sei, so sagen die Chronisten, protzigem Prunk und politischer Ränkesucht zugeneigt, auch unbeständig, gewalttätig und selbstsüchtig gewesen und habe für die Musen wenig Neigung gezeigt. Aus ganz anderem Holz war nun freilich Frau Mechthild.

Als ihr Gemahl daher Anfang 1456 die österreichischen Vorlande verließ, um nicht mehr dahin zurückzukehren, drückte ihr der Abschied nicht das Herz ab. Ein einziges Mal noch sahen sich die Gatten; das war im Juni 1459, als der Erzherzog von Österreich herauf nach Augsburg kam und aus Repräsentationsgründen, wie man annehmen darf, in Begleitung seiner Gemahlin dort einziehen wollte. Dieses Einreiten geschah in Glanz und Gloria mit 300 Pferden, 14 Länderbannern, 16 köstlichen Wagen und vielen Trompetern. »Mit solchem herrlichen pracht hat sich Albertus zu Augspurg, als ein Regierender Fürst, wöllen sehen lassen«, schreibt ein Chronist.

Von Augsburg aus trennten sich die Wege der Gatten für immer, Albrecht zog hinab nach Österreich, Frau Mechthild heim in ihre Residenz Rottenburg. Fehdend und kriegend bis zuletzt, starb Erzherzog Albrecht im Dezember 1463 eines jähen Todes zu Wien, wo er seinen Bruder, den deutschen Kaiser, in der Burg belagerte. Frau Mechthild hielt ihm zu Rottenburg eine großartige Totenfeier: 19 Prälaten und Pröpste und 700 Priester mußten in großem Ornat für sein Seelenheil beten. Der alte Aushauser hätte seine Freude daran gehabt.

Der Herrschaft Hohenberg und besonders der Hauptstadt Rottenburg geriet die verfehlte Heirat freilich zum Segen.

Hatte die Erzherzogin schon zu Zeiten, als Herr Albrecht noch regierte, ihre eigenen Angelegenheiten mit erstaunlicher Selbständigkeit zu ordnen verstanden – anno 1452 brachte sie das verpfändete Haigerloch an sich; anno 53 erhielt sie von Albrecht den Burgstall Ober-Hohenberg und Schloß Wehingen als Pfand für ihm geliehenes Geld, wie anno 55 die Dörfer Wurmlingen und Hirschau für die ihr geschuldete Morgengabe –, so nahm sie sich nach der Trennung von Albrecht als regierende Fürstin mit gleicher Umsicht und Tatkraft der ganzen Herrschaft an. Ihr Herr Gemahl, stets großzügig im Versprechen von Dingen, die ihm nicht gehörten, vertauschte eines Tages von Österreich aus die Herrschaft Hohenberg kurzerhand an seinen Vetter Sigmund, dem er versprach, sie aus den Händen Frau Mechthilds bis zu einem bestimmten Tag zu lösen. Dies geschah natürlich nicht, trotzdem forderte er die hohenbergischen Untertanen auf, dem Herzog Sigmund den Treueid zu leisten. Frau Mechthild dachte nicht daran, zu verzichten, mußte sich aber, solange sie lebte, in der Sache mit Herzog Sigmund herumschlagen. Die Herrschaft gab sie trotz Kaiser und Kammergericht bis zu ihrem Tode nicht aus den Händen.

Hohe Politik zu machen, bot das kleine Land am Neckar kaum Gelegenheit. Frau Mechthilds Staatsaktionen nach außen beschränkten sich auf Bewahrung und Sicherung von Gebiet und Gerechtsamen, auf Mittler- und Schlichtertätigkeit in Streitfällen, welche auch sie, sei es als österreichische Erzherzogin, sei es als Mutter der württembergischen Grafen oder als Pfalzgrafentochter berührten. Dabei vollbrachte sie, dank ihrer verständigen, taktvollen und begütigenden Art manches Meisterstück weiblicher Diplomatie, besonders zu Gunsten ihres Sohnes, des Grafen Eberhard von Württemberg, der nach dem frühen Tod des fallsüchtigen Ludwig mündig geworden und ans Regiment gekommen war.

Einmal schlug ihr ein Sühneversuch allerdings fehl. Das war im Herbst 1466. Die Ulmer hatten einen abgesagten Feind ihrer Stadt, den Junker Hammann von Reischach, in die Gewalt bekommen und wollten ihn peinlich richten. Da ward Frau Mechthild von der »Freundschaft« um Vermittlung angegangen. Sogleich dazu bereit, reiste sie in Eile nach Ulm.

Da sie gen Ulm eine reit,
der Burgermeister ihr entgegen schreit
nach adelichen Sitten:
»Wend Ihr für Hammann von Reistett bitten?«

Ja, das wollte »das fröwlin von Österreich« und tat es auch vor dem Rat; aber der »blieb verschwiegen«. Da sprach sie vom Turm zum Hammann selbst und getröstete ihn, daß er sich willig darein ergebe. Ach, werte Frau von Österreich, flehte Hammann, bittet für mich, daß man mich mein Leben lang einmaure!

Das Fräulein die Red für d'Herren bracht,
das Fräulein ward von ihnen veracht,
kein Gnad mocht sie erwerben,
Junkherr Hammann muoß sterben!

Und dabei blieb's. So erzählt es das Volkslied. Die Zimmerische Chronik dagegen will wissen, wie Ulmer, die von Mechthilds Absicht Wind bekommen, hätten der Herzogin nichts abschlagen, noch weniger aber ihre Bitte gewähren wollen; »darum, als die Herzogin zum einen Tor einritt, da führten sie den Hammann zum andern Tor hinaus, und schlugen ihm das Haupt ab. Damit konnten sie der Herzogin eine Antwort geben.«

Als Landesherrin hat Frau Mechthild ein gnädiges und gerechtes Regiment geführt und allzeit auf gute Ordnung gehalten bei Amtleuten wie Untertanen. Deren Rechte verfocht sie bis vor das Hofgericht und wo es nötig war, fehlte Mechthilds Schutz und Förderung nie. Wie hoch Graf Eberhard die Einsicht und Klugheit seiner Mutter eingeschätzt, mag man daraus ersehen, daß er beim Antritt seiner Reise ins Heilige Land seine Regentschaft anwies – darunter auch Herrn Jörg von Ehingen –, in schwierigen Fragen bei Frau Mechthild Rats zu holen, wie denn Mutter und Sohn überhaupt in herzlichem Vertrauen zueinander standen. Beide ließen es sich angelegen sein, die arg gelockerte Zucht in den Nonnenklöstern wieder zu straffen, und so gnädig und freigebig Frau Mechthild die Klöster mit Stiftungen bedachte, besonders Güterstein und Hirsau, dem sie, sagt Abt Tritheim, wie eine Mutter war – so resolut griff sie bei Mißständen zu. Die rebellischen Nonnen zu Urspring ließ sie durch herbeigeholte Bauernfäuste zum christlichen Gehorsam zurückführen und jagte die halsstarrigsten aus dem Kloster. In summa: die Chronisten sind ihres Lobes voll, weil sie gerecht, milde, leutselig und wohltätig gewesen. Was sie aber unserer Stadt Rottenburg an Wohltaten erwiesen, davon wird noch zu reden sein.

»Ihr Wesen und Hofhalten ist aller Freuden und Wollust überflüssig voll gewesen«, berichtet die Zimmerische Chronik. Und es ist wahr: Frau Mechthild hat viel Freude an Geselligkeit, an Rennen und Stechen, an Fastnachtsmummereien und sonstigen Lustbarkeiten gehabt, was in keine Heiligenlegende paßt, um so besser aber zu einer mit allen Sinnen dem Leben fröhlich zugewandten Pfälzerin, zu einer Frau der Rennaissance, die über das zeitgenössische Maß ihrer fürstlichen Standesgenossen und -genossinnen hinaus gebildet und gescheit war. Ob nun »dieses überflaischgierige Weib« mit Herrn Werner von Zimmern oder mit dem Grafen von Fürstenberg, oder mit Herrn Veit von Emmershofen oder mit dem von Rechberg ein Techtelmechtel gehabt – wen kümmert das heute? Und wer würde nicht gern an ihrem Hof gelebt haben mit Heinrich von Kaltental, dem Vogt, Dr. Lukas Spetzhart, dem Arzt, Dr. Bernhard Schoferlin, dem Kanzler und ersten deutschen Liviusübersetzer, Meister Jörg Rott, dem Kämmerer, den Pfaffen Johannes und Florenz, Meister Jeronimo,

Hans Vestner, dem Küchenmeister, Auberle, dem Türhüter und mit dem rätselkundigen Ofenheizer »Halberdrein«; auch mit »Briden«, der Kammermagd, »Bärblin«, der Lichtkämmerin, mit dem »Burckhanns«, »Bantzerhanns«, dem »Henslin«, der »Spannenlang« und all den Jungfrauen, Keller-, Pfister- (= Bäcker), Wagen- und Säuknechten und was an Brunnenschöpfern, »Kuchinknaben«, Wirkerinnen und Wäscherinnen dort zum hohen und niedern Gesinde zählte. Daß es dazumal auf dem Rottenburger Schloß nicht steifleinen nach spanischer Hofetikette zugegangen ist, würde schon die Vertraulichkeit etlicher dieser Namen verraten, auch wenn uns der Tübinger Magister Heinrich Bebel den ergötzlichen Schwank nicht überliefert hätte, der gleichermaßen die ungezwungene Natürlichkeit unserer Vorfahren wie den überlegenen Humor Frau Mechthilds dartut.*

So köstlich Frau Mechthilds »Höf und Fastnachten« auch gewesen, der äußere Glanz ihrer Hofhaltung allein hätte nicht vermocht, den Namen Rottenburg so weit hinauszustrahlen, wie dies geschah. Auch Erzherzog Albrecht hatte fürstlichen Hof gehalten; mit Mechthilds Regiment aber war ein Neues in die Stadt gekommen. Wär' ich ihr Zeitgenosse, ich sagte: die neun Musen auf goldenem Wagen, gezogen von dem Flügelroß und geleitet von lorbeerbekränzten Poeten seien dort eingezogen. Die biederen Rottenburger würden solchen Aufzug, wär' er also sichtbarlich geschehen, wohl für eine der bei ihrer Fürstin beliebten Fastnachtsmummereien genommen haben; denn nach dem Zeugnis eines anderthalb Jahrhunderte später blühenden Chronisten »fragen sie nichts sonderlich nach der Poeten Bücher«.

* Siehe: Sebastian Blau, »Ob denn die Schwaben nicht auch Leut wären« (Seite 128).

Frau Mechthild aus dem Geschlecht der Heidelberger Pfalzgrafen lag die Liebe zu den Künsten und Wissenschaften als Erbteil von Ahnen und Heimat im Blut. An der Wende zweier Zeiten geboren, sah sie mit lebhaftem, empfänglichem Geist das Alte versinken und Neues emporsteigen. In ihr, zu deren Preis die letzten Ritterharfen klangen, und deren Lob die hellen Fanfaren von Humanismus und Renaissance kündeten, versöhnten sich die Gegensätze. So ward ihr Hof weithin mit Ehren genannt als Heimstätte aller schönen Künste.

Herr Ulrich von Lichtenstein hatte zu seinen Lebzeiten schon geklagt:

Ritterschaft, wo stêt dîn orden?
Sage an, wem ist dîn wirde worden?

Zwei Jahrhunderte später stand es um das Rittertum noch weniger tröstlich. Aus dem einst hohen Idealen verpflichteten Ritterorden war ein bevorrechteter Stand geworden, sein heldischer Sinn in Fehdelust ausgeartet, seine höfische Zucht verwildert zu protzigem Auftreten; statt ihrer »Frauen« zu Ehren eine Lanze zu brechen, taten es viele der neuen Ritter nur, um den Gegner im Turnier zu schatzen und zu plündern; die Schlimmsten lauerten an den Straßen auf Beute und Raub. Es gab nicht mehr viele, denen es mit den alten Idealen ernst war; zu diesen wenigen gehörte Ritter Jörg von Ehingen.

Das Rittertum war alt geworden, und ein Symbol des absterbenden nennt es Uhland, daß auch seine letzten Sänger betagte Herren waren, als sie Frau Mechthild in langen, gelehrten Gedichten anschwärmten. Hermann von Sachsenheim zählte 88, Jakob Püterich 62 Lenze. Beide gehörten in die Verwandtschaft des scharfsinnigen Junkers Don Quijote de la Mancha.

Ritter Hermann von Sachsenheim, ein hochgelehrter Herr und abgedankter württembergischer Rat, fing noch auf seine alten Tage das Dichten an. Der »fürstin hoch zuo Österreich« widmete er sein Poem von der *Mörin,* darin Frau Venus und Frau Aventiure, König Tannhäuser und der treue Eckhart, Ritter und Zwerge, Morgenland und Abendland, Volkssage und Ritterroman im Dienst der Minne strapaziert werden, »ganz lustig zu lesen«. Als Vorbild des darin geschilderten Frau-Venus-Bergs soll dem Dichter der Rottenburger Hof gedient haben, meint die lästernde Zimmerische Chronik; es sei, sagt sie, »ein höflich Gedicht, daraus von einem Verständigen wohl etwas mag von Hofsitten und den gemeinen Weltgebräuchen gelernt werden«. Noch ein andres, *Der Spiegel* betitelt, hat Hermann der Fürstin »zu Dienst gemacht«. Ritter Hermann von Sachsenheim starb anno 1458 und ward in der Stiftskirche zu Stuttgart begraben.

Für ihn sprang bei Frau Mechthild Herr Jakob Püterich von Reichertshausen in Bayern in die Bresche. Er richtete 1462 einen gereimten Ehrenbrief an sie. Er hatte sie nie gesehen, aber von einer bayrischen Dame, die einmal Frau Mechthilds Gesellschafterin »im Bad zu Kalw« gewesen war, so viel Rühmens über sie vernommen, daß er sie lieber sehen wollte als alle Blumenauen. Ihr Hof zu Rottenburg, »der Würde Hauptstadt«, darin sie, die Tugendreiche wohne, gereiche Bayern, Schwaben und Franken zur Ehre. Wohl sei er jetzt alt und bereits Großvater, sollte sich also nicht mehr mit Amorschaften abgeben, wie denn auch seine Hausehre Anna sagte: »Lapp, dir sollt's nun genügen!« Dennoch möchte er Frau Mechthild auf der nächsten Fastnacht seine »Amie« nennen dürfen, und wenn sie ihm einen Kranz aus ihrem schönen Garten verehren wolle, so werde der ihm werter sein, als jener, den Gawan einst für Orgeluse vom Baum des Granoflanz gebrochen, wovon der *Parzival* erzählt.

Und wie zum Zeichen, daß er sich unter ihren Pantoffel begebe, fügte Ritter Jakob zum Geschenk seiner Gedichte noch ein Paar Schuhe, da ihm besagte Dame auch Frau Mechthilds kleine, wohlgestaltete Füße gerühmt habe: »dessen war ich eingedenk zu Rom in wälschen Reichen.« Schließlich zählte er in einer Nachschrift seine Bücherschätze auf; im Austausch gegen die ihren, wolle er sie ihr gern leihen; 164 Bücher besaß er, gegen 94 in Frau Mechthilds Bibliothek – kein geringer Schatz in einer Zeit, da die Bücher noch handgeschrieben waren. Er beichtete auch, wie er zu ihnen gekommen: zwischen Brabant und Ungarn habe er sie zusammengerafft mit Stehlen, Rauben und Entleihen, andere habe er geschenkt bekommen, abgeschrieben, gekauft und gefunden – »doch mehr die alten Bücher; der neuen acht ich nicht zu keinen Stunden«.

Dies alles und noch viel mehr, bis auf Datum, Name und Adresse, reimte Ritter Jakob Püterich in der feierlichen Titurel-Weis' Herrn Wolframs von Eschenbach, seines hochverehrten Vorbilds ...

Die neue Richtung auf dem Rottenburger Parnaß vertrat Nikolaus von Wyle, ein Schweizer von Geburt. Er war Stadtschreiber von Eßlingen gewesen, später Kanzler des Grafen von Württemberg. Selbst kein Dichter, vermittelte er als Verdeutscher seinen vielen hohen Gönnern die Werke der italienischen Humanisten. Frau Mechthild, die er seit 1461 kannte und »eine Ehre und besondere Zier der württembergischen Lande« nennt, hat er etliche Übersetzungen von Aeneas Silvius und Petrarca gewidmet. Sie hielt große Stücke auf ihn und berief ihn öfters zu sich; einmal machten die beiden eine literarische Badekur miteinander im Wildbad. Auch ward eine von Nikolaus' Töchtern am Rottenburger Hof erzogen – besser fast, meint ihr Vater, als in einem Kloster reformierter Schwestern von der Observanz hätte geschehen können. Es kann demnach mit den Sitten im Rottenburger Venus-Berg so schlimm nicht gestanden sein.

Einen andern Übersetzer, den Pfarrherrn Antonius von Pforr, machte Frau Mechthild zu ihrem Hofkaplan, weniger um seiner seelsorgerlichen Eigenschaften willen, als weil der gelehrte Herr mit einer Übertragung des indischen

Märchenbuches *Pantschatantra* ihr den wundersamen Märchengarten des Morgenlandes erschlossen hatte.

Für Musik an ihrem Hof aber sorgten ein Komponist, ein Organist und drei Jungfrauen, die »wie Engel im Himmel« sangen.

Die Zeit Frau Mechthilds schied zwischen Künsten und Wissenschaften noch nicht methodisch streng, wie ja die Fakultät der »Freien Künste« an den mittelalterlichen Hochschulen Literatur, Philosophie und Naturwissenschaften umfaßte. Wenn Nikolaus von Wyle die Erzherzogin also eine »Liebhaberin aller Künste« heißt, so ist darunter eine allem Geistigen mit Liebe und Verständnis zugewandte Persönlichkeit zu verstehen. Dem Humanismus war die Pflege von Kunst und Wissenschaft weder Selbstzweck noch Mittel, zu praktisch verwertbaren Ergebnissen zu kommen, sondern der Weg zur Entwicklung aller geistigen und seelischen Kräfte des Menschen: ein Weg zur Bildung der Persönlichkeit. So gesehen, mußte es dieser gescheiten, großzügigen und tätigen Frau naheliegen, ihre eigene Liebhaberei auch in andern zu wecken und zu fördern. Diesen Schritt hat sie zu ihrem dauernden Ruhm und zum Segen der Heimat getan: zwei Universitäten verdanken Frau Mechthilds Mithilfe ihr Entstehen: Freiburg und Tübingen.

Obschon sich bei der Stiftung der Freiburger Hochschule Frau Mechthilds Anteil mit Brief und Siegel nicht belegen läßt, so kann doch angesichts der Sinnesart des namentlichen Stifters, des Herzogs Albrecht, und der seiner Gemahlin kaum zweifelhaft sein, wer die treibende Kraft bei der Gründung gewesen, zu schweigen davon, daß einige Lehrstühle mit den Einkünften aus Frau Mechthilds Rottenburger Pfarreien dotiert worden sind.

Die Stiftungsurkunde von Tübingen hingegen aus dem Jahre 1477 nennt neben Graf Eberhard auch den Namen seiner Mutter Mechthild als Mitstifterin. Dies ist nicht aus purer Höflichkeit geschehen, und die *cooperatio matris*

Mechtildis keine gelehrte Sage. Frau Mechthild hat die junge Hochschule mit den Einkünften des Stiftes Sindelfingen, das zu ihrem Widumgut gehörte, ausgestattet; außerdem stehen in der Matrikel so viele Namen von Männern aus ihrer gelehrten Umgebung: Dr. Lucas Spetzhart, Antonius von Pforr, Johannes Degen, Propst von Sindelfingen und erster Kanzler der Universität, Johannes Vergenhans, genannt Naucler, Chorherr von Sindelfingen und Tübingens erster Rektor, und andere, daß schon daraus der Anteil, den sie und ihr Kreis an der Gründung genommen, klar ersichtlich ist. Und warum sollte ihr Sohn Eberhard, der sonst seiner Mutter Rat so hoch schätzte, sich ihn gerade bei diesem Werk nicht zunutze gemacht haben, wo ihm doch Frau Mechthild aus ihren Freiburger Erfahrungen und ihrer Kenntnis der Heidelberger Hohen Schule heraus so viel helfen konnte?

Die Fülle ihres Wohlwollens ließ die Fürstin ihrer Residenz Rottenburg zukommen. »Sie, deren Wappen und Gedächtnis hin und wider in den Kirchen, Fenstern, Epitaphiis, Altären und sonsten in der Stadt vielfältig zu finden, hat die Kirchen mit schönen Altären, Orgeln, Ornaten und andern Gottesgaben herrlich begabt, mit Gemälden auf das schönst und köstlichst zieren, auch die Stadt mannigfach mit nützlichen und notwendigen Bauwerken erbessern lassen«, sagt Lutz von Lutzenhart. Die Stadt muß in den Tagen Frau Mechthilds einen prächtigen Anblick geboten haben. Überall in den Straßen und an den Plätzen erhoben sich die Häuser und Höfe der Amman, Engelfried, Hipp, Märheld, Megenzer, Stahler und Wendelstein, derer von Bubenhofen, Bochingen, Ehingen, Ow, Wernau und vieler anderer Adelsgeschlechter. An den Gerichts- und Audienztagen drängten sich in den engen Gassen Ritter, Bürger, Bauern und Hofbeamte in bunter Menge. Bekam die Fürstin Staatsbesuch, und dies war nicht selten, so geschah das Einreiten mit festlichem Gepränge, und jedermann freute sich des Anlasses, den Alltag mit Feiern und Festen zu unterbrechen. Die vornehmsten der Bürger wurden zu einem Ball aufs Schloß oder zu einem Bankett in die Herrenstube geladen, und der weite Marktplatz hallte wider von Fanfarenstößen, Rossegestampf und brechenden Turnierlanzen, vom Schreien der Zuschauer und den hellen Rufen der Kämpfer. Frau Mechthild aber stand an einem Fenster der Herrenstube und freute sich des frohen Getümmels.

Vieles, was Rottenburg aus ihren milden Händen empfangen, haben später Brände und Kriege zerstört, Plünderungen und Enteignungen in alle Winde zerstreut, anderes hat die Zeit vernichtet oder Unachtsamkeit in Vergessenheit fallen lassen. Zwei ihrer Stiftungen jedoch haben die Jahrhunderte überdauert: der herrliche Stadtwald im Rammert, aus dem noch heute den Rottenburgern jährlich der sogenannte »Haub« zugute kommt, und als schönste ihrer Gaben: der Marktbrunnen. Ihn hat Frau Mechthild im Jahre des Heils 1470 errichten lassen. Aus dem grünen Wasser des Beckens steigt seine zierliche, dreikantige Säule auf wie eine steingewordene Fontäne, Rankenwerk schlingt sich um Streben und Fialen, Ritter, Fürsten und Heilige unter Baldachinen stehen in dreifachem Kranz bis hinauf zur einzig schönen Krone der Kreuzblume.

Der heute auf dem Marktplatz stehende Brunnen ist nicht mehr das ursprüngliche Werk; nachdem dieses schon in den Jahren 1847 und 49 hatte ausgebessert werden müssen, entschloß man sich im Jahre 1909, die Köstlichkeit nicht länger den Unbilden der Witterung auszusetzen. Sorgsam, Stück um Stück, ward Frau Mechthilds Brunnen abgebrochen und an seiner Stelle eine getreue Nachbildung aus den Händen der Rottenburger Meister Walz erstellt.

Dem Beschauer aber kündet der Brunnen, er, dessen Element das ewig fließende, nimmer verweilende Wasser ist, über allen Zeitenwandel hinweg vom unvergänglichen

Ruhm seiner Stifterin Mechthild und von den glanzvollen Tagen unserer guten Stadt Rottenburg unter ihrer Herrschaft.

Am 22. August 1482, während Frau Mechthild bei ihren Verwandten in Heidelberg auf Besuch war, hat der Tod ihrem Leben ein Ende gesetzt. Sie war 63 Jahre alt. Ihrem Wunsch entsprechend hat man sie neben ihrem ersten Gemahl, dem Grafen Ludwig von Württemberg, in der Kartause Güterstein bei Urach begraben. Siebzig Jahre danach hat Herzog Christoph beider Gebeine nach Tübingen überführen lassen. Dort ist im Chor der Stiftskirche ihr schönes Grabmal noch heute zu sehen.

Ritter Jörgs von Ehingen Fahrten nach der Ritterschaft

An Herzog Albrechts Hof zu Rottenburg diente im Jahre 1452 ein junger Kämmerer aus ritterschaftlichem Geschlecht, Jörg von Ehingen mit Namen. Die Ehinger waren um Rottenburg herum begütert und besaßen ein Stadthaus in der Zwiebelgasse, ein zweites, früher den Ammann gehöriges, in der Oberen Gasse*. Ihr Burgstall lag in den Siebentälern hinter Niedernau, war aber zu dieser Zeit bereits gebrochen**. Ihr Erbbegräbnis hatten sie im Karmeliterkloster.

Mit vier andern ritterbürtigen Familien wohnten sie bis 1428 auf Schloß Hohenentringen. Die fünf Familien hatten zusammen hundert Kinder; wenn sie sonntags miteinander nach Entringen in die Messe gingen, war ihr Zug so lang, daß die ersten bereits vor der Dorfkirche ankamen, wenn die letzten oben aus dem Burgtor traten. Einer aus dieser Hundertschaft war besagter Jörg. Seinen Namen trug er zu Ehren des Patrons der christlichen Ritterschaft. Bald nach seiner Geburt im Jahre 1428 erwarb sein Vater, Herr Rudolf von Ehingen, Schloß und Dorf Kilchberg und nahm dort Wohnung.

Es war bei den Ehingern Herkommen, dem Hause Österreich zu dienen. So tat auch Herr Rudolf sein Söhnlein Jörg, als es sieben Jahre alt war, an Herzog Sigmunds Hof nach Innsbruck, damit es höfische Zucht und Sitte lerne. Als Page seiner Herrin, später als Waffen-

* Dieses Gebäude neben dem Domkapitularhaus ging später in den Besitz der Wernauer über und trägt noch heute die Ehinger und Wernauer Wappen über dem Türsturz.

** Graf Friedrich von Zollern, der Ötinger, zerstörte 1407 die Ehinger Burg in den Siebentälern.

träger des Herzogs, befliß sich der Knabe mit Eifer und Geschick aller ritterlichen Künste: Reiten, Schwimmen, Schießen, Klettern, Turnieren und Stechen, Ringen, Fechten, Weitspringen, Steinstoßen, Aufwarten bei Tisch, Tanzen, Hofieren und Brettspielen. Zu mannbaren Jahren gekommen, war er ein kräftiger, hochgewachsener Junker mit wallenden Locken, gewandt in jeglichem Ritterspiel und von ehrbarem, gottesfürchtigem und freundlichem Wesen. Mit 24 Jahren schied er von Innsbruck, um nicht in der Ruhe zu verliegen, als ein schlichter Reiter.

Darnach verhalf ihm sein Vater mit drei Pferden zu Herzog Albrecht an den prachtliebenden Hof zu Rottenburg. Wiewohl es hier kaum Heldentaten zu verrichten gab, wie sie Jörgs hochgemute Jugend sich ersehnte, fand der Junker hier doch Gelegenheit, das zu Innsbruck Erlernte bei vielen Stechen an den Mann und beim Reihentanz an die Dame zu bringen.

Auf den Herbst 1453 zog sein Herr, nunmehr Erzherzog, mit 500 Pferden zur Krönung des böhmischen Königs nach Prag. In seinem glanzvollen Zug ritt auch Jörg, vom Vater ritterlich und wohl ausgerüstet mit Harnisch und Küraß, mit Hengsten, Pferden, Knechten und Kleidern. Zuerst ging es nach Wien, wo sich weitere Ritterzüge aus dem Reich zu ihnen gesellten, von da nach Prag; das festliche Einreiten geschah mit 10 000 Pferden.

Am 28. Oktober 1453 wurde der junge Ladislaus mit der Wenzelskrone gekrönt. Darnach schlug er, wie es alter, ehrenvoller Brauch, viele zu Rittern, auch aus Erzherzog Albrechts Zug fünf junge Edelleute. Deren einer war Jörg. Nachdem er mit seinen vier Gesellen die Nacht zuvor mit Fasten und Beten in einer Kirche verbracht, beichteten sie am Morgen und nahmen das Sakrament; darnach badeten sie, kleideten sich weiß und legten in der Fürstenversammlung das Rittergelöbnis ab. König Ladislaus erteilte ihnen im Namen Gottes, des Heiligen Michael und des Heiligen Georg den Ritterschlag und umgürtete sie mit dem

Ritterschwert. Edelknaben legten ihnen Wappenrock, Schärpe und Sporen an. Und an diesem Oktobertag war in ganz Prag kein Glücklicherer zu finden, als Herr Jörg von Ehingen, Ritter.

Dies aber war sein erster Ritterdienst: er durfte mit drei andern einer Königin »in einem güldenen Wagen« das Ehrengeleit geben.

Einige Tage nach seiner Heimkehr führte ihn der Vater in Kilchberg in sein »Stüblin uf dem Thor«, hielt ihm dort eine lange und schöne Rede über den Ritterorden und wie ein frommer Ritter sich halten sollt', und schenkte ihm vierhundert Gulden in die Ritterschaft.

Er habe gehört, fuhr er fort, daß nächstes Frühjahr Sankt-Johannes-Ritter wider den Großtürken nach Rhodos ziehen wollten, und weil Müßiggehen einem jungen Ritter nicht anstehe, so sähe er es gern, wenn Herr Jörg dem Zug sich anschlösse. Er selbst habe sein Leben lang den Wunsch gehabt, das Heilige Land zu besuchen, hätt' aber nie sein können; darum wäre es ihm eine Freude, nun den Sohn vollbringen zu sehen, was dem Vater nicht vergönnt gewesen. Er wolle ihn dazu ausrüsten nach seinem Vermögen.

Herr Jörg sagte mit Freuden zu. So zog er im Frühling, von seinem Herrn in Gnaden beurlaubt, mit den Johanniter-Komturen auf Venedig, schiffte sich nach Himmelfahrt dort ein und gelangte nach etlichen Abenteuern glücklich nach Rhodos.

Elf Monate lag er auf der Insel und »darum auf dem Meer«, übte sich mit den Brüdern im Waffenhandwerk und harrte des Großtürken. Aber der verzog. Da nahm er schließlich Urlaub vom Hochmeister, der ihm zum Dank ein Heiltum verehrte, einen Dorn aus der Krone Christi, des Herrn, auch gab er ihm einen Empfehlungsbrief an den König von Zypern. Herr Jörg indes reiste zuvor nach Barutto (Beirut), wo er mit andächtigem Sinn die Stätte beschaute, an der sein Namenspatron einstmals den »grysselichen Wurm« überwunden.

An der Küste Syriens hin zog er über Tyrus, Saffedo, Apollosso nach Nazareth und endlich nach Jerusalem. Fünfzehn Tage verweilte er darin; nachdem er alle Stätten besucht, wollte er nach Sankt Catharina und »Baballonia« weiterpilgern. Als rechter Schwabe traf er auch einen Landsmann in der Fremde, einen namens Münch aus Basel. Mit dem und einigen Kaufleuten und Barfüßermönchen kam er nach Damaskus und reiste nach ein paar Rasttagen mit seinem Wallbruder weiter. Allein, Sankt Catharina war ihnen nicht gnädig: sie ließ ihre frommen Pilger in sarazenische Gefangenschaft fallen, aus der sie sich erst nach längerer, harter Haft um 30 Dukaten lösen konnten. Auf dieses Abenteuer hin wandten sie sich südwärts, nach dem großen Meerport Alexandria, wo »der große Fluß Nylusz in das Meer fließt«. Bei nächster Schiffsgelegenheit segelten sie von dort in das Königreich Zypern. Leider verlor Herr Jörg auf der Überfahrt seinen ehrlichen Wallbruder aus Basel durch einen jähen Tod, was ihm recht zu Herzen ging.

Der König von Zypern nahm den deutschen Ritter in seiner Hauptstadt Nicosia wohl auf; er ließ ihn durch das ganze Königreich führen und schenkte ihm zum Abschied seinen Orden.

Krank kam Herr Jörg wieder nach Rhodos, dank der Pflege des Hochmeisters befand er sich jedoch bald wieder so wohl, daß er die weite Heimreise antreten konnte. Im Frühling 1455 kam er wieder heim in sein »Vatterland« und ward zu Kilchberg von seinem Vater fröhlich und wohl empfangen.

Am Hof zu Rottenburg geschahen Herrn Jörg ob seiner Meerfahrt alle Ehren. Sein Herr nahm ihn in die fürstliche Gesellschaft des Salamanders auf, auch machte er ihn zu seinem »öbersten Kammerer«; oftmals hieß er Herrn Jörg von seinen Abenteuern im Morgenland erzählen. Der gab dabei zu erkennen, daß er, sobald eine ehrliche Ritterfahrt stattfinde, wieder auf Handlungen ausziehen wolle. Inzwischen, da in allen Reichen der Christenheit Friede war, blieb er am Hof seines Herrn und tat sein Bestes mit Rennen, Stechen, Tanzen und anderer ritterlicher Übung.

Als aber im Neckartal die Apfelbäume wieder blühten, war sein Plan gemacht: er gedachte die trefflichsten Königreiche der Christenheit zu durchziehen, eins nach dem andern, bis er ernstliche Arbeit fände. Es bat aber ein junger Salzburger Edelmann vom Hof, hieß Jörg von Ramseiden, den Ehinger, daß er ihn mitnehme auf seine Ausfahrt, und weil Herr Jörg ihn ehrlich und redlich fand, auch stark und wohlgewachsen, dazu reich, so nahm er ihn als Gesellen an. Wohlversehen mit Schutz- und Fördernisbriefen, die ihnen ihr Herr bei seinem kaiserlichen Bruder erwirkt hatte, begleitet von einem sprachenkundigen Herold und einem Troßknecht, trabten sie eines Frühlingsmorgens 1456 mit aufgehender Sonne aus dem Oberen Tor.

Als erstem machten sie in Paris Karl VII., König von Frankreich von Gottes und der Jungfrau Johanna Gnaden, ihre Aufwartung. Weil aber wenig ritterliche Übung an seinem Hofe war, so vernahmen sie nicht ungern, der König von Spanien rüste zu einem mächtigen Heerzug wider den Maurenkönig von Granada. Sie baten den König Karl um Urlaub, den er ihnen in Gnaden gewährte; dazu schenkte er jedem einen ganzen Harnisch, einen Hengst und 300 Kronen.

In Angers, am Hofe König Reinharts von Zezublia (Sizilien), ging's nun freilich fröhlicher zu als in Paris bei dem melancholischen Karl. Doch waren sie nach einigen Wochen des zierlich gereimten Schmachtens der ritterlichen Troubadours müde und schieden von König Réné.

Bei ihrer Ankunft in Pamplona im Königreich Navarra hörten sie, der Zug nach Granada sei aufgeschoben; so beschlossen sie, sich hier bei König Johann ein wenig des Landes zu gewöhnen und dann nach Portugal zu gehen, und zwar auf dem Meer von La Coruña aus, das die deutschen Jakobsbrüder »zum finstern Stern« (Finisterre) heißen. So taten sie auch; sie verkauften einige ihrer großen Hengste, um unbeschwerter zu reisen, und ritten über Burgos zum Heiligen Jakob von Compostella und von dort zu dem besagten Hafen, wo sie das Schiff bestiegen.

Ende des Jahres 1456 erblickten sie die lichten Hügel des Tejos; froh, wieder festen Boden unter den Füßen zu haben, ritten sie in die Stadt Lissabon ein, von welcher die Sage geht, es habe ein Kreuzfahrer zu Jerusalem einen Zauberer gebeten, ihm die schönste Stadt der Erde zu zeigen, da sei im Spiegel Lissabon erschienen.

Alsbald meldeten die Landfahrer dem König Affonso V. ihre Ankunft. Der empfing sie inmitten seiner Fürsten, Marquis, Herren und Ritter in feierlicher Audienz. Huldreich redete er sie an: sie aber, unkundig des Portugiesischen, vermochten ihm nur mit Gebärden »die reverentia und Ehr« zu erweisen. Nun unterhielt er sich durch einen Dolmetscher in brabantischer Sprache mit ihnen, und als er hörte, sie seien gekommen, ihm für seinen Krieg wider den heidnischen König von Fez ihre Ritterdienste anzubieten, bezeigte er große Freude. Vorerst aber, ließ er sagen, müßten sie an seinem Hofe bleiben, mit den Edlen bekannt werden und sich des Landes gewöhnen.

Nun hob ein Herrenleben an mit Jagen und Rennen, Tanzen und Bankettieren. Die portugalische Ritterschaft erwies sich als wehrlich und tapfer, das Frauenzimmer als über die Maßen schön – fürwahr, hier war gut sein! Auf Lustreisen kreuz und quer durch das Königreich schauten sie mit Staunen die Fruchtbarkeit der südlichen Erde, freuten sich der Milde des Himmels und bewunderten die Pracht der Schlösser und Klöster.

Da erhielt der König von seinem Großkapitän in Afrika die Botschaft: der König von Fez und andere maurische Könige zögen mit gewaltiger Streitmacht vor die Stadt Ceuta. Herr Jörg und sein Geselle schifften alsbald mit einem Aufgebot portugiesischer Ritter und Knechte hinüber nach Marokko. Es war Nacht, als sie in Ceuta einrückten. Der Großkapitän ließ Mauern und Wehren besetzen und teilte die Stadt in Quartiere ein, über deren jedes er einen Hauptmann setzte. Auch Herr Jörg ward ein solcher Quartierhauptmann und steckte stolz sein Sturmfähnlein, das schwarze Ehinger Fähnlein mit dem goldenen Sparren, auf die Mauer der afrikanischen Stadt.

Während der Messe am andern Morgen gaben die Wachen Alarm. Und da sah man die Heiden heranziehen in endlosem Zug, zu Roß und zu Fuß, mit Heerpauken und seltsamen Hörnern, mit Steinbüchsen, Armbrusten und Handbogen und über die Maßen viel Fähnlein und Bannern. Schon schwirrten Pfeile und Bolzen, pfiffen Kugeln, flogen Steine herüber und hinüber, und indes man sich also miteinander übte, schlug das maurische Heer vor der Stadt sich nieder. In der Nacht darauf trieben die Heiden Laufgräben vor bis unter die Mauern und bereiteten sich mit Setzschilden und Rammen und allerlei Geschütz zum Sturm.

Nach dreitägigem erfolglosem, aber verlustreichem Anrennen ließen sie ab. Die portugalischen Ritter rückten aus Ceuta den Abziehenden nach, und hierbei bestand der wackere Schwabe, Herr Jörg von Ehingen, sein großes Abenteuer: er maß sich im Zweikampf mit einem maurischen Ritter und erschlug ihn. Da zogen die Heiden endgültig ab. So tief prägte sich die Tat des Rottenburger Ritters dem Gedächtnis der Portugiesen ein, daß ein anderer Deutscher, der Doktor Hieronymus Münzer aus Nürnberg, noch 35 Jahre später in Lissabon von dem Schwabenstreich erzählen hörte, nach dem »Georgius de Ehingen« einen überaus starken sarazenischen Ritter in Ceuta mit seinem Schwert »halbiert« habe.

Mit herzlicher Freude sah König Affonso seine Deutschen wiederkehren. Fast waren es der Lustbarkeiten zu viele, die sie bestehen sollten. Des Königs Bruder, Don Fernando, lud sie an seinen Hof, desgleichen des Königs Oheim,

»Don Aweikusz«, den die Geschichte unter dem Namen »Heinrich der Seefahrer« kennt.

Der abgeblasene Heerzug nach Granada sollte nun doch geschehen. Herr Jörg gedachte ihn nicht zu versäumen und machte sich mit seinem Salzburger auf zum König von Spanien. König Heinrich von Castilien hatte 70 000 streitbare Mannen, ein Heer, wie es die Christenheit noch nie gesehen, um sich gesammelt; das führte er in guter Ordnung ins Königreich Granada. Herr Jörg und sein Geselle wurden ehrenhalber dem königlichen Banner zugeordnet, wie ihnen von König Heinrich und seinen Granden überhaupt alle Aufmerksamkeit widerfuhr. Die Mauren, deren Hauptmacht in der Stadt Granada lag, ließen es nicht zur Belagerung kommen, sondern rückten dem Christenheer entgegen, ohne freilich die Schlacht zu wagen; die Spanier aber, angesichts der trefflichen Stellung der Heiden, zögerten mit dem Angriff. So kam es, während sich die zwei Haufen gegenüberlagen, nur zu blutigen Scharmützeln, bis sich schließlich das christliche Heer erhob, um an Granada vorüber ins offene Land hineinzuziehen und es nach Kräften zu verheeren. Wie dann auch geschah. Herr Jörg ward bei einem Sturm auf ein Städtlein am Schienbein hart verwundet, wovon er bis in sein Alter »ein Löchlin« behielt und einen Fluß.

Zum Dank für seine Tapferkeit schmückte ihn der König im Hoflager zu Toledo mit den Abzeichen seiner drei Ritterorden; außerdem schenkte er ihm und dem Ramseiden je ein spanisches Streitroß und 300 Dukaten.

Auch in Lissabon, wohin sie sich abermals gewandt, wurden sie königlich beschenkt, als sie im März des Jahres 1458 das gastliche Portugal für immer verließen: sie erhielten ein goldgewirktes Tuch, karmoisinroten und schwarzen Sammet, jeder einen portugalischen Hengst und 300 Dukaten als Wegzehrung. In einem Schreiben an die Herzogin von Berg und Brabant empfahl der König die beiden *Cavalleiros Allemannes* der Huld seiner lieben

Tante, maßen ihre Zucht und feine Lebensart und besonders ihre Tapferkeit alle Förderung verdienten.

Den Heimweg nahmen die Unermüdlichen über Spanien, Frankreich und Brabant; wiederum entledigten sie sich der schwersten ihrer Hengste, setzten sich in einem Kanalhafen »aufs Meer« und fuhren zum König von England. Hier verließ Herrn Jörg sein Geselle und kehrte heim, er indes reiste noch weiter zum König von Schottland, der seiner ersten Herrin Bruder war.

Und damit endet die Erzählung der »Fahrten nach der Ritterschaft des schwäbischen Ritters Jörg von Ehingen«, die er in seinen alten Tagen selber zu Papier gebracht.

Mancherlei hatte sich in der Heimat geändert, als er sie nach dreijähriger Abwesenheit 1459 wiedersah. Erzherzog Albrecht lebte wieder in Österreich und überließ Hofhaltung und Regierung in Rottenburg den klugen und milden Händen Frau Mechthilds. Jörgs Vater, Ritter Rudolf von Ehingen, alt geworden, dachte daran, das Zeitliche in Ordnung zu bringen. Bald nach Herrn Jörgs Heimkehr berief er seine vier Söhne nach Kilchberg, die Erbteilung seiner Schlösser, Dörfer und Güter vorzunehmen, wobei Kilchberg seinem Jüngsten, seinem lieben Jörg, zufiel. Nachdem er noch sein Testament gemacht, seinen Jahrtag gestiftet und alles sorglich geordnet hatte, ritt er mit seinen Söhnen hinauf nach Gößlingen bei Rottweil zum Grab der Heiligen Hailwig, deren Mutter eine von Ehingen gewesen, nahm Urlaub von ihr und ritt dann auf die Altstadt ob Ehingen am Neckar; in dieser Pfarrkirche, darin er getauft worden war, ließ er sich ein löbliches Amt singen. Darauf trabten sie hinab nach Kilchberg, ritten aber, ohne einzukehren, am Schloß vorbei und hinüber nach Güterstein bei Urach. Im dortigen Karthäuserkloster fertigte Herr Rudolf seine Söhne unter guten Ermahnungen ab; er selbst aber verblieb bei den frommen Vätern bis an sein Ende.

Jörg trat 1460 in den Dienst der Grafen von Württemberg. Damit begann sein Aufstieg zu höchsten Ehren. Er diente Graf Ulrich und später Herzog Eberhard über 40 Jahre als Diplomat und Unterhändler, als Obervogt von Tübingen, als Mitglied der Regentschaft, als Statthalter von Mömpelgard und als allzeit verständiger Ratgeber, treu und uneigennützig, zum Segen des Landes. Sogar als Brautwerber trat er auf, einmal in Mantua für Herzog Eberhard, später in München für den jungen Ulrich, beide Male mit Glück.

Er selbst hatte schon 1464 Anna Ülin von Reutlingen heimgeführt, eines Webers Tochter, die ihm eine reiche Schäferei zubrachte. Solches Aufsehen hatte diese Heirat eines weltläufigen, von Standesvorurteilen freien Kopfes in seinen Tagen erregt, daß die Zimmerische Chronik hundert Jahre später noch vermerken konnte: »Es hätt einst Herr Jörg von Ehingen, ein Ritter, kein edles Weib genommen, sondern eine Burgere von Reutlingen ... Und hätt man's Herrn Jörgen als große Torheit angerechnet; aber er nahm das Fett von feisten Schafen und die alten Gulden, ließ es damit der Wett sein, wie man spricht.« Herr Jörg war seiner Anna herzlich zugetan und hatte vierzehn Kinder von ihr. Sie starb im Jahre 1500.

Drei Jahre darauf zog er sich von allen Geschäften zurück nach Kilchberg. Dort ist er, 80 Jahre alt, am 24. Februar 1508 gestorben, und dort liegt er auch begraben.

In Jörg von Ehingen, den die Zeitgenossen eine »Ehrensäule des Adels« nannten, verkörperte sich das hohe Ideal des Mittelalters, ritterliche Männlichkeit, noch einmal, bevor es sank, mit ganzer, ungebrochener Kraft und in fleckenloser Reinheit: Herr Jörg von Ehingen war der letzte schwäbische Ritter.

Wie Herr Jörg von Ehingen vor der Stadt Ceuta in Africa im Zweikampf einen mächtigen Heiden erschlagen

Von ihm selbst beschrieben

Drei Tage nacheinander stürmten die Heiden, all Tag früh angefangen und gestürmt bis in die Nacht. Da war wahrlich auf beiden Seiten große Arbeit, und wiewohl über die Maßen viel Heiden erschossen und erworfen um die Stadt in den Gräben und an den Mauern lagen, begab es sich dennoch oftmals, daß die Christen von ihren Wehren abgetrieben wurden. Als nun die Heiden die drei Tage so ernstlich gestürmt und trefflich viel Leut verloren, daß ein gruselicher Geschmack von den Toten war, erhoben sie sich und zogen ab.

Also machten wir uns auf mit 400 Pferden und Tausend zu Fuß und zogen ihnen nach. Oftmals wendeten sich etliche Heiden und scharmützten mit uns, bis wir einen Berg einnahmen. Die Heiden hatten einen andern Berg inne, und war ein gar schönes, ebenes Tal dazwischen.

Auf den Abend nun kamen etliche der Unsrigen und sagten, es wäre ein mächtiger Heide da, der begehrte eines Christenritters, der sich mit ihm schlagen sollte – in der Mitte zwischen beiden Haufen. Also bat ich den Kapitany, daß er mir solches zu tun vergönnen wolle, denn ich war wohlgerüstet und ganz gewandt im Ringharnisch; auch hatte ich einen starken, wehrlichen Genetter*.

Das ward mir vom Kapitany vergönnt. Also ließ er den Scharmützern abblasen, die alsbald zu dem Haufen kehrten. Da macht' ich ein Kreuz mit meinem Spieß für mich und rückt' allgemach von unserem Haufen gegen den Heiden zu Tal. Da die Heiden das sahen, rückten sie auch zu

* Genetter = schnelles Streitroß.

ihrem Haufen. Unser Kapitany schickte einen Trompeter gegen sie, der blies und gab Zeichen. Gar geschwind rückt' ein Heid auf einem schönen berberischen Pferd daher, gen Tal, der Ebene zu. Ich säumt' nit lang und rückt' gegen ihn. Der Heid warf seinen Schild vor sich und legte seinen Spieß auf den Arm, rannte gar ernstlich gegen mich an und schrie mich an. Also ging auch ich auf ihn los, hätt meinen Spieß auf dem Schenkel und als ich beinahe zu ihm kam, warf ich den Spieß in das Gerüst* und rannte ihm auf seinen Schild. Und wiewohl er mir seinen Spieß in den »Flankart« oder Panzerärmel rannte, gewann ich ihm doch mit einem Treffen einen solchen Schwank ab, daß Roß und Mann zur Erden fielen. Aber sein Spieß hing mir im Ringharnisch und hinderte mich, so daß ich mich seiner nit so bald entledigen, auch nicht von meinem Pferd kommen konnt'.

Derweilen war er auf von seinem Pferd. Ich hatte mein Schwert in der Hand, desgleichen hätt er sein Schwert auch gefaßt; also traten wir gegeneinander, und gab jeder dem Andern einen freventlichen Stich. Der Heid hätt einen guten Harnisch; wiewohl ich neben den Schild stach, bracht ihm das keinen Schaden. Sein Stich konnte mir auch nit geschaden. Wir faßten einander in die Arme und rangen so lang, bis wir beide zur Erde fielen, nebeneinander. Aber der Heid war mächtig stark; er riß sich von mir, und kamen beide mit den Leibern aufrecht, doch knieend nebeneinander. Ich stieß ihn mit der linken Hand von mir, daß ich mit dem Schwert zu einem Stich nach ihm ausholen könnt', wie auch geschah. Denn im Stoß mit der linken Hand kam er mit dem Leib so weit von mir, daß ich ihm einen Stich in sein Angesicht gab. Und wiewohl ich den Stich nit ganz vollkommen ausführen konnte, verwundete ich ihn so, daß er hinter sich schwankte und etwas geblendet ward. Also gab ich ihm erst einen rechten Stich in sein Angesicht, und stach ihn auf die Erde nieder, drang alsdann auf ihn

* Gerüst = eiserner Haken am Harnisch zum Einlegen des Speeres.

und stach ihm den Hals ab. Dann stand ich auf, nahm sein Schwert und trat zu meinem Pferd. Da stunden beide Pferde beieinander, sie waren den ganzen Tag fest gearbeitet worden und gar zahm.

Da die Heiden sahen, daß ich gesiegt, rückten sie mit ihrem Haufen hinweg. Aber von den Portugalesischen und Christen rückten etliche herzu, huben dem Heiden das Haupt ab, nahmen seinen Spieß und steckten es drauf; zogen ihm auch seinen Harnisch ab. Er war köstlich, und nach heidnischer Sitte gar meisterlich gewappnet und geschmückt. Sie nahmen auch seinen Schild und sein Pferd und führten mich zu dem Kapitany, der mich über die Maßen fröhlich mit seinen Armen umfing. Es war im ganzen Zug große Freude. Der Kapitany verordnete, daß des Heiden Haupt, sein Pferd, sein Schild und Schwert vor mir hergeführt werden sollte und bestimmte die trefflichsten Herren, Ritter und Knechte dazu. Ich mußt' neben ihm im Heer herziehen und die Trompeter vor mir.

Also führte er mich mit einem großen Triumph durch die große Stadt Ceuta. Das Christenvolk hätte eine große Freude darob, und geschah mir die allergrößte Ehr, deren ich nit wert war. Gott der Allmächtige stritt in dieser Stunde für mich, denn in größere Not kam ich nie. Der Heid war ein starker Mann; ich merkte auch wohl, daß seine Stärke die meine weit übertraf. Gott, der Herr, sei ewiglich gelobt.

Der Kapitany schrieb dem König diese Geschichte, darob der König eine sonders große Freude empfing. Und dieweil keine Sorge mehr der Heiden halber bestand, begehrte der König, daß ich und mein Gesell wieder zu ihm an seinen Hof kommen sollten. Also zogen wir wieder übers Meer gen Portugal. Wir wurden über die Maßen wohl vom König empfangen. Er schenkte mir eine Schürre* voll portugalischer Gulden; diese Schürre hab ich mit mir in mein Vaterland gebracht.

* Schürre = Becher, Pokal.

Das Häuflein Gottes

Der Rechtstag wider den des Wiedertaufs verklagten Michel Sattler und seine Anhänger war auf den 17. Mai 1527 angesetzt. Ein paar Tage vorher überführte Peter Putz, Schultheiß in dem hohenbergischen Städtlein Binsdorf, wo sie elf Wochen im festen Turm gelegen, die Gefangenen unter starker Bewachung nach Rottenburg. Es waren dies: besagter Michel Sattler und sein Weib, Veit Feringer von Horb, Mathis Hiller, ein Kürschnergeselle aus St. Gallen und etliche andere. Weil aber Graf Joachim von Zollern, Hauptmann der Herrschaft Hohenberg, besorgte, es möchte beim Einbringen in der Stadt zu Rottierungen kommen, so hatte er an Reitern und Fußknechten aufgeboten, so viel er deren hatte greifen können, allein aus den Dörfern um Rottenburg 56; ließ also den Wagen, solcherart gesichert, vom Stadttor bis zum Diebsturm geleiten und die Inkulpaten dort in Gewahrsam nehmen.

Zu seiner Besorgnis bestand Grund. Auch in Rottenburg hatte die neue Lehre mehr und eifrigere Anhänger gefunden, als dem Landesherren Erzherzog Ferdinand von Österreich und seinen Räten zu Innsbruck lieb war. Seit mehr denn fünf Jahren trieben die Sektierer in der Stadt ihr widersetzliches und sträfliches Wesen unter Verachtung aller kaiserlichen Majestät und der ihnen gesetzten Obrigkeit ganz offen – zumindest jene, so dem Luther anhingen. Schon 1523 hatten sie das kaiserliche Mandat »wider die luthrische Opinion« freventlich von den Kirchentüren abgerissen. Aus den Klöstern in der oberen Klause und in Sülchen waren Nonnen entlaufen, hatten, wiewohl sie bereits Profeß abgelegt, geheiratet und ihr dem Kloster zugebrachtes Vermögen zurückgefordert. Magister Johann Eycher, aus achtbarem Rottenburger Geschlecht, Canonicus und Praedicant bei St. Moriz, begann auf offener Kanzel wider Ablaß, Kerzenweihe und Ordenswesen zu predigen und hatte – Gott sei's geklagt! – nicht wenig Zulauf. Desgleichen taten der Pfarrer von St. Martin, Nikolaus Schedlin, und sein Helfer Andreas Keller, beides Rottenburger Bürgerssöhne. Keller ließ auch etliche seiner Rottenburger Predigten im Druck ausgehen; in der auf den Pfingsttag 1524 nannte er in sträflichem Übermut »all fürsten, künig, Kayser, bapst, Bischoff und dyssz gantz geschwürm mit ainander – hampff butzen«, die man nicht fürchten soll, ja, sagte er, man soll sich freuen, »daß uns diss ellend hudlen gesünd verfolget«. Und in seinem Traktat »Von dem Zehenden« erging er sich über die geweihten Diener Gottes in solchen Schmähungen, daß sie anstandshalber nicht widerzugeben sind.

Ein anderer Ehinger Chorherr, Magister Konrad Wachendorfer, hatte die neue Lehre zu Wittenberg beim Luther selbst studiert. Kein Wunder, daß das gemeine Volk, also verführt, die Messe nicht mehr hören wollte und nach der Predigt aus der Kirche lief, die österlichen Zeiten nicht mehr hielt und von der Jungfrau Maria und den Heiligen übel redete. Solcher Lästerung wegen hatte man sogar den Hofschreiber Wendel Kurz seines Amtes entheben müssen. Da konnte freilich der Wanderprediger Johannes Eberlin von Günzburg, der vormals ein eifervoller Barfüßer gewesen war, in Rottenburg frohlocken: er sehe mit Freuden, daß hier das Evangelium ernstlich gepredigt werde und wachse.

Wohin aber die ungehorsame Lutherei führte, das hatte man ja gesehen, als die Bauern vor zwei Jahren allüberall im Namen des Evangeliums in hellen Haufen aufgestanden und in ihrer lästerlichen Vermessenheit jeglicher Obrigkeit Gehorsam und Respekt aufgesagt hatten. Hätte damals Herr Jörg Truchseß, »der Bauernjörg« geheißen, die Stadt nicht mit seinem Lager drunten im Sülcherfeld gedeckt, den Rottenburgern wär's nicht anders gegangen als den Horbern und den Herrenbergern: denen haben die aufrührerischen Bauern die Häuser angezündet und gedroht: wenn einer unter ihnen wär', der nur schmecke nach einem Sporn, der müsse hängen.

In Innsbruck sah man seit langem übel zu den Dingen am Neckar. Nichts wollte frommen, nicht christliche Ermahnung, noch daß die Regierung den Bürgern bei Verlust ihrer Freiheiten und Rechte die Lutherei zu lassen gebot. Nicht einmal Erzherzog Ferdinand, Kaiser Karls Bruder, hatte bei den Rottenburgern etwas vermocht, als er 1524 mit dem päpstlichen Legaten Campegius dort gewesen. Die wollten, scheint's, nun einmal die ersten sein, welche sich in Glaubenssachen gegen das Haus Österreich ungehorsam zeigten. In diesem Jahr 1527 waren sechs Anhänger der neuen Sekte aus dem Gefängnis entwichen, was ohne Beistand nicht hätte geschehen können. Die Klausnerinnen zu St. Anna ob Ehingen hatten sich den Hohenberger Amtleuten, als sie auf Befehl der Regierung das Klostereigentum inventieren wollten, offen widersetzt und dabei an den Stadtbürgern Helfer gefunden. Andererseits mußten die in Sülchen verbliebenen Klosterfrauen wegen eines Streits mit einer entlaufenen Nonne befürchten, von den Rottenburgern überfallen und, wie schon einmal geschehen, incarceriert zu werden.

In summa: es stand mit der alten, löblichen, christlichen Religion nicht zum Besten in Rottenburg; daher es vom Grafen Joachim von Zollern klüglich gehandelt war, für den Binsdorfer Wagen so starke Bedeckung anzuordnen.

Die täuferische Ketzerei, die ärgste von allen, die jedes Wort der Schrift buchstäblich nahm, fraß sich seit einiger Zeit in die Herrschaft ein wie eine böse, schleichende Krankheit. Eingeschleppt hatte sie der Wilhelm Reiblin und darnach alles getan, den Keim der Ansteckung zu verbreiten. Er war es, der den Teufelssamen auch in Rottenburg, seiner Vaterstadt, ausgestreut hatte; in Heimlichkeit hatte er im Hause des Jörg Schumacher gepredigt und getauft. Freilich, doch nicht heimlich genug, denn nach knapp einem Jahr kam man dem täuferischen Treiben auf die Spur, und um Lichtmeß 1527 hob man das Nest aus. Leider war der Reiblin nicht im Fang, sondern beizeiten nach Reutlingen entwischt. Acht seiner Anhänger legte man in den Diebsturm; abermals konnten ihrer vier draus entkommen.

Der zweite Schlag fiel ein paar Wochen später zu Horb. Dort hatte besagter Michel Sattler eine Gemeinde von 35 Familien um sich gesammelt. Am Tag des Heiligen Matthias, des Zwölfboten, hielt er in Schlatt am Randen eine große Täuferversammlung und stellte dabei die sieben Artikel täuferischer Handlung und Lehre auf, die er als Sendbrief ausgehen ließ; sie handeln zum ersten vom Tauf, zum andern vom Bann, zum dritten von der Buß, zum vierten von der Absonderung, zum fünften vom Hirten, zum sechsten vom Schwert und zum Beschluß vom Eid. Hiemit war aber ausgesungen, denn zu Horb harrte des Vogels schon die Schlinge; mit ihm mußten sein sowie des Reiblins Weib und etliche andere in den Turm. Es stand aber bei seinen vielen Mitverwandten in Horb allerlei zu befürchten, Gewalt, Aufruhr und Schlimmeres, daher es geraten schien, die Rädelsführer in den festen Turm nach Binsdorf zu bringen, wie dann auch geschah.

Sattler trug, als man ihn ergriff, Briefschaften und andere Papiere bei sich; so erfuhr man weitere Namen und mancherlei Seltsamkeiten seines Irrglaubens; auch, daß er zu Seinesgleichen in der Schweiz und im Elsaß Beziehungen unterhalten. Anders förderten die Verhöre zutag, vor allem, daß der Reiblin auch an dieser Seele schuldig geworden, ungeachtet Sattlers brüderlicher Liebe, mit der er allzeit vom »Hirten Wilhelm« sprach.

Michel Sattler aus Staufen im Breisgau ist Mönch im Kloster St. Peter bei Freiburg gewesen, hat aber Regel und Habit verlassen und ein Weib genommen. In Zürich hat er den Reiblin kennen gelernt. Dieser Reiblin, ehemals Leutpriester bei St. Alban in Basel, vom Rat jedoch wegen Verspottung der Fronleichnamsprozession ausgewiesen – er hatte anstatt dem Allerheiligsten eine schön eingebundene Bibel vor sich hergetragen und gesagt, nur er trage das wahre Heiligtum –, dieser Reiblin besaß zur Verderbnis schwacher Seelen eine gewaltige Kraft des Wortes und verführte damit nicht wenige zum Wiedertauf. Auch den Sattler hat er in die Brüderschaft aufgenommen. Dem Zwingli war er zuwider, aber dem Thomas Münzer ein Wohlgefallen. Letztlich mußte er ganz aus der Schweiz, weil er die Bauern zur Verweigerung des Zehnten und des Kindstaufs aufgewiegelt hatte, ging also nach Straßburg und später in seine Heimat zurück. Nicht lang darnach wies man auch den Sattler aus der Schweiz. Er wandte sich wie Reiblin nach Straßburg und wurde dort, als ein in etlichen Sprachen und in der Schrift trefflich beschlagener Mann, von den evangelischen Prädikanten Bucer und Capito wohl aufgenommen, hatte auch Umgang mit vielen Täufern aus Basel, Bern, Schlettstadt und Augsburg. Ende des Jahres 1526 schrieb ihm der Reiblin nach Straßburg, er möge in die Herrschaft Hohenberg kommen, die Arbeit des Herrn harre dort ihres Knechts. Also ist er nach Horb gekommen.

Wiewohl man ihm im Turm zu Binsdorf mit Strick, Schwert und Feuer gedroht, so ist er doch verstockt geblieben, während Veit Feringer aus Furcht sogleich ganz und gar abgefallen ist und widerrufen hat.

Dies alles berichtete der Hauptmann der Herrschaft Hohenberg nach Innsbruck mit der Bitte um Weisung. Des Erzherzogs Meinung war, daß auf die andere Tauf keine bessere Strafe erfolgen könne, als die dritte Tauf, indem man die Gefangenen alle im Neckar ertränke. Etliche rieten ähnlich: man soll nach dem Beispiel des Schwäbischen Bundes und seines Profosen Aichelin handeln; die machten kurzen Prozeß oder gar keinen und henkten jeden Verdächtigen. Solch summarisches Verfahren fand die tyrolische Regierung nicht rätlich, sie schrieb dem Grafen von Zollern, es sei nicht Brauch beim Haus Österreich, einen ohne Untersuchung und Urteil zu richten. Der war's zufrieden.

Als am 17. Mai die Glocke das peinliche Gericht beläutete, verfügten sich Richter und Urteiler in die Gerichtsstube. Außer dem Herrschaftshauptmann als Richter, dem Rottenburger Schultheißen Jakob Halbmaier als Fürsprecher des Klägers und Hieronymus Exuperantius Baldung von Löwen, dem Schreiber, waren es mehr denn anderthalb Dutzend Personen: zwei Beisitzer von der Regierung in Stuttgart, zwei von der österreichischen Regierung in Ensisheim im Elsaß, zwei Doctores der Rechte von Tübingen, dazu je zwei Schöffen von den Städten Freiburg, Villingen, Ehingen, Überlingen, Radolfzell, Stockach und Horb.

An der offenen Türe hielten Stadtknechte mit ihren Spießen das Volk zurück, das sich in großer Menge davor drängte. In der Gerichtsstube taten junge Ritter Provisionerdienst. Auf dem Tisch vor dem Richter lag ein bloßes Schwert. Graf Joachim von Zollern nahm es zur Hand, hieß die Schöffen niedersitzen und fragte jeden einzeln, ob das Malefizgericht wohl besetzt sei. Darauf befahl er, die Verklagten vorzuführen.

Der Nachrichter und die Gerichtsknechte brachten sie herein; es waren an die zwanzig, Männer und Weiber jeglichen Alters. Michel Sattler, blaß und schmal, nicht älter als 35 Jahre, ward gefragt, ob er einen Fürsprech begehre. Nein, sagte er, er wolle sein eigener Fürsprech sein; nicht aus dem weltlichen Recht, sondern aus dem Wort Gottes wollten sie sich belehren lassen. Nun verlas der Stadtschreiber von Ensisheim, Eberhard Hofmann mit Namen, dem der Rottenburger Schultheiß das Amt des Anklägers überlassen, die Anschuldigung. In 9 Artikeln ward dem Michel Sattler und seinen Mitverwandten vorgehalten, daß sie ungehorsam wider das kaiserliche Mandat gehandelt; daß sie im Sakrament nicht den Leib Christi und sein Blut erkennen wollten; daß sie nichts vom Kindstauf, auch nichts vom Sakrament der Ölung hielten; die Mutter Gottes und die Heiligen nicht anriefen; das Schwören und Kriegführen verachteten; ferner daß der Michel aus dem Orden gegangen sei und ein Eheweib genommen habe, und zum Beschluß, daß er gesagt habe, wenn der Türk ins Land komme, solle man ihm keinen Widerstand leisten, und daß, wenn kriegen recht wäre, er lieber wider die Christen, als wider den Türken ziehen wolle.

Weil aber das Gericht nicht schlüssig war, ob man dem Sattler von Rechts wegen einen Fürsprech stellen solle, stritten sie lange hin und her, so daß Sattler, als man ihm schließlich das Recht zur Selbstverteidigung zugestand, die Anklage noch einmal zu hören begehrte. Der Stadtschreiber von Ensisheim erhob sich: »Fürsichtige, ehrsame und weise Herren, das ist nicht von Nöten; er hat sich des Heiligen Geistes gerühmt, der wird ihm wohl sagen können, was verhandelt worden.« Letztlich wurden die 9 Artikel aber doch noch einmal verlesen.

Nachdem sich Michel Sattler eine kurze Weile mit den Seinigen besprochen, wandte er sich zum Gericht und verantwortete sich und jene also: Wider das kaiserliche Mandat hätten sie nicht gehandelt, das besage nur, man solle nicht der Lutherischen Lehre anhangen, sondern allein dem Wort Gottes; das aber hätten sie gehalten. Wegen der Sakramente berief er sich auf die Schrift, zitierte auch viele Stellen daraus aus dem Gedächtnis. Die Mutter Gottes und die Heiligen hätten sie nicht geschmäht; die Mutter Christi sei zu preisen ob allen Weibern, daß sie aber Fürsprecherin und Mittlerin sei, davon wisse die Schrift nichts. Die Heiligen aber seien sie selbst, sie, die da lebten und glaubten. Was das Schwören betreffe, so hielten sie sich an das Wort des Herrn: Ihr sollt keinen Eid schwören, eure Rede sei ja, ja, nein, nein.

Wie er nun zu den beiden letzten Artikeln kam, die ihn allein angingen, sprach er: »Als mich Gott berufen, von seinem Wort zu zeugen, und ich Paulum gelesen, betrachtete ich den unchristlichen, gefährlichen Stand, darin ich war, der Mönche und Pfaffen Pracht, Hoffahrt, Wucher und große Hurerei. Da habe ich mich bekehrt und ein Weib genommen nach dem Befehl Gottes. Und daß ich gesagt habe, man solle dem Türken keinen Widerstand tun, so steht geschrieben: Du sollst nicht töten! Ja, freilich wollt' ich lieber wider jene Christen ziehen, welche die frommen Christen verfolgen, fangen und töten, als wider den Türken. Ursache: der Türk ist ein rechter Türk und weiß vom christlichen Glauben nichts, er ist ein Türk nach dem Fleische; ihr aber wollet Christen sein und verfolget doch die Zeugen Christi, ihr seid Türken nach dem Geist.«

Darauf vermahnte er die Richter, sie möchten bedenken, wozu sie von Gott eingesetzt. Er und seine Brüder und Schwestern hätten weder gegen die Obrigkeit, noch gegen Gottes Wort gehandelt. So die Richter aber das Wort Gottes weder gehört noch gelesen hätten, sollten sie nach Schriftgelehrten schicken. Könnten ihnen diese aus der Bibel weisen, daß sie irren und unrecht haben, dann wollten sie gern widerrufen, auch Urteil und Strafe freudig leiden. Würden sie aber keines Irrtums überwiesen, so hoffe er zu Gott, das Gericht werde sich bekehren und belehren lassen.

Die Richter stießen die Köpfe zusammen, viele lachten. Der Stadtschreiber von Ensisheim fuhr auf: »Du ehrloser, verzweifelter Mönch, disputieren soll man mit dir? Der Henker wird mit dir disputieren.«

Sprach Sattler: »Was Gott will, wird geschehen.«

Der Stadtschreiber: »Es wäre gut, wenn du nie geboren wärest.«

Sattler: »Gott weiß, was gut ist.«

Der Stadtschreiber: »Du Erzketzer hast diese frommen Leute verführt – ihr da, lasset ab von eurem Irrtum und begebet euch in die Gnade des Gerichts!«

Sattler: »Gnad ist allein bei Gott.«

Der Mathis Hiller aber sagte: »Man soll von der Wahrheit nicht abweichen.«

Der Stadtschreiber: »Du verzweifelter Bösewicht und Erzketzer, ich sage dir: wenn kein Henker da wäre, ich wollte dich selbst richten.«

Sattler: »Gott wird richten.«

Nun wandte sich der Stadtschreiber zu den Richtern: der höre ja nicht auf mit seinem Geschwätz; er bitte um das Urteil, das er zu Recht setze. – Ob auch er's zu Recht setze, fragte der Richter Sattlern. Der erwiderte: »Ihr Diener Gottes, ich bin nicht gesandt, über das Wort Gottes zu rechten; wir sind gesandt, davon zu überzeugen. Können wir aber des Rechtes nicht überhoben sein, so sind wir bereit, um des Evangeliums willen zu leiden, was uns auferlegt werden mag.«

Indes die Richter schon aufstanden und in die andere Stube gingen, das Urteil zu beschließen, knurrte der Stadtschreiber noch einmal Erzketzer, Bösewicht, Henker ...

Etliche von denen, die in der Gerichtsstube geblieben waren, Knechte, Schreiber und andere kleine Leute, verkürzten sich die Zeit auf ihre Art. Einer sagte zu Michel Sattlern, indem er auf die Verklagten wies: »Alle diese Leute hast du verführt!« Ein zweiter zuckte des Richters Schwert vom Tisch und sprach: »Siehst du, damit wird man mit dir disputieren.« Ein dritter spottete: »Im Kloster bist du ein Herr gewesen, warum bist du nicht geblieben?« Und weil Sattler kein Wort erwiderte, rief ein anderer: »Jetzt bist du still, du hättest besser zuvor geschwiegen!«

»Recht, man soll die Perlen nicht vor die Säue werfen, Matthäus 7, 6«, sprach Michael Lenzi an Sattlers Statt. Der hatte sich zu Veit Feringer gewandt: »Warum fliehst du die Rute deines Vaters? Willst du nicht gezogen werden nach des Vaters Willen, so magst du auch nicht Erbe sein seiner Güter ...«

Anderthalb Stunden später traten die Richter wieder ein. Der Graf von Zollern nahm das Schwert zur Hand und hieß den Schreiber das Urteil verlesen, das also lautete: »Zwischen dem Fürsprech der kaiserlichen Majestät und Michel Sattlern ist zu Recht erkannt worden, daß man Michel Sattler dem Henker in die Hände geben soll, der soll ihn auf den Marktplatz führen und ihm die Zunge abschneiden, darnach auf einen Wagen schmieden und allda mit glühenden Zangen seinen Leib reißen; nachher, wenn man ihn vor das Tor bringt, soll er ihm noch fünf solche Griffe geben. Darnach soll er seinen Leib als den eines Erzketzers zu Pulver verbrennen.«

Drei Tage später, am 20. Mai 1527, wurde das Urteil an Michel Sattler vollstreckt, peinlich und nach dem Buchstaben, wie oben geordnet.

Sein Weib, das trotz vielen Bittens, Ermahnens und Drohens standhaft geblieben war, wurde tags darauf mit den andern Weibern im Neckar ertränkt. Mathis Hiller aus St. Gallen, Stoffel Schuhmacher, Michael Lenzi wurden mit Feuer vom Leben zum Tod gebracht. Denen aber, die widerrufen hatten, zündete man mit brennenden Scheiben aus der Stadt hinaus für ewige Zeiten. Veit Feringer und Wilhelm Reiblins Weib lagen noch lange Wochen im Turm. Und dort brachte die Adelheid Reiblin ein Kind zur Welt.

Bürgerliches Leben im Mittelalter

Der Herbst des Mittelalters ist die Blütezeit der Städte. Immer mehr Rechte und Freiheiten hatten sie sich ertrotzt und erkämpft, andere waren ihnen von ihrem Herrn oder vom Kaiser selbst in Gnaden oder aus wirtschaftlicher Einsicht gewährt worden. Als Mittelpunkte des Güteraustausches zu Wohlstand und Bedeutung gekommen, waren sie ihrer Macht wohlbewußt, und dieses stolze Selbstbewußtsein ihrer Bürger fand überall sichtbaren Ausdruck: in Bauten und Stiftungen, in Sitte, Tracht und Auftreten. Es ist die Zeit, von der uns die zahlreichen Stadtchroniken ein so buntes und anschauliches, oft bis in die alltäglichen Kleinigkeiten hinein getreues Bild übermitteln.

Rottenburg hat leider keinen Tilemann von Elhen wie Limburg, keinen Burkhardt Zink wie Augsburg gefunden, die mit ihren Aufschrieben ihren Städten bleibende Denkmäler gesetzt haben, kaum weniger prächtig, als es deren Dome und Münster sind. Freilich ist Rottenburg nie ein Ulm oder Augsburg gewesen. Zu deren länderumspannendem Handel, der Grundlage ihres Reichtums und ihrer Macht, fehlte der Neckarstadt die wichtigste Voraussetzung: die Lage an einer der großen mittelalterlichen Verkehrsstraßen; denn das obere Neckartal erwies sich dem Verkehr gegenüber eher feindlich als förderlich. Und wenn auch Lutz von Lutzenhart reimt:

... wär alles gnuog allda,
wenn man's nicht führte anderstwah
mit der Einwohner großen Gwinn ...,

– großzügigem Handel und weithin bekannten Manufakturen verdankt Rottenburg seine mittelalterliche Bedeutung nicht. Aber als Sitz des »Oberamts in Nieder- und Oberhohenberg« und als Residenz der Herrschaftsherren oder ihrer Hauptleute und Statthalter genoß es allerlei Vorrechte.

Viele vornehme Besucher hat es in seinen Mauern gesehen: im Jahre 1348 weilte Kaiser Karl IV. dort und mischte sich bei einem Turnier als fremder Ritter mit geschlossenem Visier unter die Kämpfer. Am Urbanstag 1454 trafen sich in Rottenburg Herzog Ludwig von Bayern und der Markgraf von Brandenburg mit dem Landesherrn Erzherzog Albrecht – »auch sollt Herzog Carle von Burgundt gen Rottenburg zu ihnen kommen«. Mehrere Male kam auch Kaiser Maximilian als Landesherr in seine Hohenberger Herrschaft: 1498 feierte er zu Rottenburg das Pfingstfest, 1504 hielt er sich wiederum einige Tage dort auf – sicherlich nicht ohne glanzvolles Geleit, wie denn auch eine Chronik erzählt, es hätten ihm bei dieser Gelegenheit etliche Fürsten Bericht erstattet. Wenn der alte Crusius, der allerdings als Magister der Eloquenz in Tübingen das Schönreden als Profession betrieb, nicht gar zu sehr geflunkert hat, muß das mittelalterliche Rottenburg geradezu einer Metropole geglichen haben; bringt er doch in seiner »Schwäbischen Chronik« folgende Stelle, die er in einem Manuskript aus dem 14. Jahrhundert gefunden haben will: »Item in der Stadt Rotenburg war ein Schloß, so viele Häuser und die Stadt von solcher Größe, daß sich der Pabst und Kayser mit ihrem beederseitigen Hofstaat ein gantzes Jahr hätte aufhalten, auch von ihr Geld, Viktualien und Bettwerk zu aller Genüge haben können.«

Die Größe mittelalterlicher Städte darf man freilich nicht mit heutigen Maßstäben messen; Einwohnerzahl und Ausdehnung hielten sich in engen Grenzen. Städte mit 5000 Bewohnern, wie etwa Nördlingen oder Ravensburg, zählten schon zu den größeren, und die damaligen Großstädte Straßburg, Köln, Lübeck hatten vielleicht 20- bis 30 000 Einwohner. Es schmälert Rottenburgs Bedeutung nicht, wenn man sich die Stadt im ausgehenden Mittelalter recht klein vorstellt.

Stadtpläne aus dieser Zeit sind nicht vorhanden, doch läßt sich an Hand der nach drei verheerenden Bränden übriggebliebenen Mauerreste, Tore und Wehrtürme dem Umriß der spätmittelalterlichen Stadt nachspüren. Demnach scheint die Stadtgrenze so verlaufen zu sein: vom Sülchertor im Norden bis zum Kiebinger Tor im Osten, im Süden dem Neckar entlang bis zum Spital, von dort hinauf zum Kalkweiler Tor, dann, Schütteturm und Schloß einschließend, zurück zum Sülchertor. Eine Brücke, wahrscheinlich in der Verlängerung des Straßenzugs vom Oberen Tor (bei der heutigen Hirschbrauerei) nach Sankt Moritz gelegen und unterhalb des Spitals in die Stadt mündend, verband die beiden Stadtteile. Die Ausdehnung Ehingens in dieser Zeit ist schwieriger zu bestimmen.

So klein und überschaubar die Stadt vor dem Ankommenden lag, sie muß mit ihren Mauern, Toren und Türmen, mit ihren Kirchen und Kapellen und dem auf dem höchsten Punkt gelegenen Schloß wehrhaft und bedeutend ausgesehen haben. Nahte er von Osten, so mußte er beim Hohen Rain am Symbol ihrer Gerichtshoheit vorüber, am Galgen. Sieben zumeist Doppeltore führten in die Stadt: das Sülcher, Kiebinger und Wörthtor, das Obere oder Hechinger Tor, das Jupitertor (später Kapuzinertor genannt), das Neckartor bei der oberen Brücke und das Kalkweiler Tor. Und jedes zeigte eine andere Gestalt; dazwischen unterbrachen runde, weit in den Stadtgraben vorspringende Türme die mit Wehrgang versehene Ringmauer. Indes scheint bei den Rottenburgern wie einst bei den Spartanern mehr Verlaß auf Bürgersinn und Tapferkeit gewesen zu sein, als auf die Stärke der Stadtmauer; denn 1563 war sie beim Kiebinger Tor auf eine weite Strecke hin eingefallen. Und Lutz von Lutzenhart meldet anno 1609: »Die Ringmauern und Kriegswehren möchten gleichwohl die harten Stürmungen und Krieg nit ufhalten, dann sie weder hoch noch sonderlich dick sind. Doch steht der Stadt Feste an Einträchtigkeit der Gemüther, dann wann die Bürger einmütig sind, mag sie keines Feindes Menge bewältigen, zweiträchtige aber sind leicht zu bekriegen.«

Das Weichbild der Stadt durchzog als Hauptachse die heutige Königstraße, von der Gassen und Gäßlein dem Neckar zu steil abfallen, während auf der andern Seite Staigstraßen und Treppengäßlein zum Schloß und in die andere Hauptstraße, die Obere Gasse, hinansteigen. Die Linie der Straßenzüge war, wie heute noch, gebrochen und verwinkelt; die oberen Geschosse der Häuser sprangen vor, Erker ragten naseweis aus den Mauern, Kellerhälse wölbten sich weit auf den Gehweg hinaus, und in bäuerlichen Vierteln säumten ihn rechts und links nahrhafte, aber nicht sehr wohlriechende »Mistene«.

Überhaupt entsprachen die Straßen einer mittelalterlichen Stadt heutigen Ansprüchen an Sauberkeit und Hygiene nur notdürftig – das Wort in jedem Sinn genommen. Morgens wurde auf ihnen das Vieh ausgetrieben, auch führte man dies zur Tränke an die offenen Brunnen, die Schweine genossen beträchtlich größere Freiheiten in den Gassen als heute, ebenso Hühner, Gänse und Enten. So klagt die »Reformierte Polizei-Ordnung« von 1609, die auf die Mitte des 16. Jahrhunderts zurückgeht, die Verordnungen, wonach die Gassen sauber und frei gehalten werden sollen, würden nur schlecht befolgt: weil aber »solche Wüste und Unsauberkeit nit nur gemeiner Stadt insgemein verkleinerlich und zu Sterbens-Läufen gar gefährlich« sei, so werde jetzt endgültig verordnet, daß wenigstens die Hauptstraße vom Sülcher Tor bis zum Oberen Tor ganz freigelassen und sauber gehalten werde, Misten seien an ihr nicht erlaubt, zu Herbstzeiten dürften keine Trester auf sie geschüttet werden, vor jedem »Hausgesäß« sei wenigstens alle Samstag und Feierabend zu kehren und der Kehricht abzuführen; dies Gebot gelte auch für Wagner, Küfer, Schindler und dergleichen Handwerker hinsichtlich ihres Abfalls usw. Immerhin scheint es damals gepflasterte Straßen in Rottenburg gegeben zu haben: »Die Gassen in der Stadt sind nit zu eng, noch auch zu weit, sondern daß die Wägen mögen nebeneinander hinkommen; sie werden auch durch die Wagenräder nit zerfahren, sondern wo einer herkommt, sind die Gassen gepflastert« (Lutz). Bei festlichen Anlässen belegte man den Marktplatz und den Gehweg mit Stroh.

Nächtliche Straßenbeleuchtung war unbekannt. Die Stadttore wurden abends geschlossen und durften nachts »nicht ohne besondere Bewegung« aufgesperrt werden. Kamen aber Personen »um ehrenhafter Ursach« vor dem Tor an, so sollten »selbige zuvörderst durch die Wächter dem Amtmann mit Wahrheit vorgeführt, Wahrzeichen abgeholt und alsdann den Torschließern zu öffnen erlaubt sein«. Und selbst dies galt nur für das Obere und Sülcher Tor, die andern blieben von abends bis morgens zu. Ohne Ehrenkränkung gesagt: auch Rottenburg dürfte in vielem einem großen, ummauerten Dorf geglichen haben.

Um so herrenmäßiger ragten neben den schlichten Holz- und Fachwerkhäusern der Landwirtschaft oder ein Kleingewerbe treibenden Bewohner die Häuser und Höfe der Geschlechter und ratsfähigen Bürger auf. Das Herz der Stadt war der Marktplatz, den der mehrfach erwähnte Lutz also bereimt:

In der Stadt auch gefunden wird
der schönste ausgehau'ne Brunn,
ihm keiner wird wohl gleichen tun
auf zehen Meilen um und um
gerechnet in dem Zirkel rum.
Dabei Sankt Martins Kirchen staht,
daran es ein' großen Christophel hat;
ein Turm, so ganz und gar durchbrochen,
mit schöner Arbeit gehaut und gestochen;
ein groß Rathaus von Holz gebauen,
von Vielen für ein Wunder z'schauen;
dabei ein großer Platz und Markt
mit schönen Häusern umbauen stark.

Mehr, als daß es ein stattlicher Holzbau gewesen, der auf fünf steinernen Bögen ruhte, und daß sich an seiner Ecke gegen die Herrenstube zu der Pranger befand, weiß man vom alten Rottenburger Rathaus nicht. Doch muß es sich dem Lützenharter nach auf dem prächtigen, mit Brotlauben* umgebenen Marktplatz sehenswert ausgenommen haben.

Hier tagte das Stadtregiment: zwei Bürgermeister und 24 Ratsherren oder Richter. Das Stadtsiegel war zwei Ratsherren anvertraut; damit zu siegeln war ein feierlicher Akt: außer dem Siegler mußten zwei, bei Beurkundungen für Nichtbürger sogar sieben Richter anwesend sein. Trotzdem war das Hauptlaster unserer modernen Welt, der Bürokratismus, jenen Zeiten fremd; auf den Amtsstuben saßen keine Paragraphenreiter mit papierenen Seelen, sondern herzhafte Mannen aus Fleisch und Blut, jederzeit bereit, vor, zwischen und nach den Amtsgeschäften mit einem Umtrunk dienstlichen Ärger hinabzuspülen oder sich im Wein Erleuchtung zu holen. Die Sitte, jedes bedeutendere Geschäft feuchtfröhlich zu beschließen, nahm mit der Zeit so überhand, daß schon im 16. Jahrhundert eine Polizei-Ordnung dagegen Front machte: sie stellt die »unnötige gemeine Gastung«, die bisher in Schwank gewesen und bei welcher die neugewählten Ratsherren »zu der gemeinen Raths- und Gerichtsergötzung« auf dem Rathaus eine Mahlzeit zu geben hatten, wenigstens auf dem Papier ab, verbietet auch den Weinkauftrunk von Schultheiß, Bürgermeister und Rat, bei dem »unleidentliche Uncosten« aufgewandt worden, und bestimmt: »die ärgerliche Morgensuppen und Zehrung vor dem Rath sollen ganz abgeschafft sein; wenn je einer so blöden Hauptes wäre, daß er nit so lang nüchtern bleiben könnte oder wollte, mag sich anheimbisch, ehe und zuvor er in Rath gehet, etwas erquicken.«

* Ein Eintrag im »Stadtgerichtsbuch« aus dem Jahre 1692 bestimmt: »die Beckhen sollen ihr Brot nit mehr vor dem Rathhause, sondern in den Brotlauben faihlhaben.«

Bürgermeister und Rat hatten Gewalt, mit Edelleuten und Rittern in dem von Wendelsheim nach Rottenburg verlegten Landgericht Recht und Urteil zu sprechen, doch mußte dies bis 1498 unter freiem Himmel (an der Königstraße) geschehen; von diesem Jahr an durften auf Grund eines Privilegs von Kaiser Maximilian auch Malefizprozesse in der Gerichtsstube verhandelt werden – allerdings bei offener Türe.

Neben dem Landgericht bestand im 16. Jahrhundert noch ein Hofgericht, das, wie die Audienzen, jeden Donnerstag und Samstag auf dem Schloß gehalten wurde.

Bei der Spitalkelter stand die Lateinische Schule, in der auch Luthers wortgewaltigster Gegner, Dr. Eck (Luther vergaß immer den Punkt zu setzen, wogegen der andere seinen Namen »Luder« schrieb!), gedrillt worden war, so daß er als noch nicht Dreizehnjähriger die Heidelberger Hochschule beziehen konnte. Auch eine Deutsche Schule und sogar eine Judenschule muß damals schon bestanden haben. »Ferner«, sagt Rottenburgs Lobredner Lutz, »haben sie nicht unachtbare Plätz, da die Burger zusammen kommen, da man allerlei feil hat, kaufet und verkaufet; allda hat's auch lautere Brunnen mit reinem und süßem Wasser, so man Galg- oder Schöpfbrunnen nennet, der Röhrenbrunnen hat's auch etliche . . .«

Das in keiner mittelalterlichen Stadt fehlende Frauenhaus unterstand in Rottenburg nicht dem Rat, sondern dem Scharfrichter. Bäder und Badestuben gab es mehrere; das Baden galt unsern Vorfahren jener Tage nicht nur als hygienische Angelegenheit, sondern auch als Lustbarkeit: man speiste, trank und musizierte in fröhlicher Gesellschaft im Holzzuber sitzend. Im Jahre 1523 errichtete Joseph Wigolt die Apotheke zum »Einhorn« in der Stadt, der neben Badern und Chirurgen auch die Ärzte nicht gefehlt haben.

Die Schilder zahlreicher Wirtshäuser und Herbergen luden den Bürger zum Abendschoppen und boten den Fremden Quartier; es gab eine Wirtschaft »Zum Schwanen«, »Zum wilden Mann«, »Zur Sonne«, »Zum Bären«, »Zur Chanten« (= Kanne), »Zum Storchen«, »Zum Paradeyß«. Übrigens mußte, wer Wein schenkte, zum Schultheiß kommen und schwören, daß er der Herrschaft Umgeld entrichten, den Leuten das rechte Maß geben und rügen wolle, was rügbar sei, worauf er dem Schultheiß ein Maß Wein zu spendieren schuldig war. Zweierlei Wein aus einem Keller zu schenken, war nicht gestattet, ausgenommen weißen und roten, der »eines Landes« war.

Abends und an Markttagen herrschte in den Wirtschaften Lärm und Umtrieb, Handwerker und Weingärtner, Fahrende und Ritter, Bürger und Kleriker saßen an den rohen Tischen vor dem Becher Neckarwein und erzählten sich unter schallendem Gelächter die derben Schwänke, die jene Zeit so liebte; oder man lauschte mit offenem Maul einem Fahrenden, der von Meerwundern, seltsamem Getier und unglaublichen Abenteuern in fremden Ländern erzählte; manchmal setzte es auch Tumult und Krakeel, wenn einer beim Würfeln das Glück korrigierte oder ein allzu keckes Wort fallen ließ.

Die Herren aber hatten ihre Herrenstube. Sie stand am Marktplatz an der Stelle des ehemaligen Entreßschen Hauses. Eine Freitreppe soll vom Markt aus in den ersten Stock geführt haben. Bunte Glasfenster aus der Werkstatt Rottenburger Meister, darunter die Wappen der vornehmsten Mitglieder, schmückten die Räume. Man sah die Wappen des Erzhauses Österreich – sowohl Kaiser Maximilian wie Frau Mechthild gehörten der Gesellschaft an –, der Grafen von Zollern, derer von Ehingen, Bubenhofen, Gültlingen, Hailfingen, Ow, der Keller, Walch, Has, Hipp, Lutz, Wendelstein, Wiech, Holzapfel, Stain und anderer.

Kaiser Ferdinand hat im Jahre 1535 der Rottenburger Herrenstube »zur Erhaltung guter Manneszucht, Gesellschaft und Einigkeit« eine Stubenordnung gegeben. Der Lützenharter versichert, man habe dort wenig Laster verübt, »es seien denn etliche dem Aette Bachus und Frau Venus zu viel ergeben«. Aus besagter Stubenordnung ersieht man, daß es aber noch andere Laster zu rügen gab.

Vier Stubenmeistern oblag die Oberaufsicht und die Verwaltung; sie hatten dem Amtmann in die Hand zu geloben, alle Artikel der Ordnung »nach Kräften zu Nutz und Frommen der Gesellschaft getreu und ohne Betrug zu handhaben«. Sie und ein Ausschuß von zwölf Mitgliedern hatten das Recht, Späne zu schlichten, zu strafen und aus der Gesellschaft auszuschließen. Ein Stubenknecht, der freie Wohnung und Lohn erhielt, war als Diener der Gesellschaft angestellt. Einen eigenen Wirt hatte sie nicht, jeden Abend mußte der Stubenknecht ein Mitglied »nach Ordnung der Tafel« zum Wirt für den nächsten Tag ausrufen. Wer sich weigerte oder sein Tagesamt nicht antrat, bezahlte einen Schilling Strafe. Streng verboten war auf der Herrenstube das Hauptlaster der Zeit, das Fluchen und Schwören. Darauf stand eine »Pön« von drei Pfennig, ganz saftig nach damaligem Geldwert. Solange einer nicht bezahlte, durfte er die Stube, nicht mehr betreten. Ein anderes Übel jener Tage ließ sich nicht einfach verbieten: die Spielleidenschaft. So suchte die Ordnung wenigstens dahin zu wirken, daß es dabei ehrlich und manierlich zuging. Mögen auch die Herren Ritter nicht in ihren Blechhandschuhen gespielt haben, das »Dreinschlagen« mit der trumpfbewehrten Faust scheint dennoch dem Mobiliar nicht gut bekommen zu sein. Deshalb durfte der Stubenknecht die Karten und Würfel auf keinen anderen Tisch legen, als auf die »Scheibe«, wie man den besonders kräftigen Spieltisch hieß, es sei denn, es wären zu viele Besucher dagewesen und der Stubenmeister hätte seine Erlaubnis gegeben.

Um 9 oder 10 Uhr abends hatte der Knecht abzubieten und durfte nicht mehr weiterspielen lassen. An den Vorabenden der Sonntage, Zwölfbotentage, der Marien- und gebotenen Feiertage »so man in der Pfarrkirche am Markte zur Vesper zusammengeläutet hat, soll der Stubenknecht Würfel, Karten, Brett- und alle anderen Spiele aufheben bis morgens nach beschehenem Amt«. Auch soll er während dieser Zeit die Stube geschlossen halten. Auf Pfand, Lehen oder Borg zu spielen, war untersagt. Falschspieler soll man, wenn man ihrer Praktik gewahr wird, den Amtleuten und vier Stubenmeistern anzeigen; diese entscheiden, ob der Fall »das Malefiz«* berührt oder mit der herkömmlichen Strafe gerügt werden konnte.

Bei Streit und Händeln sollen die Anwesenden schlichten. Trug sich jedoch auf der Stube ein blutiger Frevel zu, so sollten nur die Amtleute und vier Stubenmeister eingreifen und strafen. Von den Strafgeldern fiel ein Drittel an das Landschreibereiamt, der Rest in die Stubenkasse. Malefizfälle mußten vor das ordentliche Gericht gebracht werden.

In »Bebels Bibel« steht ein Schwank, der allem Anschein nach die Rottenburger Herrenstube zum Schauplatz hat; in der erweiterten deutschen Fassung eines Schwankbuches aus dem 16. Jahrhundert illustriert er wie ein Holzschnitt das dortige gesellige Treiben: Ein Hechinger Schuster, ganz frisch zum Bürgermeister gewählt und nicht wenig stolz auf seinen Titel, sitzt in Rottenburg in einer Gesellschaft beim Zechen. Es verdrießt ihn, daß ihm niemand »mit billigem Titel eines Bürgermeisters Ehr erzeigt«. Als er nun den vorgesetzten Wein probiert, sagt er laut, dies sei der gleiche Wein, den sie neulich bei seiner Bürgermeisterwahl daheim auch getrunken hätten. Offenbar wurde dies aber überhört. »Nit lang darnach, als der Wein eingeht und der Witz außer schleicht, fing der Burgermeister mit seinen Mitburgern ein groß Geprächt und Geschrei an, das die Einheimischen auf der Stuben verdroß; hießen also den Stubenknecht ihm sagen, er sollte das Geschrei und Wesen unterlassen. Es half aber nit, er macht's

* Das Strafgesetz.

je länger, je größer. Nun saßen nit weit von ihm zwei Burger, die spielten im Brett. Der Eine – ich denk', es war der, so verlor – ward unlustig und sagt ihm, was er für ein grober Esel wär, daß man's ihm so oft umsonst untersagt hätte. Der Bauren- oder Burgermeister sagt, er säße in seinem Zech, was er ihm dreinzureden hätt, summa: er wolle von ihm unverachtet sein, denn es gebühre ihm nit. Der Brettspieler fragt, wer er denn wäre. Sprach er: »Ich bin der Burgermeister von Hechingen.« Worauf der Spieler anfing zu lachen: »Ha, ha, bist du Burgermeister zu Hechingen, so bist du wahrlich ein närrischer, grober und ungezogener Burgermeister. Hättest du gesagt, du wärest der Mohren oder Säu Burgermeister, das hätt ich eher geglaubt. Wenn du der Witzigst zu Hechingen bist, was müssen dann die andern für närrische Leut sein!« Nahm seinen Rock und ging und ließ den Burgermeister weiterschreien.«

Einige Wachstafeln mit Namen und Zechen von Besuchern der Rottenburger Herrenstube sollen sich zu Anfang des letzten Jahrhunderts noch in Stuttgart befunden haben. Heute sind sie spurlos verschwunden – die Zeit tilgt alles, sogar Schulden. Unter den vielen Antiquitäten aber, die einst das alte Haus auf dem Platz der einstigen Herrenstube gefüllt haben, war der *genius loci* nicht die geringste. Daß es auf dem Heimweg von Zechen und Trinkstuben nicht immer ohne Lärm und »Unfuhr« abging, erzählt uns die bereits genannte Polizei-Ordnung von 1609, wenn sie sich gegen das »nächtliche Stromen, Streifen und Schwärmen auf der Gassen im Übermaß«, gegen die Mißachtung der hl. Zeiten usw. wendet, »wie solche Freiheit und Üppigkeit mit Schreien, Jauchzen, Schwören, schändlich Schmähen, Raufen und Schlagen, item Vertragung und Beschädigung des gemeinen Manns Sache vor den Häusern und dergleichen Ungebühr eine Zeit lang geübt worden«.

Den Hauptteil der Bevölkerung machten Landwirtschafttreibende, Weingärtner, Handwerker und Gewerbsleute aus. Da sämtliche Bedarfsgegenstände des täglichen Lebens in der Werkstatt hergestellt wurden – Großbetriebe gab es ja nicht –, und die Stadt bei fehlendem Fernhandel ein geschlossener, ganz auf sich und ihre bäuerliche Umgebung gestellter Wirtschaftskörper war, so kam dem Handwerk und Gewerbe eine überragende wirtschaftliche Bedeutung zu. Im Laufe der vorausgegangenen zwei Jahrhunderte hatten sich deren Angehörige auch die entsprechende politische Stellung erkämpft. In Rottenburg wird diese Entwicklung wesentlich nicht anders verlaufen sein, als in andern Städten, mögen auch die Ständekämpfe hier, wo ein Herr oder dessen Stellvertreter mäßigend und ausgleichend über den Parteien stand, nicht mit letzter Erbitterung ausgetragen worden sein. Als Ergebnis gab es in der ersten Hälfte des 16. Jahrhunderts in Rottenburg 24 von der Bürgerschaft gewählte Ratsherren, die ihrerseits wieder die beiden Bürgermeister wählten; und wenn wir von 1555 an sogar vier Bürgermeister, von denen je zwei ein halbes Jahr amtierten, und neben dem alten Rat noch einen Großen Rat von 48 Mitgliedern finden, so ist diese Neuerung kaum anders zu deuten, denn als eine Ausdehnung des Anteils am Magistrat auf weitere Schichten. Über den Wohlstand in Rottenburg läßt sich der Lutzenharter also vernehmen: »Soviel aber den Feld- und Ackerbau, auch Wein und Wieswachs, sodann Gartenwerk, Bewäldung, Viehzucht und dergleichen, not- und nutzbarliche Herrlichkeit belangen tut, ist dieser Ort Lust und Fruchtbarkeit halber vielen andern vorzuziehen.«

Was das städtische Kleinbürgertum befähigt hat, als geschlossener Stand aufzutreten, ist seine straffe Organisation in den Zünften gewesen. Das Mittelalter mit seinem Hang zum Zusammenschließen und Einordnen ließ dem Einzelnen wenig Bewegungsfreiheit in der Berufsausübung und forderte von ihm unbedingte Unterwerfung unter die Bindungen und Beschränkungen seiner ständischen Körperschaft, eben der Zunft, die weitgehend in seine Lebensführung eingriff, ihm dafür allerdings auch seine, wenn auch bescheidene, Existenz sicherte. Nicht jedes Handwerk und Gewerbe war eine eigene Zunft, oft schlossen sich mehrere in einer zusammen. Sie hatten ihre Satzungen und Bräuche, auf deren Einhaltung streng gesehen wurde, stellten auch für die Aufnahme gewisse Bedingungen. Bei viel Gesundem und Vernünftigem enthielt dieses Zunftrituell allerlei Absonderlichkeiten und viel leeren Formelkram, was um so stärker hervortrat, je mehr die Verhältnisse und Anschauungen, aus denen es erwachsen war, sich änderten. Aus der Handwerksordnung für Vorderösterreich von 1732 erfahren wir, was die Zünfte an Eigenheiten aus dem Mittelalter bis in das 18. Jahrhundert mitgeschleppt hatten. Sie rügt die bei der Lossprechung der Lehrbuben geübten »seltsame, theils lächerliche, theils ärgerliche und unehrbarliche Gebräuche als Hobeln, Schleiffen, Predigen, Tauffen, wie sie es heißen, ungewöhnliche Kleidung anlegen, auf den Gassen herumführen ... und dergleichen; ingleichem«, fährt sie fort, »so halten sie auch auf ihren Handwerks-Grüßen, läppische Redensart, und andere dergleichen ungereimte Dinge so scharf, daß derjenige, welcher etwa in Ablegung oder Erzählung derenselben nur ein Wort oder Buchstaben fehlet, sich alsobald einer gewissen Geldstraf untergeben, weiter wandern oder wohl öfters einen fernen Weeg zuruck lauffen und von dem Ort, wo er hergekommen, den Gruß anderst hohlen muß ...«

Bei den Zinngießergesellen z. B. mußte der freizusprechende Lehrbube über einen Stuhl springen, sich Wein über den Kopf gießen und einen Backenstreich versetzen lassen und dafür noch zehn oder zwölf Gulden berappen.

Vor allem will die angeführte Ordnung folgende Mißbräuche abstellen: den »blauen Montag«, das Gesellengericht über die Meister, die eidliche Bindung an der Zünfte Heimlichkeiten, die Verfertigung »ohngebührlich kostbarer und unnützlicher Meisterstücke«, die Unredlicherklärung von Gerbern, die Hundshäute verarbeiten, ferner von solchen, die einen Hund oder eine Katze totgeworfen, geschlagen oder ertränkt, ein Aas angerührt, oder – selbst unwissentlich – mit einem Abdecker getrunken haben, ihm zur Leich gegangen sind, Selbstmörder abgeschnitten, aufgehoben oder zu Grab getragen haben, althergebrachte Bräuche, die zu polizeiwidrigen Mißbräuchen geworden waren.

Neben der Wahrung ihrer ständischen Interessen und der Oberaufsicht über Meister, Gesellen und Lehrlinge betätigen sich die Zünfte genossenschaftlich und caritativ: es gab eine Unterstützungskasse für kranke und hilfsbedürftige Zunftgenossen; verstorbenen Mitgliedern wurde mit einem Betrag aus der Zunftlade notfalls zu einem ehrlichen Begräbnis verholfen. Auch erhielten fremde Angehörige des Handwerks, die vorsprachen, aus der Lade ihren Zehrpfennig. In der Öffentlichkeit trat die Zunft als geschlossener Stand auf, so bei den im Mittelalter nicht seltenen Prozessionen mit der Zunftfahne, auf die der Patron der Zunft (bei den Schuhmachern St. Crispinus) und das Zunftwappen (bei den Bäckern die von zwei Löwen gehaltene, gekrönte Bretzel) gemalt oder gestickt waren. Sie hatten in den Kirchen ihre eigenen Altäre, ja oft eigene Kapellen; die Rottenburger Schuhmacherzunft zum Beispiel besaß das Patronatsrecht über die Heiligkreuzkapelle vor dem Sülchertor, die 1795 geschlossen und später abgebrochen worden ist. Ihre geselligen Zusammenkünfte hielten sie in eigenen Zechen und Trinkstuben unter dem über dem Tisch aufgehängten Zunftschild.

Nach einer alten Zunftordnung der Rottenburger Metzger mußten die Meister jedes Jahr am Lorenztag (10. August) zum Zunftjahrestag in geziemender Kleidung beim Zunftmeister zusammenkommen und in die Zunftlade 30 kr. entrichten. Man verlas die Handwerksartikel und legte die Jahresrechnung; dann konnte jeder Meister vorbringen, was ihm wichtig schien. Zum Beschluß ward der Meisterschaft ein ehrlicher Trunk verstattet: eine Halbe Wein und ein Kreuzerbrot.

Das »Freisprechen« der Lehrlinge nach dreijähriger Lehrzeit geschah nach zünftigem Brauch unter vielen »Mit Gunst« und »Mit Verlaub« vor offener Lade. Um Meister zu werden, mußte der Geselle vor versammeltem Handwerk seine Befähigung erweisen, dazu gehörte, daß er ein Landeskind oder in Rottenburg eingebürgert sei, das Handwerk ordentlich gelernt habe und bei einem Rottenburger Meister in Dienst gestanden sei, sich auch treu und ehrlich gehalten habe. Als Meisterprobe mußte er an einem Schlachttag vor dem Handwerk einen Ochsen dem Gewicht nach schätzen, wobei er um höchstens 20 Pfund fehlen durfte, sowie ein Schwein untersuchen. Keiner sollte als Meister angenommen werden, der nicht wenigstens eine halbe »Bank« und genügend Bargeld zum Ankauf von Schlachtvieh besäße. Heiratete ein junger Meister, so war er gehalten, am Nachhochzeitstag allen Meistersfrauen und -witwen den »Pfeffer«, das heißt: ein Essen, zu geben. Dieser Pfeffer war auch bei den Rottenburger Rotgerbern zunftüblich.

So sehr die Zünfte das Selbstbewußtsein ihrer Mitglieder kräftigten, und so groß der Anteil ist, den der »gemeine Mann« im späten Mittelalter nach dem Zerfall der ritterlichen Lebenshaltung an der Entwicklung einer volkhaften, auf Tüchtigkeit, Bürgersinn, herzwarmer Frömmigkeit und derben Lebensgenuß gegründeten Kultur genommen hat, es war doch viel Enges, auf den Umkreis des eigenen Kirchturms Beschränktes im zünftigen Wesen. Man scheint sich dessen auch bewußt gewesen zu sein und schickte darum den Jung-Gesellen zum Ausgleich auf die Wanderschaft, sich fremden Wind um die Nase wehen zu lassen; die wenigsten blieben schon in Ulm hängen wie jener Rottenburger Schustergeselle, von dem in der Zimmerischen Chronik die Rede ist.

Aber allen mittelalterlichen Eifer, das Leben in festgefügte Formen zu pressen und seine gesellschaftliche Ordnung für immer zu stabilisieren, also daß jeder bei seinem

Leisten bleibe, machte das Allzumenschliche immer wieder zuschanden. Ein Beweis dafür sind die zahllosen Kleiderordnungen. – Strenge, aber romantische Catonen nehmen deren Vorschriften allzu leicht für bare Münze und folgern: wie auf dem Papier müsse es auch in der Wirklichkeit gestanden sein. Umgekehrt ist auch gefahren: Vorschriften beweisen höchstens ihre Notwendigkeit. Das Ideal, nach dem jeder Stand an seiner Tracht kenntlich sein sollte, galt auch den Rottenburgern und sicherlich noch mehr den Rottenburgerinnen, als erstrebenswert immer nur im Hinblick auf die unter dem eigenen Stand Stehenden; im eigenen Auftreten suchte man, soweit es der Geldbeutel erlaubte, und nicht selten auch darüber hinaus, den höheren Ständen zu gleichen. Im Jahre 1514 erließ Maximilian für seine Herrschaft Hohenberg eine Polizeiordnung wider die »unordentlich Köstlichkeit der Klaidung«; darin heißt es: in Kleidung und Gezierden wolle sich ein Stand über den andern erheben und der Geringe sich dem Höheren gleichsetzen, wodurch die Leute zur Hoffahrt gereizt und die Unvermöglichen entweder zur Nachahmung oder doch zur Unzufriedenheit bewegt und an ihrem Vermögen »höchlich erschepft« würden. Die Ordnung sei erlassen worden, »solchen sündlichen und gemeinen, auch hochnachteiligen, schädlichen und verderblichen Mißbrauch abzustellen und Hochmut, Unwillen und Ärgernis zu verhüten«.

Nach ihr durften »Baurleute auf dem Lande«, auch ihre Weiber und Töchter, kein »wullen Tuch«, teurer als 3 rheinische Gulden die Elle, zu Röcken oder Mänteln verarbeiten lassen; Mannshosen und Weiberjoppen und Goller dagegen konnten aus besserem Wolltuch sein – bis zum Preis von 1 römischen Gulden die Elle. Barchent mochten sie gebrauchen und tragen, so viel sie wollten, aber alles »unverbrämt, unzerteilt und unzerschnitten«. Alles geschlagene, gezogene, gesponnene Gold und Silber, Ganz- und Halbseide, »Schamlot, Harras, Vorstatt, Sattin und dergleichen« war ihnen verboten. Doch sollten ihre Weiber und Töchter ihre Kleider »oben herumb« mit besserem Stoff, aber höchstens drei Finger breit, verbrämen, auch samtene und seidene Haarbändel tragen dürfen. An Pelzwerk gestattet die Ordnung dem Bauern nur »Fuchsklauen«, Lämmer und Gaißen und »dergleichen schlecht Gefüllwerk«.

Die Bürger und Einwohner von Städten und Märkten kamen schon etwas besser weg; zwar blieb auch ihnen Gold, Silber, Perlen, Seide und »Schamlot« verwehrt, doch durften ihre Weiber und Töchter bereits einen halbenellenbreiten Kleidsaum oben oder unten herum aus Samt, Atlas, Harras, Satin oder aus »Fehwammen« (Eichhörnchen) anbringen und Krägen mit seidenen »Vornäht« und Schleier mit goldenen »Leistlen« – nit über zwei Finger breit – tragen. Sogar Ringe im Gesamtwert von 10 rheinischen Gulden waren ihnen gestattet.

Bürgern aus ratsfähigen Geschlechtern oder sonst vornehmen Herkommens, »so sie kein Handwerk treiben«, stand eine Samt- oder Atlasverbrämung an Rock, Mantel und Kappe zu; Röcke aus Damast, Atlas oder Seide, ebenso Gold und Silber gebührte ihnen nicht. Statt Zobel, Hermelin und ähnlichen kostbaren Futtern sollen sie Fehwerk und Marder gebrauchen. Goldene Ketten und ganze Silberscheiden, an langen oder kurzen Wehren, und samtene Paradeschuhe zu tragen, »auch Seiden unter die Hosen zu füttern«, war ihnen verboten. Die Oberröcke ihrer Weiber sollen höchstens aus Satin oder Taft sein, die Joppen aus Atlas oder »anderlei geringer Seiden«. Und durften sich diese ehrsamen Bürgerinnen auch nicht mit Kleinoden und goldenen Armbändern schmücken, so blieben ihnen doch Goldketten bis zu 50 Gulden Wert unverwehrt.

Zur Erhaltung der Unterschiede sollen sich Advokaten, Sekretäre, Pfleger, Vögte und Amtleute wie vornehme Bürger, die Räte aber wie die vom Adel halten.

Denen vom Adel und von der Ritterschaft genehmigte die Ordnung samtene Röcke und andere Seiden, sowie Goldketten bis zu 200 Gulden Wert; von Rauchwaren verbot man ihnen nur den Zobel. Aber die Kleider mit goldenem oder silbernem Tuch, mit Schnürwerk und Posamenten zu verzieren, blieb einzig den Höherstehenden vorbehalten. »Ganz samtene Hosengesäße« machten den Träger strafbar. Nur wer Ritter war, durfte Gold an den Sporen, an der Wehr und am Pferdezeug zeigen.

Ihren Hausfrauen sollen die vom Adel und Ritterschaft höchstens drei seidene Ehrenröcke machen lassen; besäßen sie aber deren bereits mehrere, so sollten sie die für ihre Töchter behalten dürfen – ein Hintertürlein, durch das manche Rittersfrau geschlüpft sein mag! An Ketten, Haften, Hals- und Armbändern, Ringen und andern Kleinoden mochten sie einen Gesamtwert von 300 Gulden auf sich tragen, dazu an Goldborten und Gürteln weitere 50 Gulden; eine solcherart verzierte Edelfrau muß bei dem damaligen hohen Kaufwert des Geldes geglitzert haben wie eine Juweliersvitrine.

Grafen und Herren aber sollen sich zur Unterscheidung von den Fürsten ganzer goldener oder silberner Stücke enthalten; wer die Ritterwürde besaß, war berechtigt, sein Wams mit Gold zu verbrämen. Goldene Ketten an den Baretten zu tragen, hatten einzig Fürsten das Recht.

Die Ordnung gab allen Ständen ein Jahr Frist, die alten Kleider aufzutragen; darnach setzten für Überschreitung ihrer Vorschriften die Strafen ein: beim ersten Male betrug die Pön den 10. Teil vom Wert »des verbotten ganzen Kleids oder Gezierds«, beim zweiten Male die Hälfte, und ließ man sich ein drittes Mal erwischen, so hatte man den ganzen Wert »des Kleids, Gezierds oder Kleinods, es sei von Gold, Silber, Edelgestein, Seiden, Gefüllwerk oder anderem«, zu entrichten. Von den anfallenden Strafgeldern bekamen ein Viertel der Anzeiger, zwei Viertel die Armen und den Rest die Obrigkeit. Zum Schluß droht die Ordnung noch, alle Handwerker, die verbotene Kleidung, Gezierde und anderes ihren Artikeln Zuwiderlaufendes wissentlich für jemand machen, »darumben strenklich zu straffen«. Geholfen wird's wenig haben, denn erst mit der Französischen Revolution hörten die Kleiderordnungen auf.

Dieselbe maximilianische Ordnung versuchte noch einem anderen Übel der Zeit zu steuern: dem übermäßigen Festen. Der mittelalterliche Mensch, den so vielerlei bedrückte: Hölle und Teufel, Dämonen und Hexen, Landesherren und Vögte, Raubritter und Wegelagerer, Seuchen und »große Sterben« und nicht am wenigsten die Enge der Wohnung und die noch ungebändigten Elemente, schuf sich in den zahlreichen kirchlichen Feiertagen (freilich war die Zahl der Fasttage noch größer) und in den Hoch-Zeiten, an denen er wichtige persönliche Ereignisse festlich beging, ein Gegengewicht gegen die Last der sorgenvollen Wochen. Und er war im Festen nicht weniger robust als im Leiden. Was müssen diese Menschen für Mägen gehabt haben! ruft man unwillkürlich, wenn man die Speisezettel mittelalterlicher Festmähler liest. In dieser derben Lust an ungeheuerlichem Essen und Trinken glichen sich alle Stände, Fürsten, Geistliche, Herren, Bürger und Bauern. Und auch darin wollte es der Kleine dem Großen gleichtun, wenigstens an Quantität. Tranken die Herren die teuren Rhein- und Moselweine, französischen Muskateller und Malvasier, italienischen Rivaglo (Reifal) oder den beliebten Zyperwein, so konnte der gemeine Mann mit dem wohlfeilen Neckarwein genau den gleichen Effekt erzielen. In einem für unsern Gaumen kaum mehr genießbaren Ausmaß verwandte man auch die damals recht kostbaren Gewürze, Pfeffer, Zimt, Nägelein, Muskat, Safran, Ingwer.

Die Unkosten bei Hochzeiten, Patenschaften und Kindelmalen (Taufessen – man merkt die Innsbrucker Herkunft des Erlasses) rissen klaffene Löcher in die Geldbeutel und führten »zu merklicher Ringerung und Verschwendung des zeitlichen Vermögens«. So sollten denn nach der genannten Polizeiordnung die von der Ritterschaft und vom gemeinen Adel »zu ihrer hochzeitlichen Ehr und Freude« über 32 Personen, Grafen und Herren aber über 40 Personen nicht laden, Jungfrauen und Diener abgerechnet; dabei durften erstere 7 bis 8, die andern 10 bis 12 Gerichte geben. Grafen und Herren sollten nicht mehr als 4, Edelleute 3 Mahlzeiten halten und »damit ihre Hochzeit enden«.

Ansehnliche Stadtbürger und Kaufleute durften eine Mahlzeit mit 6 Gerichten und, außer den Kindern, 24 Gästen halten, während die ganz gewöhnlichen Sterblichen, Handwerker, Bauersleut und Hauer auf dem Lande, ihren 16 Hochzeitsgästen nur 4 Gerichte vorsetzen konnten; »sie mögen, wenn sie wöllen, des Abends zu einem Tisch die nächsten Freund haben und des andern Tags morgens das Hochzeitsmahl halten«.

Die Taufessen, »so bisher mit großem Gepräng, Unkosten und unnotdürftiger Verschwendung gehalten worden«, müssen überhaupt aufhören; doch mögen die Kindbetterin und ihr Mann »ihre Aeltern, Geschwisterig und Gevattern zu dem Kindelmahl laden«.

Auf »verbottene sträfliche Hochzeiten« setzt die Ordnung hohe Strafen, von 10 Gulden für den Bauern bis zu 50 Gulden für Grafen und Herren; diese Gelder sollen ebenfalls unter Anzeiger, Arme und Obrigkeit verteilt werden. Im übrigen will sie »gar niemand verschonen«.

Es war ein buntes, reiches und dennoch bescheidenes Leben, das sich im spätmittelalterlichen Rottenburg entfaltete mit Edelleuten, Ratsherren, Rittern, Klerikern, Handwerkern, Weingärtnern, Kaufleuten, Bauern, Mönchen und Nonnen, mit fleißigem Werkstattlärm und Markttrubel, mit derbem Gelächter in den Trinkstuben, ritterlichem Hufschlag in den Gassen, feierlichem Glockenklang und fröhlich lauten Festen. Von diesen aber gilt, wie für das ganze Mittelalter so auch für Rottenburg, das Wort Johannes Bühlers: »Der Jubel der Feste ist nicht so laut, sind die Nöte nicht so groß, über die man sich erheben, die man vergessen will, und irdische Enttäuschung baut die Gotteshäuser und den Himmel hoch, weit und reich.«

Der Ergezinger

Ein Schwank nach der Zimmerischen Chronik

Zur Zeit, als Herr Johans Werner Freiherr zu Zimmern die Hauptmannschaft der Herrschaft Hohenberg innegehabt hat* und oft nach Rottenburg gekommen ist, lebte daselbst ein alter, ehrlicher Burger, genannt »der Ergezinger«. Der hatte unter anderen Kindern einen Sohn, der auch seines Handwerks war. Wie es bei solchen jungen Gesellen der Brauch, daß sie wandern und in der Jugend was zu sehen und zu lernen begehren, so ist auch selbiger auf die Walz gegangen und bei seiner ersten Ausfahrt nach Ulm gekommen. Dort ist er bei einem Schuhmachermeister beinahe zwei Monate geblieben; aber am Ende dieser Zeit verlangte ihn gar übel wieder heim, so daß er, entgegen seines Vaters Befehl, bei nächster Gelegenheit wieder nach Rottenburg wanderte.

Er hatte in solcher Zeit wenig genug gelernt, allein der bayrischen Sprache, die ihm wohl gefiel, hatte er sich fleißig angenommen und, was er davon behalten konnte, von etlichen Handwerksgesellen aufgeschnappt, so daß er vermeinte, die Sprache wohl gelernt zu haben. Wie er nun die Stadt Rottenburg vor sich sah, bedachte er erst, daß er wider seines Vaters Willen handle, wenn er so bald wieder heimkomme. Ging darum mit seiner bayrischen Sprach in ein Wirtshaus, wo man ihn wohl kannte. Er fragte den Hausknecht auf bayrisch: »Mein Gesell, kennt's Ihr nicht einen Handwerksmann, heißt der Ergezinger: Er ist halt wahrlich mein Vota; heißt mir'n herkommen.«

* In den Jahren 1486 und 1487.

Der Hausknecht mußte ob der ungewohnten Sprache des Guggule lachen, ging jedoch zum alten Ergezinger und sagte ihm, daß sein Sohn nach ihm schicke und wie der in so kurzer Zeit eine andere Sprache gelernt habe. Dem guten alten Ergezinger geriet seines närrischen Sohnes Torheit und Vermessenheit zu großem Mißvergnügen; er nahm einen guten Stecken unter den Arm, schlug einen Rock über sich und ging in das Wirtshaus. Da findet er seinen Sohn am Tisch sitzen bei einer Kanne Wein. Wie der Vater in die Stube kommt, bleibt der Sohn still sitzen und spricht mit bayrischem Tonfall: »Seid Ihr's der Ergezinger? So seid Ihr's halt mein Vota; wie geht's halt unsrer olten Katzn?«

Ob solcher Torheit konnt' sich der gute alte Mann nicht enthalten, sondern zuckt den Stecken unterm Rock herfür, schlägt den Sohn mit aller Kraft flächlings übers Hirn, übern Rücken, wo's hintrifft, und sagt: »Ich will dich die alte Herberg suchen lehren und dir deinen Vater zu erkennen geben!« Der Sohn hatte sich dieser schnellen Disziplin nicht versehen; zuerst wollte er sich in bayrischer Sprach hören lassen, konnte sich aber gegen den Vater nicht wehren. Da floh er eilends. Der Wirt und jedermann fand die Sache über die Maßen lächerlich, niemand dachte daran, die beiden auseinander zu bringen, männiglich gönnte dem jungen Narren diese Strapada. Der alte Vater war noch ziemlich flink zu Fuß und lief hinter dem Sohn drein, der unterwegs noch manchen väterlichen Schmutz empfing. So ging das, bis sie beide ins Haus kamen, wo der Sohn sich verschloff.

Er ist sein Leben lang »der Vota« genannt worden, wiewohl er diesen Namen nicht gern hörte, auch mehrmals mit den Leuten darüber in Unfrieden kam. Hat aber das Gespött bis in seinen Tod leiden müssen.

Aus vergilbten Papieren

ANNO 1582

den 22. Juni sind vier Hexen, darunter eine 90 Jahr alt war, zu Rotenburg am Neccar verbrannt worden.

(Den 11. Juli) zu Rotenburg wurden abermals viel Hexen verbrannt.

ANNO 1583

den 12. Juli sind zu Rotenburg am Neccar 10 Hexen verbrannt worden; darauf den 30. August abermal zu Rotenburg 9 dergleichen teuffelische Weiber.

Martin Crusii »Schwäbische Chronik«,
übersetzt von J. J. Moser, Frankfurt 1733.

ANNO 1633

O ein unglückliches Jahr! Ein Jahr allen Elends und Verderbens, von dem ich nur das allerkürzest melden will aus Herrn Propst Fehlen Protokoll. Den 11. Hornung verbrennt der schwedische Obrist Joh. Brink in Niedernau auf die 30 Häuser und Scheuern, haut von hier 10 Bürger jammerlich zu Tod, rucket vor unsere Stadt, wird aber abgetrieben, verheert und verderbt Kiebingen und die Rohrhalden, stärkt sich vom württembergischen Landvolk auf die 10 000 Mann und 16 Stukken, umringt die ganze Stadt, welche sich dann den 16. Hornung mit Accord ihm ergeben. Die österreichische schrenkische Soldaten ziehen ab, wird ihnen aber der gethane Accord nicht gehalten ...

Den 19. Mai wurde allhiesige Bürgerschaft sämtlich gezwungen, auf öffentlichem Markte dem Herzog Julius von Württemberg zu schwören ...

ANNO 1634

Dies ist wieder ein elendes und betrübtes Jahr gewesen bis gegen den Herbst, maßen den 12. Tag Jenner an allhiesige Bürgerschaft wiederum eine starke Contribution angefordert, also daß ein jeder Bürger von seinem Vermögen von 100 fl. Wert 5 fl. geben sollen ... Dessen doch allem ungeachtet sind unsere Stiftsherren in ihren Gottesdiensten fleißig fortgefahren, von Gott den Lohn hoffend, neben ungezweifelter Abwendung dieser erschrecklichen schwedisch-württembergischen Presturen und Drangsalen, so auch durch die den 6. September glücklich bei Nördlingen erhaltne Schlacht beschehen.... Inmaßen dann allhie liegende Compagnie Fußvolk unter dem Kommando Peter Imhof ganz traurig den 18. September ... abgezogen. Dennoch hat das Stift auch von den Kaiserlichen noch große Plag ..., die Stadt ward selbst von den Piccolominischen und Tiefenbachschen Quartiermeistern auch um Einquartierung angestrengt, unangesehen daß sie von Kgl. Maj. »salvaguardia« hatte.

ANNO 1638

gehet wieder das höchste Elend an, dann auf den hl. Ostertag ist allhiesige Stadt wieder von den beiden schwedischen Obristen von Nassau und von Kallenbach aufgefordert und am folgenden Zinstag übergeben worden. Und ob zwar die Bürger sich erstlich resolviert zu wehren, weilen aber allhie kein Kommandant, viel weniger Kraut und Loth vorhanden gewesen, also ist großem Übel vorzukommen accordiert worden. Auf angedeuten Zinstag, welcher war der 6. April, seind gegen Abend zwischen 6 und 7 Uhr die Schwedischen eingelassen und bald darnach als ungefähr zwischen 7 und 8 Uhr Herrn Propst Fehlen in der Propstei angegriffen, gänzlich beraubt, alle Früchte ihm hinweggenommen. Er selbst konnte sich schwerlich mit dem Leben salvieren. Welches Rauben bis Morgen Mittag um 11 Uhr gewähret...

Den 27. April gegen Nacht ungefähr um 8 Uhr als die Schwedischen vermerkt, daß die Kaiserlichen auf sie zurücken und dero Vortrab allbereit zu Tübingen unter dem Obristen Truckmüller ankommen, haben sie angefangen, allhie zu rauben, welches die ganze Nacht gewähret, und einen ansehnlichen Raub von Roß, Vieh, Silbergeschirr, Geld und Geldeswert in der Stadt bekommen. Bei dieser Zeit ist auch der Herr Stadthauptmann Ferdinand von Hohenberg, beide Bürgermeister, Herr Konrad Laux und Herr Jacob Dorn, samt dem Herrn Stadtschreiber Honorius Glocker gefänglich hinweggeführt und folgends um 8000 Thaler ranzioniert worden. Als die Schweden hinaus, seind gleich folgenden Tag die Kaiserlichen kommen, und das, was die Schwedischen hinterlassen, mit sich hinweggenommen. O Krieg! behüte uns der ewig barmherzige Gott vor dergleichen Unfällen, weil derzeit abermalen keine menschliche Hilf mehr erscheint.

ANNO 1644

den 19. August ist auch die Stadt Rotenburg durch eine große Feuersbrunst ganz und gar in die Asche gelegt worden, doch unverletzt aller auch nächst daran gestandenen in die Pfarre Ehingen gehörigen Häuser, aus unerforschlichem Urteil Gottes. Und weilen man der Ehinger darüber gegebene Muthmaßung und Ursachen zu Rottenburg nit gern, sondern mit Unwillen angehöret, hab ich selber auch mit allem Fleiß Stillschweigen nit übergehen wollen. Die bemelte erbärmliche Brunst haben die Herren ... allhier an das innere Sülcher Thorhäusle anschreiben lassen: »Zu wissen demnach den 19. August anno 1644 die Stadt Rottenburg by gehabtem churfürstlichem Bayrischem Hauptquartier aus der Mauer ganz heraus verbrunnen und dieser

Turm neben 556 Gebäu mithin in die Aschen geraten, als dann selbiger anno 1661 also renoviret und erbaut worden.«

Dieses Feuer ging erstlich aus in eines Becken Haus in der Merkht Gassen, morgens um 2 Uhr und legt bis zu nachts um 8 Uhr alle Gebäu, samt Sant Martins Pfarrkirchen, Rathaus und Carmeliter-Kloster in die Aschen, weilen niemand dem Feuer rechten Widerstand getan, indem die schon verbrannten Burger ganz betrübt nichts vermochten, die andern mehrstenteils mit Entfliehen und Hin- und Widertragung ihres Hausrats beschäftigt waren, dann auch die Soldaten die Plunder ab dem Kopf gerissen und geplündert.

ANNO 1648

ward auch Herr Jacob Thebas, Superior der Societät Jesu mit 6 Turenneschen Trompetern von Tübingen hiehers begleitet, allhier besagter Societät Jesu ein Eingang und Anfang zu machen, weilen die Herren Jesuiter und andere Geistliche dem liederlichen Friedensschluß gemäß wieder haben Tübingen und ganz Württemberg räumen und verlassen müssen. Gott geb, daß dieser jetzige leidige Krieg sich anders ende!

Den 10. October ist Herr Generalfeldmarschall Turenne auch selbst hiehero kommen und hat Herrn Generalmajor Schüzen im Quartier in des Kolers Behausung* heimgesucht, dem die Stadt große Verehrung getan an Wein und Frucht.

Nach dem »Liber traditionum« des Stiftspropsts von St. Moriz, Dr. Joh. Ev. Weittenauer (1687 bis 1703), eines gebürtigen Rottenburgers.

Was in der Grafschaft Hohenberg und deren zugehörigen Ämtern von Anfang des schwedischen Kriegs sowohl durch den Feind für Schaden geschehen, als sonsten an

* Abgebranntes Eckhaus am »Ehinger Platz«.

Contributionen und anderen Kosten aufgegangen und an Gefällen ermanglet werden mußte:
Summa summarum 1 380 798 Gulden und 54 1/2 Kreuzer.

Joseph Anton Gärt,
»Die Grafschaft Hohenberg« 1179–93.

ANNO 1648

hat es zu Rotenburg eine gute Stund lang Blut geregnet.

Martin Zeiller, Topographia Sueviae.

ANNO 1693

Den 14. Sonntag nach Pfingsten, so da war der 16. Tag Augusts 1693 kommt hieher von dem französischen General La Grange ein Postillion mit Brief des Inhalts, daß sich das Oberhaupt zu Rottenburg unverzüglich zu Stuttgart bei ihm stellen solle zu vernehmen eine königliche Ordre. Derowegen die hiesige französische Execution zu fliehen, hat man gleich andern Tag Herrn Johann Christian Haßlachen, künftigen Hofschreiber im Namen der Herrschaft und mit ihm Herrn Joh. Michel Ehrenreich, allhiesigen Stadtschreiber, abgeschickt samt Nicolaus Brenisholz S. J. Sie seind aber gleich unter Tübingen von einer französischen Partei angehalten, dissarmirt und nach dem Lager geführt. Der Pater und Postreiter wurde den 20. August wieder zurückgeschickt, jene zwen aber nacher Straßburg in die Gefangenschaft geführt, da so lang zu verbleiben, bis man vor sie werde 30 000 fl. Contribution bezahlt haben.

»Liber traditionum« von Weittenauer.

IM JAHRE 1695

am 25. Oktober ist das Stadt-Silber samt der eisernen Truhe im Spital gestohlen und am 12. November beim Neckarwirt ob dem Kapuziner-Kloster verschlossen und leer gefunden worden.

Aus dem »Stadtgerichtsbuch« von 1684–1710.

ANNO 1735

den 4. Tag Martii nach Mittag 3 Viertel auf 2 Uhr ist durch Verhängnus Gottes eine Feurs Brunst entstanden und hat an Kirchen, Clostern, Spital, Rathshäusern, burgerlichen Häusern und Türm eingeäschert wie folget:

Rathshäuser 2, Türm 3, Kirchen 2, große Gebäu 9, burgerliche Häuser 299, Scheuren 109, halb abgebrannte Gebäu 9.

Summa in allem samt den halbabgebrannten: 433 First.

Nach einer Aufstellung im Stadt-Archiv.

IM JAHRE 1737

zählte die streitbare Mannschaft Rottenburgs (im Alter von 16 bis 50 Jahren) 500 Mann.

Nach einer Aufstellung im Stadt-Archiv.

ANNO 1766

Dem Landvogt (Freiherr Joseph Sebastian von Zweyer) und dem letztverstorbenen Stadtpfarrer bei St. Martin, Dr. Knecht, hat die hiesige Landschaft den nicht ohne große Mühe und Widerspruch des Ackermannes eingeführten Kleebau und Anpflanzung der Grundbirnen zu verdanken.

Gärt, Die Grafschaft Hohenberg.

ANNO 1774

hörte hier mit Aufhebung des Jesuitenordens das damit verbundene Gymnasium und Lyceum, in welchem letztern einige philosophische und theologische Vorlesungen gehalten wurden, nicht gänzlich auf. Für die *Humaniora* fanden sich hie und da einige Weltgeistliche als Lehrer. Dann ging es gleichwohl aus Mangel genugsamer Dotation ein.

IM JAHRE 1779

kam (als Landvogt in Hohenberg) der K. K. Hofrath Franz Anton v. Blank, ein talentvoller Mann. Er hatte das Verdienst, bei unglaublichen Hindernissen und unsäglicher Mühe den schädlichen Verheerungen des austretenden Neckars mit dem namhaftesten Kostenaufwand ein geradelaufendes Bett zu verschaffen, und dadurch Hirschau, Bühl und Kiebingen, vorzüglich die zwei ersten Orte, vor Verheerungen und gänzlichem Untergang zu bewahren.

Am Tage, da der Fluß in seinen neuen Rinnsaal eingelassen wurde, strömte eine unglaubliche Volksmenge aus allen Gegenden herbei, und äußerte allgemeine Bewunderung und Lobeserhebung. Fünfhundert Morgen sonst öde gelegenes Feld wurde angebaut. Der Bau dehnte sich auf zwei Stunden lang aus, und die Kosten p. 34 564 fl. 43 kr. wurden durch klassenweise Umlegung von $892^{11}/_{16}$ Morgen in 4 Klassen eingetheilt und bedeckt.

IM JAHRE 1782

ging die Vorderösterreichische Regierung mit dem Plan um, die ehemalige Jesuitenkirche zum Hl. Joseph zur Stadtkirche zu erheben und die Martinskirche abzubrechen. »Dem auf dem Marktplatz noch allein stehen bleibenden, von gotischer Arbeit sehr schön aufgebauten Turme müßte an dem Fuß durch die Baukunst eine besonders geschickte Verzierung angebracht werden, um dem Markte dasjenige Ansehen zu geben, welches die durch diesen erweiterten Marktplatz eine herrliche Aussicht erhaltende Stadt Rottenburg verdient.«

ANNO 1786

brach zu Ehingen am Neckar den 9. September zwischen 1 und 2 Uhr mittags in der sogenannten Langen Gasse eine Feuersbrunst aus. Sie riß so gewaltig um sich her, daß ungeachtet aller getroffenen und angewandten Löschanstalten bis abends um 7 Uhr 125 Häuser und Gebäude eingeäschert waren; sie wurden aber durch die starken Beiträge aus der Feuersocietät und andere bald wieder und in besserem Zustande hergestellt.

ANNO 1789

waren in Rottenburg und Ehingen Häuser 675. In diesen lebten 872 Familien; alle der christlichen Religion zugetan. 4 Familien davon waren teils evangelisch-lutherisch, teils reformiert. Damals waren hier Geistliche 39, Adeliche 4, Beamte und Honoratioren 22, Bürger 686, Bauern 4. In Rottenburg waren 2314, in Ehingen 2103, Summa 4417 Seelen.

Haßler, Chronik der Stadt Rottenburg.

Die schwarze Kokarde

In den Oktobertagen des Jahres 1792 führte in Rottenburger Wirtschaften öfters ein junger Mann das große Wort am abendlichen Biertisch. Es war ein Schustergeselle aus Schwalldorf; er hatte längere Zeit in Paris gearbeitet und erzählte nun, heimgekehrt, seinen Landsleuten, wie es dort zuging. Alles hatte er mitgemacht, wenn man ihn hörte, vom Sturm auf die Bastille anno 89 bis zur Aufrichtung der Republik im September 92. Er hatte gesehen, wie das Pariser Volk dem »dicken Schwein« – so nannte es seinen König – eine Jakobinermütze aufsetzte, wie die verhaßte »Österreicherin«, seine Frau, ein Glas Wein aufs Wohl der Nation trinken mußte, wie man abgeschlagene Aristokratenköpfe auf Piken durch die Straßen trug, und wie der General Lafayette mit seinem dreifarbigen Federbusch vor der Nationalgarde seinen Schimmel tänzeln ließ; er hatte Danton und Robespierre gehört, kannte alle Verschwörungen, alle Hofintrigen und alle Machenschaften der Emigrierten und wußte genau, wer an den Menschenschlangen vor den Pariser Bäckerläden schuldig war.

Dabei warf der Schwalldorfer Danton, der übrigens Meyer hieß, patriotenmäßig mit Spitzbuben und Hundsföttern in französischer Sprache um sich und ließ durchblicken, so müsse es bei uns auch kommen.

Die braven Rottenburger überlief eine Gänsehaut, scheu sich umsehend langten sie nach Hut und Stock und entwichen den Greueln und Gefahren der Revolution, indem sie zu Hause neben ihren friedlich schnarchenden Weibern die Zipfelmütze über die Ohren zogen – tiefer als sonst.

Aber der Revolution konnten sie doch nicht entgehen, die kam zu ihnen, freilich nicht mit Köpfmaschine und roter Mütze, sondern mit Spitzenjabots und samtenen Fräcken als Emigration.

Nachdem die Brüder des französischen Königs und die meisten Prinzen königlichen Geblüts, der alte Condé mit Sohn und Enkel an der Spitze, gleich in den ersten Revolutionstagen Frankreich verlassen und damit das Beispiel gegeben hatten, riß der Strom der Emigrierenden nicht mehr ab. Zu Tausenden flüchtete der hohe und niedere Adel, flohen Priester und Offiziere über die Grenzen – »la mort dans l'âme«. Abgesehen von allen Schikanen, Bedrohungen, Enteignungen und Gewalttätigkeiten, denen sie in ihrer Heimat ausgesetzt waren, glaubten sie damit der Sache ihres Königs, ihrer Ehre und ihrem Gewissen am besten zu dienen. Das Vaterland war für diese in Loyalität und dynastischen Gedankengängen aufgehenden Aristokraten da, wo sich die Glieder des königlichen Hauses befanden, also im Ausland, denn der König selbst war ja ein Gefangener und nicht Herr seiner Entschlüsse.

Nicht bei allen Emigrierten waren die Beweggründe so ehrenhaft. Manch Blasierter des »ancien régime« nahm die Emigration anfangs für eine modische Abwechslung – er wurde rasch eines andern belehrt. Eine Zeitlang gehörte das Emigrieren fast zum guten Ton, man wies sich damit als zur »guten Gesellschaft« gehörend aus, wie jener Graf d'Epinchal, den ein Citoyen »unverschämt fixiert« hatte, worauf er fand, ein anständiger Mensch könne unmöglich länger in diesem Paris bleiben, und die freche Stadt durch seine Abwesenheit zu strafen beschloß. Selbstverständlich nahm man, wenn irgend möglich, Familie und Vermögen, Tafelsilber und Schmuck, Pferde, Wagen und Dienerschaft, mit, sofern einem diese nicht davongelaufen war. Zu Beginn der Revolution ließ sich dies noch machen, später blieb einem nichts mehr mitzunehmen als trügerische Hoffnungen und ein großer Sack voll Illusionen.

So saßen nun diese Aristokraten in halb Europa, von Turin bis Hamburg. Ihr Hauptquartier war Koblenz, wo sich unter dem Schutz des Kurfürsten und Erzbischofs von Trier Tausende von Emigrierten um die beiden Brüder ihres Königs versammelten. Auch Mainz, wie überhaupt der ganze Rheingau, wimmelte von ihnen. In elegantem Nichtstun, wie sie's gewöhnt waren, warteten sie auf den Zusammenbruch des verhaßten Regimes, auf ihre Heimberufung durch ein irregeführtes, aber reumütig gewordenes Volk. Freilich waren auch viele Unglückliche darunter, und der alte Lavater tat nicht unrecht daran, sich bei seinen revolutionären Pariser Freunden in einem menschlich warmen Brief für diese zu verwenden; er schrieb: »Werfen Sie einen Blick auf die unglückselige Lage so vieler Tausende unschuldiger Menschen, die so wenig schuldig sind wie Sie und ich; was kann man der Hälfte der unglücklichen Opfer eines so wilden Gesetzes (das sie ächtete) zum Vorwurf machen? Die Kinder sind von ihren Eltern abhängig, die Frauen wollen pflichtgemäß ihren Gatten folgen; die meisten unter ihnen haben ihr Heim zerstört, zu Asche gebrannt gesehen und waren genötigt, ein Asyl in einem Lande zu suchen, wo die Gesetze ihnen Schutz und Sicherheit verbürgten.«

Nur zu rasch schwanden die mitgebrachten Mittel, nun ging es ans Versetzen, dann kamen die Schulden, und schließlich hatten die klangvollsten Adelsnamen keinen Kredit mehr.

Als das französische Ministerium im Frühjahr 1792 Österreich den Krieg erklärte, schien dies für viele eine Erleichterung ihrer Lage. Sie schlossen sich zu Korps und Legionen zusammen, um gemeinsam mit Österreichern und Preußen das verlorene Vaterland mit der Waffe zurückzuerobern. Österreich, dessen dynastische Gefühle in der Person Marie-Antoinettes aus dem habsburgischen Kaiserhaus besonders verletzt waren, öffnete den Emigrierten seine Vorlande in Schwaben, und so rückten am 30. November 1792 die ersten in die Herrschaft Hohenberg ein.

Für Rottenburg und Ehingen hatte man 500 Mann und 300 Pferde angesagt; als sie nun kamen, Grenadiere, Jäger, Husaren, Ulanen und Kanoniere, waren es doppelt so viele. Sie gehörten zur Legion des im Vorjahr zu Freiburg verstorbenen Grafen Mirabeau, die im Hohenbergischen Winterquartier bezog. Kavaliermäßig, wie die ganze Armee, in der fast jeder, vom einfachen Mann bis zum General, zahlreiche Adelsbriefe vorweisen konnte, war auch ihr Einzug: in Wendelsheim schossen sich zwei Edelleute mit Pistolen, ein anderes Paar schlug sich am Oberen Tor mit Degen.

Beim damaligen Stadtpfarrer Dr. Haßler erschien am Tag nach ihrer Ankunft der Legionskommandeur mit seinem Adjutanten zur Antrittsvisite. Er nannte sich Charles-Joseph-Hyacinthe du Houx, Marquis de Vioménil. Er hatte im Siebenjährigen Krieg, dann auf Korsika und im amerikanischen Unabhängigkeitskrieg mitgefochten; bei Ausbruch der Revolution war er Gouverneur der Insel Martinique gewesen; 1790 nach Frankreich zurückberufen, war er ein Jahr später als 58jähriger emigriert. Bei dem Souper, zu dem General Vioménil den Stadtpfarrer einlud, erblickte dieser mit Staunen »noch starke Spuren der alten Herrlichkeit«.

Die Aufführung der Emigrierten in Rottenburg »war im Ganzen gut und ruhig. Auch geschahen nur wenige Exzesse, die meistens der Unkunde der Sprache und Ungleichheit der Sitten zuzuschreiben waren«. Man darf dem liebenswürdigen Herrn Stadtpfarrer um so eher glauben, als er keineswegs verschweigt, daß die »viermonatliche Anwesenheit von tausend jungen, ledigen, nicht ungebildeten Franzosen eine Revolution in den Sitten« der biederen Rottenbürger verursacht habe. Man kann sich's vorstellen! Wenn sie auch französisch parlierten, und die Rottenburger Schönen schwäbisch schwätzten, so hat doch erfahrungsgemäß Unverständnis der Sprache noch niemals Einverständnis in allgemein menschlichen Dingen gehindert.

Wie sehr sie als Franzosen und Grandseigneurs auch in der Emigration ihren Gewohnheiten und noblen Gesten treu blieben, davon malt Haßler ein nettes Pastellbildchen: »Den vierten Dezember hielten die hiesigen französischen Kanoniers das heil. Barbarafest, welche die Patronin der Artillerie ist . . . Sie ließen sich eine stille Messe lesen und teilten dann auf schönen Platten große Stücke verschnittener mürber Kränze dem anwesenden Frauenvolke aus, gingen nach ihrer Sitte die Kirchgänge Arm in Arm auf und ab, wobei ich mir nur die Altäre, Beichtstühle und Kanzel feierlich verwahrte.«

Allmählich gewöhnte man sich aneinander in der Stadt. In den Taufbüchern der Rottenburger Dompfarrei steht neben ellenlangen französischen Adelsnamen nicht selten der eines Rottenburger Bürgers, der, vielleicht als Quartiergeber, den in der Fremde geborenen Prinzlein, Gräflein, Chevaliers und Marquis Pate gestanden ist.

Mit Bestürzung, Schrecken, Schmerz und Trauer, mit Scham, Erbitterung und Haß vernahmen diese Heimatlosen die Nachricht von der Hinrichtung ihres Königs, dessen Kopf am 21. Januar 1793 unter der Guillotine gefallen war. In Rottenburg hielten sie ihm unter Beistand der geistlichen und weltlichen Obrigkeit in St. Martin ein feierliches Totenamt in tiefster Trauer. Alle Rottenburger Honoratioren erschienen schwarzgekleidet mit Degen. Der Groß-Almosenier, Abbé Susanne de Montmaure, zelebrierte die Seelenmesse; nachher hielt General Vioménil eine kurze französische Ansprache. Als er zum Schluß den achtjährigen Dauphin, der mit Mutter, Schwester und Tante im Pariser Temple gefangen gehalten wurde, unter dem Namen Ludwig XVII. zum König ausrief, brachte der Huldigungsschrei *Vive le roi!* alle Heiligen in der Kirche zum Zittern, »bis vor die Stadt an den Neckar«

soll er hörbar gewesen sein. Die Proklamation des neuen Königs wurde am 1. Februar festlich begangen.

Laute Freude konnte dabei aber nicht aufkommen. Dem gesamten Emigrantenheer, das unter dem Befehl des Prinzen von Condé stand und sich bisher aus eigenen Mitteln erhalten hatte, drohte von seiten seiner Schutzmacht Österreich die Auflösung. Bei allem Haß gegen den gemeinsamen Feind konnte man das gegenseitige Mißtrauen doch nicht überwinden; beide zielten wohl auf die Niederwerfung der Republik, aber beide wußten auch, daß ihre Interessen auseinander gingen, wenn dieses Ziel einmal erreicht sein würde. Nun waren Condés Mittel erschöpft, so erschöpft, daß er eines Tages vor seinen soldfordernden Kameraden seine Börse ausleerte: 94 Louis fielen heraus; die wurden redlich geteilt, auf jeden kamen 9 Sous. Dem Kaiser nachdrücklich die Notwendigkeit von Subsidien klarzumachen, verfiel der alte Condé auf ein drastisches Mittel: seine königliche Hoheit baten den österreichischen Kaiser um Einstellung in das deutsche Heer als schlichten Grenadier mit 15 Kreuzer Löhnung. Nach langem Feilschen nahm Österreich schließlich die Condéer in Sold unter der Bedingung, daß sie sich österreichischem Oberbefehl unterstellten, den General Wurmser führen sollte. Was blieb ihnen anderes als anzunehmen? Fortab trugen sie statt der weißen die schwarze Kokarde – »als Zeichen der Trauer und der Knechtschaft«.

Bald darauf, es war in der Karwoche 1793, brach die Legion aus ihren Winterquartieren auf, Heilbronn zu, wo General Wurmser das Condéische Korps neu organisieren sollte. Tagelang durchzogen ihre einzelnen Teile Rottenburg; zurück blieben nur Geistliche, Damen und einige Kranke in der oberen Klause.

Am Karsamstag kam Prinz Condé selbst mit Sohn und Enkel und zahlreichem Gefolge in die Neckarstadt. Seine Hoheit ließen den Stadtpfarrer bitten, ihr und den Prinzen für den Ostergottesdienst Plätze zu reservieren, worauf

Herr Haßler sich beeilte, die vorderen drei Chorstühle mit Teppichen zu behängen und drei Kniekissen herzurichten.

Am Ostermorgen – der Herr Stadtpfarrer stand auf der Kanzel und holte gerade zum salbungsvollen Beschluß seiner Predigt aus – wurden die Flügeltüren zum Marktplatz aufgerissen, Trommelwirbel erklang und, Tambour und Schweizergarde voraus, betraten die drei Prinzen mit Stab und Gefolge die Kirche. Ob das milde Öl seines Amen den entstandenen Aufruhr unter den Rottenburger Andächtigen zu sänftigen vermochte, darüber schweigt sich der gute Haßler leider aus.

Bescheidener gaben es die hohen Herren am Ostermontag; nachdem sie morgens 1/27 Uhr eine stille Messe ihres Feldkaplans angehört hatten, stiegen sie auf dem Marktplatz zu Pferd und reisten ins Hauptquartier nach Heilbronn.

Zur alten Ruhe fand Rottenburg dennoch nicht zurück. Truppendurchmärsche und Einquartierungen hörten nicht auf: Nachtquartier für 200 Husaren vom Regiment Salm, Einquartierung von k. k. Stabsinfanterie, Übernachtung salzburgischer Truppen und Tiroler Scharfschützen, dann wieder von 50 k. k. Kanonieren und 172 »Warasdinern« (Ungarn), Durchzug und Einquartierung französischer Kriegsgefangener, Ankunft von 900 Rotmänteln, Rasttag von 628 Mann Infanterie, Quartier für 500 Kroaten – so ging es das ganze Jahr über. Dazu kamen Dankfeste und Siegesfeiern, wenn die Patrioten vor den Verbündeten hatten weichen müssen. Die Einnahme von Mainz beging man mit Hochamt, Mittagsmahl im »Hirsch« (dem späteren, heute abgebrochenen Haus Entreß am Marktplatz), Souper beim Landvogt und Ball auf dem Rathaus.

Und am 30. Januar 1794 kam Condé wieder, diesmal mit seinem ganzen Hauptquartier. Der Stadtschreiber von Bruchsal hat, als Condés Generalstab dort im Quartier lag, eine Zusammenstellung gemacht. Darnach führten die

Hauptpersonen, der Prinz von Condé, sein Sohn der Herzog von Bourbon, sein Enkel der Herzog von Enghien und der Herzog von Berry, Sohn des Grafen von Artois, je 27 Pferde mit; zum Stab gehörten 14 Edelleute, 24 Adjutanten, 15 Stabsoffiziere, 3 Administrations-, 9 Ingenieur- und 9 Intendanzoffiziere, 2 Artilleriegeneräle, 3 Sekretäre, ferner Feldkapläne, Postmeister, Fouriere, Apotheker, Chirurgen, 30 Handwerksleute, 31 Kavalleristen und 160 gemeine Soldaten. Die Hofhaltung der Prinzen umfaßte Kammerdiener, Küchenmeister, Köche, Stallmeister, sonstige Domestiken und 8 Kavallerie-Ordonnanzen. »Vier Damen von erstem Rang mit Bedienung an verschiedenem Frauenvolk« vervollständigen die Liste, die es auf insgesamt 554 Personen und 303 Pferde bringt. Nach Rottenburg aber kamen über 1000. »Hier sammelte sich für diesen Winter«, mit Haßler zu sprechen, »die Blume des alten französischen Adels. In den Abendgesellschaften funkelten und blitzten die Diamanten an den Fingern der Herren, die am Tag nur mit einem simplen Frack bekleidet waren, und am Kopfputz der Damen, die man größtenteils des Tages in der »Dormeuse« und im »Negligé« sah.«

Der alte Prinz von Condé, Louis-Joseph de Bourbon, stand in seinem 59. Jahr; er war in Chantilly, dem Stammschloß seines Geschlechts, geboren und hatte klassische Bildung genossen; er liebte die Literatur und zitierte gern die alten Autoren. Auch er war Teilnehmer am Siebenjährigen Krieg gewesen; in der Armee seines königlichen Vetters hatte er den Rang eines Generals eingenommen. Als im Jahre 1784 die Akademie von Dijon einen Wettbewerb ausgeschrieben hatte mit dem Thema: »Lobrede auf Vauban« (den bekannten Festungsbaumeister), empfing der Preisträger die Urkunde aus der Hand Condés: es war der Genie-Capitän Carnot – derselbe Carnot, der nunmehr als Mitglied des Wohlfahrtsausschusses den Sieg der republikanischen Heere über den Emigrantengeneral Condé »organisierte«. Wie alle Emigrierten, die gegen die Republik Waffen führten, war auch Condé durch das Gesetz *in contumaciam* zum Tod verurteilt und sein Vermögen eingezogen. Nach Aussehen und Haltung war der alte Herr das Muster eines vollkommenen Edelmannes alten Stils, von offenem, wohlwollendem Gesichtsausdruck und mittelgroßer, aber kräftiger Gestalt.

Sein Sohn, Louis-Henry-Joseph Duc de Bourbon, damals 38 Jahre alt, gehörte schon mehr dem jüngeren, leichtsinnigeren Prinzentypus an. In seiner Jugend hatte er mit dem Grafen von Artois einen Ehrenhandel gehabt, bei dem beide Duellanten verletzt worden waren. Später war er vor Gibraltar verwundet worden. Er galt als tapferer Soldat.

Eine ritterliche und liebenswerte Erscheinung betrat mit seinem Sohn, dem jugendlichen Louis-Antoine Henry de Bourbon-Condé, Duc d'Enghien, unsere Stadt. An ihm, der bei seinem Rottenburger Aufenthalt 22 Jahre zählte, nahm die Revolution noch in ihrem letzten Bürger und Würger grausame Rache. 1804 ließ Napoleon den schuldlosen Bourbonenprinzen auf badischem Gebiet aufgreifen, nach Paris schleppen und nach einer militärgerichtlichen Farce eiligst im Festungsgraben von Vincennes erschießen.

Von fast allen Persönlichkeiten, die die Weltgeschichte damals eine kleine Nebenszene in Rottenburg aufführen ließ, könnte man interessante Züge und Anekdoten beibringen: von der Prinzessin Louise de Condé, vom Herzog von Valentinois, Graf du Chillot, Marchese Grimaldi, Condés Adjutanten, der in seinem Rottenburger Quartier (Bärengasse 4) starb und in Sülchen begraben liegt, und so vielen andern. Nur einer Dame sei noch gedacht, der Fürstin von Monaco. Das Tagebuch eines Zeitgenossen, der sie 1792 in Mainz kennengelernt hatte, schildert sie folgendermaßen: »Desto munterer und reizvoller zeigte sich die Fürstin Monaco, entschiedene Freundin des Prinzen von Condé, die Zierde von Chantilly in guten Tagen. Anmutiger war nichts zu sehen als diese schlanke Blondine; jung, heiter, possenhaft; kein Mann, auf den sie's anlegte, hätte sich verwahren können ...« Der dies schrieb, war kein Unerfahrener, er heißt Goethe.

Das Leben, stärker als alle von Menschen bewirkten Veränderungen, umwandelbar in seinen Forderungen allem Auf und Ab des Schicksals zum Trotz, erzwang sich sein Recht auch im Feldlager und in der Emigration: Kinder wurden geboren, Ehen wurden geschlossen, und es ward auch friedlich im Bett gestorben. Die Rottenburger Standesregister jener Jahre weisen Namen aus allen Provinzen Frankreichs auf, von der Picardie bis zur Languedoc. Sogar die deutsch-französische Verständigung fand bereits Anhänger in Rottenburg, freilich nicht auf dem schwanken Grund der Politik, sondern auf dem immer noch tragfähigeren von Liebe und Ehe. So heiratete der Condéische Unteroffizier Joh. Schmid aus Lothringen die Rottenburgerin Maria Schnitzler; auch der Familienname du Temple geht auf jene Zeit zurück. Und noch 1926 soll in der Frau des Stadtarbeiters Rotfelder eine Urenkelin des Hofapothekers Ludwig XVI. in Rottenburg gelebt haben; dessen Tochter Eleonora kam nach der Hinrichtung ihres Vaters, des Grafen von Simonetti, mit den Emigrierten in unsere Stadt; ihr Grabstein in Sülchen hat noch im genannten Jahr den Namen »de Simonetti« leserlich getragen.

Nach dreieinhalb Monaten, am 17. und 18. Mai 1794, zogen die Franzosen ab. Es scheint ihnen in Rottenburg nicht übel behagt zu haben, denn schon im Februar des nächsten Jahres waren sie wieder da – in gleicher Besetzung und Stärke. Diesmal nahmen der alte Condé, der Herzog von Berry und der Herzog von Enghien Wohnung in der Landvogtei, dem heute noch stehenden hohen Haus, oben links an der Schütte, während der Herzog von Bourbon in das Häuschen des Oberamtsdieners zog.

Am 13. Mai 1795 verließ das Korps mit der schwarzen Kokarde und alle seine Mitzügler Rottenburg und die Herrschaft Hohenberg für immer. Damit man sie nicht gar so schnell vergäße, hinterließen sie dem Kaufmann Ferdinand Bellino in Rottenburg ihre hocharistokratischen Namen, säuberlich in ein Buch geschrieben; die Ziffern hinter den einzelnen Namen bedeuten jedoch nicht die Anzahl ihrer vornehmen Ahnen, sondern ihre gänzlich unvornehmen Schulden – insgesamt 3000 Gulden!

Heute erinnern an die Zeit dieser friedlichen französischen Invasion noch ein paar verwitterte Grabsteine, nicht wenige französische Brocken in der Rottenburger Mundart und ein Wirtshausschild, unter dem einst »die Blume des alten, französischen Adels« bei Politik und Spiel, bei Nekkarwein und manchem Vers aus Herrn von Voltaires lokkerer »Pucelle« seine Abende verbrachte. Diese Wirtschaft in der Stadtlanggasse heißt heute noch *Zur Bonne Auberge* – »Bohne'bersch« auf rottenburgerisch –, und diesen Namen darf die ganze Stadt für sich in Anspruch nehmen, denn sie ist den fremden Gästen wirklich eine »gute Herberge« gewesen.

Das neue Wappen

Napoleons Sieg bei Austerlitz über die Russen und Österreicher am 2. Dezember 1805, dem Jahrestag seiner Krönung zum Kaiser der Franzosen, löste Österreich aus der Front seiner Verbündeten England, Rußland und Schweden und führte zum Frieden von Preßburg, den die beiden Kaiser am 26. Dezember schlossen.

Was »Schwäbisch-Österreich« als abgelegene Exklave des Mutterlandes bei jedem Friedensschluß befürchten mußte, nämlich einem andern Herrn zugeteilt zu werden, trat diesmal ein. Artikel VIII des Preßburger Friedensvertrags bestimmte die Abtretung der Oberen und Niedern Grafschaft Hohenberg an den König von Württemberg, dessen neue Würde »der Kaiser von Deutschland und Österreich« nach dem vorhergehenden Artikel desselben Vertrags anerkennen mußte. Denn Napoleon beförderte die Herrscher der ihm verbündeten Länder außer zu Bataillonskommandeuren, wie der Fürst von Ligne spottete, auch zu Königen.

Hohenbergs neuer Herr, König Friedrich I. von Württemberg, trotz gewaltigem Leibesumfang keineswegs phlegmatischen Temperaments, ein Herrscher im Stil der absoluten Monarchen des 18. Jahrhunderts, hatte es eilig, in den Besitz der ihm zugesprochenen Gebiete zu kommen. Er ernannte den Königl. Geheimen Rat und Oberappellationspräsidenten von der Lühe zum »Ober-Landes-Commissaire aller neuacquirirten Länder«, und dieser begab sich alsbald nach Rottenburg. Von Tübingen aus schickte er am 4. Januar 1806 an das Rottenburger Oberamt durch den Archivar Volz ein Schreiben, das die Besitznahme der Grafschaft Hohenberg für den folgenden Tag ansagte und die hohenbergischen Beamten auf das Rathaus beorderte.

So im Handumdrehen ging es aber nun doch nicht. Es ehrt die Hohenberger Beamten, daß sie unter Gefährdung, wenn auch nicht gerade des Lebens, so doch der Stellung ihren dem Kaiser geschworenen Treueid hielten, so lange er sie nicht davon entband. Sie schickten den Archivar Volz wieder heim mit dem höflichen, aber bestimmten Bescheid: dem Oberamt sei von seiner Behörde das Resultat des angeblich geschlossenen Friedens offiziell noch nicht zugekommen. Laut wiederholtem Befehl dürften sie sich mit was immer für einem fremden Commissaire in nichts einlassen, weshalb sie sich genötigt sähen, gegen die angekündigte Besitznahme zu protestieren. Sie würden jedoch ihrer vorgesetzten Landesstelle in Konstanz von der beabsichtigten Besetzung Kenntnis geben; ehe sie aber von dort einen entsprechenden Befehl erhalten, könne und werde sich das Oberamt in Gegenwart eines Hochlöblichen Oberlandeskommissariats nicht versammeln. Gezeichnet: Graf Bentzel von Sternau, Landvogt, Kreyser und Millauer, Oberamtsräte. Punktum. Streusand.

Der Protest half natürlich nichts. Am Sonntag, dem 5. Januar, vormittags 11 Uhr, rückte die württembergische Kommission mit einem militärischen Assistenz-Detachement unter dem Kommando des Oberstleutnants von Roeder in Rottenburg ein, 160 Mann stark, mit türkischer Musik und zwei Kanonen mit brennenden Lunten. »Ihre Ankunft war so unvermuthet«, schreibt der damalige Stadtpfarrer Vannoti, »und wir auf ihren Empfang so wenig vorbereitet, daß man die ihnen gebührende Verehrung und Achtung durch feyerlichen Empfang unmöglich bezeugen konnte.« Die Königliche Übernahmekommission stieg im Gasthof zum »Hirsch« am Marktplatz ab, während das Militär bei den Bürgern einquartiert wurde.

Herr von der Lühe, den besagter Stadtpfarrer einen Mann von liebenswürdigstem Charakter nennt, schickte dem Oberamt einen Auszug aus dem Preßburger Vertrag, weil er annehme, es habe nur aus mangelnder Kenntnis der

Ereignisse jene Antwort gegeben. Die Oberamtsbeamten sollten sich auf dem Rathaus versammeln, um anzuhören, was er ihnen auf Allerhöchsten Befehl zu eröffnen habe. Er gebe ihnen eine Stunde Bedenkzeit: Sollten sie sich nicht eines Besseren besinnen, so müsse er noch heute mit der Besitznahme vorgehen und sie für die schlimmen Folgen, die daraus entstehen könnten, verantwortlich machen. Nach einer Stunde erhielt der württembergische Kommissar folgende Antwort: »Wir ehren Treue und Dienstpflicht zu sehr, als daß wir uns erlauben könnten, nur den geringsten Schritt zu wagen, der uns von der Laufbahn der Pflichten und der Ehre im mindesten abbringen und uns vor dem Angesicht der ganzen Welt und den Augen Seiner Königlichen Majestät von Württemberg selbst herabwürdigen müßte. Wenn wir unsern alten Dienstpflichten einmal entbunden und an den König von Württemberg übergeben sind, so werden wir Allerhöchst dessen Befehlen uns mit gleichem Eifer widmen.« Die hohenbergischen Kassen aber seien in kaiserlich französischem Besitz ...

Nun versuchte es Herr von der Lühe mit den mittleren Beamten. Er ließ den Archivar und die Rechnungsführer vorladen, forderte ihnen die Archiv- und Kassenschlüssel ab und wollte sie sogleich auf den neuen Landesherrn verpflichten. Die Schlüssel, sagten sie, hätten sie bereits dem Herrn Landvogt abliefern müssen. Was aber ihre Neuverpflichtung betreffe, so glaubten auch sie es ihrem Gewissen schuldig zu sein, eine Entbindung von ihren dem Kaiser geschworenen Eiden abwarten zu müssen, bevor sie gegen den König von Württemberg Pflichten übernehmen könnten. Und sie baten »auf sehr submisse Art«, sie damit doch bis zum Eintreffen neuer Befehle aus Konstanz zu verschonen.

Inzwischen hatte von der Lühe Befehl gegeben, überall in der Stadt die österreichischen Hoheitszeichen abzunehmen, an ihrer Stelle württembergische anzubringen und die Besitzergreifungspatente anzuschlagen. Dann ließ er Archiv und Kassen des Oberamts erbrechen. Er fand nicht viel darin. Nach summarischer Bestandsaufnahme wurden sie versiegelt und unter militärische Bewachung gestellt. Den Hofrat von Breitschwert, ein Mitglied der Kommission, machte er zum provisorischen Rottenburger Finanzminister, ohne dessen Wissen kein Kreuzer ausgegeben werden durfte.

Er berichtete seinem König und Herrn seine Verlegenheit: Absetzung der Beamten würde wenig helfen, sondern nur eine Stockung im Verwaltungsapparat verursachen. Ob man nicht doch die Antwort der Konstanzer Regierung abwarten solle? Auch machte ihm der Hinweis, daß auf die hohenbergischen Kassen die Franzosen Hand gelegt hätten, einiges Kopfweh: mehrmals spricht er von dem Mißvergnügen des französischen Generals Fririon, das es zu vermeiden gelte, von Mißverständnissen, die bei Fririon entstehen könnten ...

Schon am 8. Januar traf Bescheid aus Konstanz ein. Nun konnte Herr von der Lühe die Beamten des Oberamts und die städtischen Behörden auf den König verpflichten. Die Siegel an Archiv und Kassen wurden abgenommen, die Posten eingezogen. Von dem Assistenz-Detachment blieben nur fünfzig Mann Infanterie in der Stadt. Rottenburg war württembergisch geworden.

Aber nun erhob sich ein Einspruch von unerwarteter Seite: trotz aller Vorsicht hatte von der Lühe das Mißvergnügen jenes Generals Fririon erregt. Joseph Mathias Fririon, Offizier der Ehrenlegion, Revue-Inspekteur und General-Intendant in Schwaben, ließ den württembergischen Kommissar wissen, daß er keinerlei Kenntnis von den besagten Friedensverträgen habe und die österreichischen Länder in Schwaben selbst in Besitz genommen habe im Namen Seiner Majestät des Kaisers Napoleon, dessen wohlerworbenes Eigentum sie seien nach dem Recht der Eroberung. Der General machte die Anerkennung der Besitznahme durch Württemberg von der Bezahlung der restlichen, Hohenberg auferlegten, Kriegskontribution abhängig, ja, drohte sogar mit exekutiver Beitreibung. Vergebens bemühte sich von der Lühe, wenigstens die Höhe der Schuld herauszufinden; auf jeden Fall aber berichtete er seinem Herrn, die Rottenburger Kassen seien alle erschöpft und die Untertanen dergestalt durch die unglücklichen Kriegszeiten ausgesogen, daß der Kontributionsrest auch mit den strengsten exekutiven Mitteln kaum eingetrieben werden könnte. Majestät möge wegen Streichung der Hohenberger Schuld mit Napoleon selbst verhandeln. Der Rat scheint befolgt worden zu sein.

Endlich sollten die neugebackenen Württemberger Gelegenheit bekommen, ihrer Freude und Ergebenheit gegen den neuen Landesvater Friedrich Ausdruck zu geben: das Oberamt ordnete für den 19. Januar ein feierliches Dankfest an. Morgens war »Tagwacht« der Bürgermiliz, die um 8 Uhr vor der Wohnung des Oberlandes-Commissaires paradierte, darauf Hochamt in St. Martin. Stadtpfarrer Vannoti hielt die Festpredigt. Während des Lobamts mit Te Deum gab die Bürgermiliz auf dem Marktplatz mehrere Salven ab, die von den Kanonen vor der Stadt dröhnend erwidert wurden. Mittags lud der Commissaire zur Festtafel. Die Gesundheit, die auf das Allerhöchste Wohl des Königs dabei ausgebracht wurde, begleitete die Bürgerwache wiederum mit Salven und Kanonenschüssen. Und abends war in allen Wirtschaften öffentlicher Tanz.

Der offizielle Staatsakt der Übergabe von seiten Frankreichs fand erst am 26. Mai statt. Der Beauftragte des Marschalls Berthier, eben jener Fririon, tauschte auf dem Rathaus mit dem württembergischen Vertreter, Baron von Reischach, feierlichst die Übergabe-Urkunden aus. Und wiederum festliche Tafel, Gewehrsalven und Kanonendonner.

Und doch: aller Festlärm vermochte nicht darüber wegzutäuschen, daß manche Rottenburger und Alt-Hohenberger den neuen Verhältnissen anfangs mit gemischten Gefühlen gegenüberstanden. Wenn auch der offizielle Festprediger Vannoti nicht so weit ging wie jener hohenzollerische Pfarrer einige Jahrzehnte später, der beim Übergang seiner Heimat an Preußen seine Predigt also begann: »Geliebte in Christo! Ich werde heute zu euch reden: erstens davon, wie sehr wir uns freuen sollen, daß wir preußisch geworden sind, und zweitens darüber, daß wir dies um unserer Sünden willen nicht besser verdient haben«, – so wurde er doch der Stimmung vieler seiner Zuhörer gerecht, wenn er sagte: »Zwar weiß ich wohl, daß einem oder dem andern aus uns dieser Schritt schwer fällt, daß er noch oft an die verflossenen Jahre, an die Zeiten, wo wir unter österreichischem Szepter lebten, zurückdenken wird. Ich bin nicht imstande, diese seine Empfindungen zu tadeln; ja, niemand wird es zu tun imstande sein.«

Selbst in die offizielle Übergabe-Urkunde schlich sich ein leiser, lustiger Protest ein – ob mit Absicht des Schreibers oder als »Trick« seines Unterbewußtseins, wer will's entscheiden? Jedenfalls spricht die Urkunde von dem Preßburger Friedens*trik*tat!

König Friedrich sandte den Rottenburgern ein gnädiges Dankschreiben für die Ausdrücke ihrer Devotion und Anhänglichkeit und versicherte sie seiner »fürwährenden Königlichen Huld und Gnade«, was laut Begleitbrief des Oberamts den Einwohnern »bei jeder Gelegenheit zu ihrem Trost und Beruhigung« bekanntzumachen war.

Solcher Gelegenheiten sollte es freilich noch manche geben. Die Neuerungen, die der neue energische Herr, altes Herkommen und liebe Gewohnheiten wenig respektierend, einführte, griffen oft schmerzend in das Leben der Rottenburger ein. Im Oktober 1806 wurde das älteste Rottenburger Kloster, das der Karmeliter, aufgehoben, ebenso das »Klösterle« der Kapuziner. Im Dezember folgte die Auflassung des Kollegiatstifts zu St.Moritz. Ferner mußte auf Allerhöchsten Befehl sogleich das äußere Sülcher Tor abgebrochen werden, bei welcher Gelegenheit der Kreishauptmann versicherte, es würde das besondere Wohlgefallen Seiner Majestät erregen, wenn man auch gleich den inneren Torturm abbreche. Den aber ließen die Rottenburger stehen bis 1822. Auch die alte Jodocus-Kapelle zwischen Weiler und Rottenburg fiel unter der Spitzhacke. Der Gottesacker um St. Moriz mußte auf die Klause verlegt werden, weil auf Grund einer Verordnung von 1808 Friedhöfe innerhalb von Städten und Dörfern nicht mehr geduldet wurden.

Das beklagenswerteste Los traf die altehrwürdige Stadtburg der Hohenberger, das Schloß Frau Mechthilds: man verwandelte den freilich verwahrlosten Bau zuerst in ein Zwangsarbeitshaus, später in ein Zuchtpolizeihaus, aus dem dann das Landesgefängnis geworden ist. Pietätsgefühle und Traditionsbewußtsein hatten bei Friedrich, der ja auch die Stammburg seines Geschlechts abbrechen ließ, wenig Gewicht; ihm ging es lediglich um den zweckmäßigsten Neuaufbau seines vergrößerten Landes.

Es wurden neue Kirchen- und Familienregister, eine neue Feuerlöschordnung eingeführt, das alte Botenwesen wurde abgeschafft, und am 1. Mai 1807 fuhr der erste württembergische Postwagen auf den Marktplatz ein und hielt vor dem Haus des Posthalters und Kronenwirts Albert Riedlinger.

Bei der 1807 erfolgten Neueinteilung »Groß-Württembergs« in zwölf Kreise erhielt Rottenburg den Rang als Hauptstadt des sechsten Kreises; als 1812 die Kreise in Landvogteien umgewandelt wurden, behielt es ihn als Hauptstadt der Landvogtei am mittleren Neckar, um schließlich 1817 bei der nochmaligen Neuordnung Oberamtsstadt zu werden.

Noch 1819 schrieb der Stadtchronist Haßler: » . . . wenn gleich seit der Besitznahme Hohenbergs 13 Jahre verstrichen sind, so ist dennoch die endliche bestimmte Organisation noch ferner ruhig und geduldig zu erwarten; denn es ist leichter, eine Orgel von 3 Manualen und hundert Registern zu vollenden, obschon diese auch alsdenn noch von Zeit zu Zeit durchzugehen, zu stimmen, auszubessern ist, als einen Staat von anderthalb Millionen alter und neuer Unterthanen (Orgelpfeifen) abzuglätten, auszuputzen und haltbar zu harmonieren, daß, ungeachtet der alten Schnurrbässe, Lombarden, Tremulanten, schreienden Quinten, gellenden Cymbeln und klirrenden Mixturen einträglicher und bleibender Einklang hervorkomme.«

Dem protestantischen Alt-Württemberg waren mit den neuen Gebieten viele katholische Untertanen zugewachsen, die fünf verschiedenen Bistümern angehörten: Konstanz, Worms, Augsburg, Würzburg und Speyer, ein Zustand, der nicht nur Friedrichs politischen Bestrebungen, sein Land zu einem festgefügten, geschlossenen Staat zu machen, hinderlich war, sondern auch seinem ausgeprägten Souveränitätsgefühl zuwiderlief. In der Absicht, seinen katholischen Landeskindern eine eigene kirchliche Oberbehörde zu schaffen, begann er 1807 mit dem päpstlichen Nuntius de la Genga Verhandlungen wegen Errichtung zweier württembergischer Bistümer mit den Sitzen in Ellwangen und Rottweil. Dazu kam es nicht; Napoleon persönlich scheint Einspruch erhoben zu haben. Im nächsten Jahr sandte der König den Stuttgarter Stadtpfarrer J. B. Keller zur Betreibung der Anlegenheit nach Rom. Auch diesmal kam man zu keinem Abschluß, da Napoleon inzwischen den Papst gefangen genommen hatte. Nach fruchtlosen Kompetenzverhandlungen mit den fünf interessierten Bistümern ernannte König Friedrich aus eigener Machtvollkommenheit einen katholischen Oberkirchenrat mit einem Generalvikar an der Spitze. Zu dessen Sitz bestimmte er Ellwangen, wo er eine katholisch-theologische Lehranstalt und ein Priesterseminar errichtete. Von den fünf »ausländischen« Bistümern verzichtete im Lauf der Jahre eins ums andere auf seine Rechte an den württembergisch gewordenen Teilen ihrer Sprengel, so daß die territoriale Zusammenfassung aller Katholiken Württembergs unter der neuen Oberbehörde nahezu vollendet war, als Friedrich 1816 starb.

Sein Sohn und Nachfolger, König Wilhelm, führte das Werk zu Ende, änderte aber den ursprünglichen Plan insofern, als er nur noch an die Errichtung einer Diözese dachte. Er wählte Rottenburg zum künftigen Bischofssitz, einmal wegen seiner zentralen Lage, sodann wegen der Nähe der Landesuniversität, an die ersparnishalber inzwischen die katholisch-theologische Fakultät von Ellwangen verlegt worden war, und nicht zuletzt, weil in Rottenburg die nötigen Gebäude vorhanden waren. Doch bedurfte es noch jahrelanger, umständlicher Verhandlungen mit Rom und den süddeutschen Nachbarstaaten, bis endlich das katholische Württemberg als eigene Diözese der oberrheinischen Kirchenprovinz mit dem Bischofssitz Rottenburg konstituiert und bestätigt war. Am 24. Oktober 1827 veröffentlichte ein königliches Reskript die päpstlichen Bullen, und nachdem der von Württemberg vorgeschlagene Kandidat im Januar 1828 vom Papst bestätigt worden, bestieg. J.B. von Keller am 20.Mai unter großen Feierlichkeiten und in Anwesenheit des Innenministers den bischöflichen Stuhl als erster Bischof von Rottenburg. Wiederum war Rottenburg Residenz geworden.

Mit der Zeit lernten die Rottenburger württembergisch zu sein, wenn auch noch jahrzehntelang das heitere, kaiserliche Wien Hauptstadt ihres Herzens blieb. Nicht zu lernen aber brauchten sie, gute Schwaben zu sein, denn das sind sie zu allen Zeiten gewesen, auch in den vier langen Jahrhunderten unter dem Doppeladler.

Heckerhüte, Sensen, Bärte . . .

Der »Neckar-Bote« erzählt von anno 48

Die beiden Quartbände des »Neckar-Boten« aus den Jahren 1848 und 1849 lassen schon bei flüchtigem Durchblättern erkennen, daß der Herausgeber den neuen Ideen mit wohltemperierter Begeisterung anhing und sein Blättlein zwischen den Klippen eines bürgerschreckenden Freiheitsdrangs und charakterlosen Schielens nach der Auflagenhöhe mit Geschick hindurchzusteuern verstand. Zweimal wöchentlich erschien dieses »Amts- und Intelligenzblatt für den Oberamtsbezirk Rottenburg«; seinen Kopf ziert ein Holzschnitt mit der Stadtansicht von Westen; gedruckt wurde es in der Betz'schen Buchdruckerei, deren Inhaber auch als verantwortlicher Redakteur zeichnete.

Hoffnungsfroh beginnt das Jahr 1848, schwungvoll begrüßt von einem ungenannten Lokalpoeten, der es – Dichter sind Seher! – also beharft:

Tausend wunderschöne Gaben
Werden uns von dir gebracht,
Die wir nicht erbeten haben
Und an die wir nicht gedacht . . .

Die ersten Wochen verfließen friedlich und geruhsam, weit und breit kein Wort von Politik. Wie sonst werden »Einsteher« gesucht für Ausgehobene, die nicht dienen wollen, haben sich Hunde verlaufen, werden Bürgschaften aufgekündigt, Kühe und Häuser zum Verkauf ausgeschrieben, Logis vermietet. Unentwegt preist der Kaufmann Buß seine frisch gewässerten Stockfische an, und der Liederkranz hält wie alle Jahre seinen Fastnachtsball. Abgesehen von einem über viel Fortsetzungen ausgesponnenen Krach im »Bürgerkasino« über die Frage, ob dort auch Herren ohne Frack zu tanzen gestattet sein soll, wobei sich die Vertreter des aristokratischen wie des demokratischen Prinzips von Nummer zu Nummer hemdärmeliger die Meinung sagen, deutet nichts auf das Gewitter im Anzug.

Bis plötzlich, aus scheinbar heiterem Himmel, ein Blitz niederfährt, grell das falsche Idyll beleuchtend, und im Hintergrund bereits der Donner der Volksversammlung grollt: am 7. März erscheint die Kgl. Verordnung »betreffend die Aufhebung der Censur«, zugleich orakelt ein Manifest der Majestät an ihre Bürger – wohlverstanden: Bürger, nicht Untertanen! – von »großen Weltbegebenheiten, deren Wirkungen noch nicht zu übersehen seien«. Ein paar Tage darauf verliest der geschäftige Dr. Ritter in einer Bürgerversammlung auf dem Rathaus eine Eingabe an den Ständischen Ausschuß und fordert die angehenden »Achtundvierziger« zur Unterschrift auf. Mit düsterem Pathos – ihm klang's wie Erz, uns klingt's wie Blech – hebt sie an: »Die Fackel der Zwietracht, welche sich am westlichen Horizonte zwischen Fürst und Volk entzunden, verbreitet mit leuchtender Flamme ihr schreckendes Licht auch in Deutschlands innere Gaue und erfüllt die Gemüther mit wohlbegründeter Bedenklichkeit ...« In schlichtem Deutsch heißt das: Revolution in Frankreich, drohender Umsturz auch in Deutschland. Tatsächlich meldet unser Blatt bald darauf, »der Kgl. Wille sei den Wünschen des Volkes entgegengekommen« und habe ein neues Ministerium zu berufen geruht. Gleichzeitig muß man aus einigen Oberämtern des Unterlandes von groben Exzessen gegen Personen und Eigentum vernehmen.

In Rottenburg ist man so rabiat noch nicht; vorerst begnügt man sich mit einem »Eingesandt«, das die lebenslänglichen Stadträte zur Abdankung auffordert. Immerhin weist sie der geschichtskundige Einsender warnend auf den 23. Mai 1618 hin, an welchem Tage das Volk in Prag

»die Statthalter nebst ihrem Schreiber wegen nicht erfüllter Volkswünsche aus dem Rathausfenster 80 Fuß hinuntergestürzt« habe. Die Rottenburger Ratsherren verstanden den Wink mit dem Zaunpfahl und riskierten keinen zweiten 30jährigen Krieg; sie dankten ab.

Dieser Erfolg erhitzte die rebellischen Eiferer, und der Posamentier Schmidt schürte ihn, indem er eine Annonce für »Deutsche Nationalkokarden das Stück zu 4 Kr.« ins Blättle rückte. Den friedfertigen Bürgern ward angst und bange, einer griff zum Äußersten, d. h. zur Feder, in der Hoffnung, die Revolution vermittels eines beschwörenden »Eingesandt« vielleicht noch zu bannen. Alle Eintracht und Freude, schrieb er, scheine aus der Stadt völlig verschwunden, »überall Mißtrauen, Verdächtigungen, Verunglimpfungen, Drohungen und in deren Folge Mutlosigkeit, als wenn eine große Unglückswolke über unserem Haupte hinge ...« Es half nichts, dem Herrn Domkaplan Schmid wurde trotzdem ein Fenster eingeworfen und »ein Schmäh- und Drohbrief gelegt«, worüber er im »Neckar-Boten« öffentlich quittierte.

Kein Wunder, daß unter diesen Umständen der »Franzosenfeiertag« in Rottenburg ebenso eifrig und lärmend, wie irgendwo im Ländle, begangen wurde, ja sogar einen Tag früher. Unser »Neckar-Bote« schweigt sich allerdings über diesen 24. und 25. März verlegen aus. Die einzige Spur, die der Tag – er fiel auf das Fest Mariä Verkündigung – in seinen Spalten hinterlassen, ist die post festum veröffentlichte Bekanntmachung des Oberamts, die den Rottenburgern kundtat, was sie schon wußten, nämlich: daß die verbreiteten Gerüchte, wonach französisches Raubgesindel den Rhein überschritten und bereits in Württemberg eingedrungen sei, allen Grundes entbehrten.

Für den »Franzosenfeiertag« muß man sich also nach weniger diskreten Chronisten umtun, zum Beispiel den Rottenburger Volksdichter Saile befragen, dem der Todesmut seiner Mitbürger ein Heldenlied abgedrungen, oder den Dr. Bunz, der die denkwürdigen Ereignisse im ganzen Land beschrieben hat.

Am Freitag, den 24. März, erscholl in der Stadt plötzlich der Schreckensruf: »D'Franzose' kommet!« Wer daran zweifelte, bekehrte sich bald. Den ganzen Tag sprengten Stafetten auf schäumenden Rossen durch die Straßen, jede brachte neue, genauere, schrecklichere Nachrichten: 4000, 10000, dann 20000, ja 40000 Franzosen zögen sengend und plündernd auf die Stadt zu –

se brennet halt ond mauset
wi älle Lompe' send ...

sang Saile – nachher. Appenweier sei in Asche gelegt, Offenburg ein Trümmerhaufen, Rottweil stehe in Flammen, der Kniebis sei genommen und Freudenstadt brenne. Eine Stunde später waren sie schon in Oberndorf, in Sulz, in Nagold, in Balingen – die Teufelskerle marschierten offenbar noch schneller als der Ruf ihrer Schandtaten. Bauern wollten in der Ferne den Rauch brennender Ortschaften gesehen haben, und als gar vom oberen Neckartal die ersten Flüchtlinge ankamen: Weib und Kind und Vieh und Leiterwagen mit Hausrat beladen, da schnupperte mancher ängstlich in die frische Märzluft, ob's nicht schon brenzlig rieche ... Jetzt hieß es:

Uf, uf, ihr Baure', Herre',
ihr Burger äll mitnand!
Tend älle Törlen sperre':
d'Franzose' send em Land!

Koa' Wonder, wenn's oam grauset,
ond Kend schreit, Weib ond Ma':
wenn über vierzigtaused
vo' Horb ra rucket a' ...

Man läutete Sturm, trommelte und trompetete durch die Straßen, zog vors Oberamt, schreiend, schimpfend, wo das

Militär bleibe, man sei Steuerzahler, man habe Anspruch auf seinen Schutz, indes der Oberamtmann, kopflos und dennoch bleich, stotternd zu beruhigen suchte: er habe bereits um Hilfe nach Stuttgart geschickt. Wirklich ging um fünf Uhr nachmittags ein Reitender ab mit der Meldung: im Verlauf einer Stunde seien drei Stafetten von Horb und Balingen eingetroffen, zwanzig- bis vierzigtausend Franzosen wären bis Appenweier vorgedrungen. Die Rottenburger Bürgerschaft sei zwar von dem besten Willen beseelt und bereits in voller Tätigkeit, kräftigen Widerstand zu leisten, allein ohne Waffen und Disziplin werde sie wenig ausrichten. In dieser peinlichen Lage bitte man um militärischen Schutz und wenigstens 500 Schießgewehre – in Worten: Fünfhundert!

Derweilen war die Bürgerwache unters Gewehr getreten, soweit sie eins hatte. Die andern griffen zu Heugabeln, Dreschflegeln, Äxten und Sensen, die man in Eile geradeschmiedete, Brotmesser wurden gewetzt, Holzbeile geschliffen, in der Krustkammer kramte man alte Pistolen und verrostete Türkensäbel heraus, kurz, was immer zum Schießen, Hauen und Stechen dienen konnte. Vorsichtshalber bat man außerdem die Tübinger Studentenschaft um Sukkurs.

Die Weiber packten zusammen: Kleider, Wertgegenstände, Hausrat, Proviant. Das Fliehen steckte an. Wer nicht fort konnte, schloß die Läden, vergrub seine Schätze im Keller; um die Eßvorräte nicht dem Feind in die Hände fallen zu lassen, verdarb man sich in aller Eile den Magen. Der Rößlewirt aber schenkte seinen besten Wein um den Preis des billigsten aus – »vor ehn d' Franzose' saufet«, sagte er.

Bis in die Nacht hinein ging das Durcheinander passierender Flüchtlinge, galoppierender Postillone, zu ihren Sammelplätzen eilender Stadtverteidiger – *Hannibal ad portas*! Manch verängstigtes Gesicht spitzte durch den Spalt eines Fensterladens, vor mancher Haustür weinte eine Andromache in ihren Zeuglesschurz, wenn sich ihr Hektor, die langhinschattende Mistgabel in nerviger Faust, ihrer Umarmung entriß. Und

wia hend dia Mädlen gschrie',
mo jong gsei send ond schö':
»O Jesus ond Maria',
heut wurd aos d Aihr noh he'!«

Endlich gegen Mitternacht: »Sie kommen!« Nicht die Franzosen, sondern die Retter, die Tübinger Studenten. Mit Trommelschlag marschierten sie ein, 200 Mann stark, Reiterpistolen im Gürtel und Kanonenstiefel an den Beinen, den blanken Schläger in der Hand oder umgürtet mit der Schärfe des Schwertes. Für das Weitere muß ich die Verantwortung besagten Dr. Bunz überlassen, der den Empfang in Rottenburg also schildert: »Überall stehen Gruppen, überall freudiger Zuruf, die Glocken fangen an zu läuten. In ihren Ton mischen sich die vielfachen Hochs auf die nahender Retter. Wir haben's ja gesagt, erschallen die Rufe, die Studenten kommen, die verlassen uns nicht!« Auf dem Markt macht die Schar Halt. Die Bürger drängen sich herzu, um die Studenten ins Quartier zu nehmen. Da sprengt ein Reiter heran. Es ist Graf Üxküll, Oberförster von Sulz. Er bringt die Nachricht, daß die Franzosen zurückgeschlagen seien. Jetzt mit einem Schlag, wie beim Zauberwort im Märchen, verschwinden die Gastfreunde, die Lichter verlöschen, allein stehen die Studenten auf dem dunklen Platze. Mit Mühe finden sie in den Wirtschaften in der Nähe Platz, mit Mühe erkämpft sich jeder seinen Stiefel Bier, aber nicht ohne alsbaldige Bezahlung ... Auf Boden, Tisch und Bank kampiert die so todesmutig ausgerückte Schar. Am frühen Morgen wird abmarschiert. Die Rottenburger Stadtgarde begleitet noch die todmüden Helden bis außerhalb Etters und brennt dort ihnen zu Ehren ihre für die Franzosen geladenen Gewehre ab. Leiterwagen zur Heimfahrt hätten die Studenten freudiger begrüßt ...«

Indes trauten die Rottenburger dem guten Wetter auch am 25. März noch nicht und blieben unter den Waffen, ging doch in anderen Städten der Tanz an diesem Tag erst recht los. Als jedoch alles ruhig blieb, und auch im Folgenden kein Franzose, dafür aber am 28. März jene oberamtliche Bekanntmachung erschien, da sah man ein, daß man sich hatte ins Bockshorn jagen lassen. Es war so, wie ein Kind in einem Schulaufsatz schrieb: »Aber Gott hat uns doch endlich wiederum geholfen, denn es war alles verlogen.« Hoffentlich ist es auch der Bericht des Dr. Bunz, der die Gastfreundschaft der Rottenburger in ein so schofles Licht stellt.

Die Gefahr, die einen so unvorbereitet betroffen, gab dem in der Luft liegenden Gedanken der allgemeinen Volksbewaffnung verstärkten Auftrieb. Herr von Kraft, Gutsbesitzer »dahier«, sah nunmehr die Anschaffung einer Fahne »als Vereinigungszeichen für die Bürgerwehr« als unerläßlich an und überwies dem Stadtrat 20 fl. Ein anderer – wer? sagt die Red. d. Bl. – suchte ein Gewehr zu kaufen; die Tübinger Studenten machten bekannt, daß sie künftighin die Kopfbedeckung zur Begrüßung nicht mehr abnehmen, sondern sich des militärischen Grußes gegen jedermann ohne Ausnahme bedienen würden, und empfahlen, dies nachzuahmen. Der Kaufmann F. J. Buß hatte seine Stockfische schwimmen lassen und offerierte jetzt sein Arsenal von »vorzügl. extrafeinem Niederländer Jagd-, Scheiben-, Musketen-, Kanonen- und Sprengpulver, Sächs. und Preuß. Zündhütchen, Schroten, Posten und Blei zu billigsten Preisen«. Weil es aber offenbar an äußeren Feinden fehlte, gegen die man diese materielle und moralische Aufrüstung hätte spielen lassen können, so krawallierte man eben unter sich selbst. Den dauerhaftesten Anlaß dazu gab die Aufstellung der anfangs freiwilligen, später vom Gesetz geforderten Bürgerwehr. Ihre Aufgaben seien ganz anderer Art, als die der alten Stadtgarde, heißt es in einem »Eingesandt« vom April; diese habe sich ja zu nichts anderem berufen geglaubt, als »gegen Taglohn am Fronleichnamsfeste unter Sang und Klang gleich einem Puppenspiel Parade zu machen, die Schnurrbärte zu streichen und beim Durchziehen der Stadt mit einem martialischen Blick an die Häuser hinaufzugaffen«.

Zuerst mußte sie allerdings organisiert werden, die neue Bürgerwehr, und dies nahm so viel Zeit, daß die Revolution darüber zu Ende ging. Nicht etwa mangelnden Eifers halber, im Gegenteil: es steckten zu viele ihre Nase hinein: Oberamt, Stadtrat, Organisationskomitees und Unterkommissionen, die alte Stadtgarde, überhaupt jeder Bürger. Sogar die Frauen und Jungfrauen unter Führung von Fräulein Josephine Fischer hielten Sitzungen ab, in denen die Herstellung der Fahne nach den Vorschriften eines Kgl. Erlasses des langen und breiten beredet wurde. Schon befeuerte Carl Julius Erath, »vormal. Präzeptor und jetzt reisender Poet« und als solcher Freifeld genannt, den Heldengeist des noch ungeborenen Kindes mit den Versen:

Halt dich tapfer, Bürgerwehre,
schwing die Sensen und Gewehre
für die Gleichheit, unser Recht . . .

Im Juli war es so weit, daß man zur Wahl der Offiziere schreiten konnte. Das Ergebnis scheint nicht überall befriedigt zu haben, obwohl oder weil es »ganz im Sinne des sogenannten Volkes« ausgefallen war. Ein Reaktionär im »Neckar-Boten« spottet: vor der Wahl habe es von allen Seiten geheißen: »No koin Herre'!« Und was sei dabei herausgekommen?: der Herr Hauptmann (Carl Biesinger, Weingärtner) sei noch militärpflichtig und könne über kurz oder lang einberufen werden, die beiden Leutnants (Carl Steiner, Instrumentenmacher, und Gustav Heinrich, Schneider) seien ebenfalls noch nicht selbständig und stünden noch unter väterlicher Gewalt. . . . Natürlich blieb die Erwiderung auf diesen schnöden Anwurf nicht aus: »Ein schwacher Mensch, dem man es auf der Stelle ansieht, wer er ist, hat sich erfrecht ...«, so beginnt sie, und mit »elender Verleumder, mache daß du uns aus dem Gesicht kommst« und einer handfesten Drohung endet sie.

Immerhin konnte man jetzt zum Exerzieren ausrücken. Die Uniform bestand in grauem Schlapphut mit Hahnenfeder (Heckerhut), Landes- und Nationalkokarde, zweireihigem Waffenrock aus russisch-grünem Tuch und dunkelgrauen Hosen. Offiziere trugen eine schwarz-rot-goldene Schnur und eine goldene Agraffe am Hut, dazu eine schwarzrote Schärpe. Ihre Waffe war »der Sabel mit Port-épée«, die der Wehrmänner das Gewehr und, beim größeren Teil, die Sense. Trotz ihrer schönen Uniform hielt der Diensteifer der Wehrmänner nicht lange an: schon im August füllten die Namen derer, die nicht auf dem Exerzierplatz erschienen waren und deshalb einen öffentlichen Verweis erhielten, zwei volle Spalten im »Neckar-Boten«. Dem Wehrmann Michael Buß mußte sogar »wegen Weglaufens vom Exerzierplatz und Ausstoßung verschiedener (ortsüblicher, wie man wohl hinzufügen darf) Schmähäußerungen eine Geldstrafe von 1 fl. zuerkannt« werden. Angesichts solcher Insubordination stieß gelegentlich auch der »Neckar-Bote« ins reaktionäre Horn und spöttelte über

Das Bürgerkommando

Leutnant: Marsch! Vorwärts! immer willst du ruhen;
Du hinkst, jetzt erst nimm ich's in acht.
Gemeiner: Herr Leutnant, das kommt von den Schuhen,
die hat er mir zu eng gemacht ...

Im Oktober war die Fahne immer noch nicht fertig; man drohte dem Fräulein Josephine öffentlich, die gestifteten Beiträge zurückzufordern, wenn nicht bald ... Dem Stadtrat gefiel diese Bürgerwehr gar nicht, und eines Tages beschloß er kurzerhand, sie aufzulösen. Aber das führte zu schweren Krawallen, der Innenminister persönlich mußte eingreifen: die beschlossene völlige Auflösung sei mit dem Gesetz nicht vereinbar, der Beschluß müsse außer Wirkung gesetzt werden, der Stadtrat habe die Reorganisation der Bürgerwehr mit Umsicht und Schonung vorzubereiten. Nun ging der Tanz von vorne an, man organisierte, kritisierte, reorganisierte, schwadronierte und insultierte bis die Revolution vorüber war. Das Ende war ein melancholisches Abendgespräch im Herbst 1849 zwischen Fahnentuch und Fahnenstange, die noch immer nicht hatten zusammenkommen können, und die trotz dem Lied, das sie miteinander anstimmten: »Wenn die Hoffnung nicht wär«, auch nie zusammengekommen sind.

Die Bürgerwehr war der Pol, um den alle revolutionären Energien der Rottenburger Achtundvierziger kreisten. Was außerhalb Etters vorging, tat der »Neckar-Bote« mit ein paar Zeilen ab, als wolle er die Gewalt des Sturmes, der über Europa hinbrauste, abfangen, so daß man ihn in Rottenburg nur noch als föhniges, aufregendes Lüftchen verspürte. Anarchie in Baden, Hecker und Struve im Oberland, in Kassel ist eine Revolution ausgebrochen, in Konstanz ist alles in Aufruhr, in München sind ekelhafte Bierexzesse vorgekommen, Hecker hat geäußert, schlage es fehl, so gehe er nach Amerika – das sind ein paar Meldungen vom Ausland. Ausführlicher ist ein Bericht aus Posen, der grausige Einzelheiten über die Kampftaktik der polnischen Freiheitsmänner bringt: »Diese wetzen bis zum letzten Augenblick des wirklichen Einhauens die in der Hand kurz gefaßte Sense, so daß die Funken fliegen, und singen dazu ihr brausendes Nationallied »Noch ist Polen nicht verloren«. So rücken sie nach dem Takt des Liedes an, fallen bei der ersten Gewehrsalve aufs Knie und stürmen dann geschlossen vor. Nur wenn sie gegen Kanonen anstürmen, singen sie einen Choral ...«

Auch die gemeindeutsche Politik kommt im redaktionellen Teil sehr kurz weg. Die oberamtliche Bekanntmachung, daß »Herr Dr. Uhland« als Abgeordneter des Bezirks in die Frankfurter Nationalversammlung gewählt worden, wird kommentarlos wiedergegeben. Ein zuverlässigeres

Barometer des politischen Wetters sind die zahlreichen »Eingesandt«, Aufrufe und der Annonceteil.

Solange die Revolution nur Thron und Altar erschütterte, hatte der Stadtschultheiß ein Auge zugedrückt; wollte man sie aber bis zur Überschreitung der Polizeistunde treiben, dann sollte man ihn kennenlernen. Die Vorfälle der letzten Zeit, so warnte er, seien von manchen dahin ausgelegt worden, als ob »in Beziehung des nächtlichen Zechens in den Wirtshäusern und des Herumziehens und Lärmens in der Stadt die polizeilichen Maßregeln als erloschen zu betrachten seien«; dem sei nicht so. Auch gehe es nicht an, daß ledige Weibspersonen abends nach der Betglocke oft noch stundenlang die Straßen durchzögen und dadurch zu allerlei Unfug Veranlassung gäben ... Die Folgen solch nächtlichen »Auslaufs« stellten sich prompt ein. Genau neun Monate später entrüstet sich im »Neckar-Boten« ein ländlicher Bürgermeister: »In den letzten Tagen habe ich nicht weniger als acht uneheliche Kinder ins hiesige Tagebuch eingeschrieben in einer Reihenfolge, die durch kein eheliches Kind unterbrochen ist. So etwas ist noch nicht erhört worden, und es sind lauter »Märzerrungenschaften«, wie jedem der Kalender ausweisen wird. Wenn sonst nichts wäre, als solche Sittenlosigkeit, so müßte der denkende Mensch wider Willen annehmen, daß ein Volk, bei dem es so aussieht, keinen dauernden Bestand mehr haben kann.« So echt die Entrüstung des Einsenders ist, so offenkundig falsch ist seine Bio-Logik.

Der April, bekanntlich ein wetterwendischer Geselle, löschte mit einem aus Norden kommenden Schauer die ohnehin mäßige Liebesglut der Rottenburger für ihre norddeutschen Brüder völlig aus; einige patriotisch gesinnte Damen gingen so weit, der Wirtschaft zum »Preußischen« ihren ehrlichen Namen rauben zu wollen, da er für eine so anmutige Gegend »in jetziger Zeit unschicklich« sei.

Eigentlich hätte man im Mai mit der ganzen Revolution Schluß machen können; die Männer der Frankfurter Paulskirche brauchten nur zur Reichsverfassung erheben, was ein Kenner der Volkswünsche also formuliert: »Ich wünsche und verlange für das gesamte deutsche Volk: 1. freie Zeche in allen deutschen Gasthäusern; 2. unbeschränkten Kredit bei Schneider, Schuhmacher, Bäcker, Metzger, etc., bis die staatlichen Verhältnisse Deutschlands so geordnet sind, daß auf jeden der Schuldner ein schuldenfreies Rittergut fällt; 3. Aufhebung aller Staats- und Kommunalabgaben; 4. Errichtung einer Kompanie ausgestopfter Polizeisoldaten zur Aufrechterhaltung der öffentlichen Ordnung; 5. auf Antrag dreier selbständiger Staatsbürger kann jedes Ministerium abgesetzt werden; 6. wählbar und wahlberechtigt ist jeder, der eine Nase hat.« Leider las man in Frankfurt den »Neckar-Boten« nicht, und so mußte die Revolution weitergehen.

Wie der Kaufmann Buß, der sich längst von der Politik ab und seinem andern Käs wieder zugewandt hatte, mit seinem preiswerten »Limburger schnell räumen möchte«, so fürchtete auch der Buchhändler Bäuerle im Juli, als das Heckerlied in Baden ausgesungen war, die »interessanten, gutgetroffenen Portraits« von Dr. Friedrich Hecker und Gustav Struve möchten ihm madig werden; um 36 Kreuzer wollte er sie losschlagen, während er den Reichsverweser Erzherzog Johann und den Präsidenten des Frankfurter Parlaments von Gagern immerhin noch um 12 Kreuzer teurer bewertete. Für diejenigen aber, welche die Schlagworte der Politik noch immer nicht berauscht hatten oder die schon wieder nüchtern geworden waren, wußte der Oberlehrer Schlipf ein probates Rezept zur Bereitung von Zwetschgenmost; als Wohltäter der Menschheit übergab er es zur Zeit der Zwetschgenreife der Presse.

»Was war im Jahre 1848 am merkwürdigsten? – Daß ein Baum im Frühjahr Blüten von Paradiesäpfeln hatte und im Herbst taube Nüsse brachte.« Diese Erkenntnis ging dem »Neckar-Boten« zwar erst viel später auf, und doch fühlte man wie überall, so auch in Rottenburg, als man am Neujahrstag 1849 erwachte, daß der schwere Kopf nicht allein vom Silvesterglühwein kam. Pessimisten – und wer wäre es im Zustand des Katzenjammers nicht? – ahnten dumpf, der Rausch der Begeisterung des verflossenen Jahres werde seine naturgesetzlichen Folgen haben ...

Das Neue fing damit an, daß unser »reisender Poet« Erath-Freifeld, der es inzwischen bei der Bürgerwehr zum Unteroffizier gebracht, verhaftet wurde. Der »Neckar-Bote« verschweigt den Grund; ein »Eingesandt« strotzt aber von revolutionären Schimpfwörtern wie Lügner, Verleumder, Partikulier und Präsident (man beachte die kunstvolle Steigerung!), die man wohl auf die Widersacher des reisenden Poeten beziehen muß.

Weil es in Frankfurt mit der deutschen Einheit und Freiheit so gar nicht vorwärts gehen wollte, führten die Badener wieder einmal die Republik auf eigene Faust ein. Solch eilfertiges Vorgehen in Rottenburg zu verhindern, verteilte der Stadtrat schleunigst 800 Exemplare der nun doch noch fertig gewordenen Reichsverfassung. Jetzt hatte man zwar eine Verfassung, aber kein Parlament mehr, denn Österreich und Preußen beriefen ihre Abgeordneten aus Frankfurt zurück, ein anderer Teil trat mit faserig geredeter Zunge von selbst aus, und nur der Rest, das sogenannte »Rumpfparlament«, übersiedelte nach Stuttgart. Die Württembergische Regierung erkannte jedoch seine Beschlüsse nicht an. Mit Recht klagte der Stuttgarter Berichterstatter des »Neckar-Boten«: »O deutsche Einheit! Nun haben wir in Stuttgart eine Reichsregentschaft, in Frankfurt eine Zentralgewalt, und nebenbei handelt der König von Preußen, wie es ihm beliebt!«

Dies alles regte die Rottenburger lange nicht so auf, wie die bevorstehenden Gemeinderatswahlen. In einem »Eingesandt« nahm ein Bürger einen der eingereichten Wahlvorschläge unter die kritische Lupe und entdeckte unter den 25 Kandidaten nicht weniger als acht, die miteinander verwandt oder verschwägert waren. Ein Hauch unverfälschten Rottenburger Geistes weht aus dem Vierzeiler eines anderen Kandidaten:

Wer mir nicht günstig ist,
und mich zum Gespötte wählt,
der küsse mich im Gesicht,
wo mir die Nase fehlt!

Diese Gemeinderatswahlen zehrten offenbar die letzten revolutionären Energien der Rottenburger auf; der Ausgang des badischen Aufstandes vollends und die vielen standrechtlichen Erschießungen von Republikanern, die der »Neckar-Bote« keineswegs im Sinne des preußischen Königs kommentierte, machten auch den Unentwegten klar, woher künftig der Wind wehen würde. Ein großer Aufwand für eine große Sache war scheinbar nutzlos vertan; nun hieß es, sich wohl oder übel wieder in das schlimme Alte partikularistischer Kabinettspolitik fügen. Das württembergische »Märzministerium« war bereits am 3. September abgetreten, der frühere, reaktionäre Minister Schlayer hatte nun wieder das Heft in der Hand. Daß unter ihm die Volksmänner würden Haar lassen müssen, war von vornherein klar, und wirklich richtete sich eine seiner ersten Amtshandlungen gegen die Märzerrungenschaft der – Demokratenbärte, in deren Gestrüpp für ihn alle bösen Geister der Widersetzlichkeit, Tyrannenhaß, Freiheitsliebe und großdeutsche Ideale auf der Lauer lagen wie in einem Hinterhalt. Also fielen auch in Rottenburg, vielleicht zur Freude des Friseurgewerbes und einiger kitzeliger Gattinen, die wallenden Vollbärte unter dem Schermesser, und mit ihnen verloren die Volksmänner alle Kraft wie einst Simson mit seinen Locken.

Wer Lust hatte, konnte am 7. Oktober 1849 bei der akrobatischen Seiltänzergesellschaft Knie Betrachtungen anstellen über die gefahrvolle Kunst, »mit doppelt geschlossenen Ketten auf dem hohen Seil« zu tanzen, wobei manch lehrreicher Vergleich mit der politischen Seiltänzerei der letzten zwei Jahre abfiel. Der an der Menschheit verzweifelnde Brillenmacher Hofmeister aber floh aus ihrem Schoß und nahm die Bekanntmachung seines Umzugs zum »Klösterle« hinaus zum Anlaß, ihr seinen wohlgereimten Abscheu in das nunmehr glattrasierte Gesicht zu speien:

Heute mordet mich, der gestern
mich noch brüderlich umfaßt.
Kannst du lügen, kannst du lästern,
bist du ein willkommner Gast.
Heucheln, Schmeicheln, Zungendreschen,
Öl ins Feuer gießen statt zu löschen,
Dolche in den Rücken bohren,
für Verleumdung offne Ohren,
Neides Zahn an Tugend wetzen,
Brüder gegen Brüder hetzen,
und dabei den Heiligenschein
sich erbeten und ersingen –
kannst du's, dann wird dir gelingen:
unter Menschen Mensch zu sein.

Offensichtlich gehörte der biedere Meister nicht zu den jetzt »Gans-leise-auftreten-Wollenden«, denen der Hutmacher Biesinger mit sicherem Geschäftsinstinkt für Zeitgemäßes »gedruckte Filzschuhe und Filzstiefel« empfahl.

Der Mensch lebt nicht vom Ideal allein. Auch die Rottenburger erkannten diese Wahrheit, nachdem ihnen ihr Mitbürger, der Flaschnermeister Edelmann, mit seinen »neuerfundenen Gaslampen samt dem dazu erforderlichen Gas« ein Licht aufgesteckt hatte, das kein Schlayer erstikken konnte. Und so durfte der Bärenwirt Sattler auf guten Zuspruch rechnen, als er »am letzten Tag des Jahres, am 31. Dezember ds. Mts.«, wie er angesichts der Verwirrung der Geister verdeutlichend hinzusetzte, zu einer abendlichen Metzelsuppe einlud. Mit dieser Anzeige schließt im »Neckar-Boten« das Revolutionsjahr 1849, versöhnlich, nahrhaft und nicht unpassend für die Wähler Uhlands, der als Abgeordneter der Rottenburger nicht nur ihr politisches Ideal verfochten, sondern als Dichter des »Metzelsuppenliedes« auch Ihre Leibspeise, Schweinernes mit Kraut, verherrlicht hat.

*Ein Brief Ludwig Uhlands an seine Wähler zur Nationalversammlung im Bezirk Rottenburg und Tübingen**

Frankfurt a.M., 18. Mai 1848

Da es mir nicht vergönnt war, persönlich in Ihrer Mitte zu erscheinen, so erfülle ich auf diesem Wege die Pflicht des Dankes für das ehrenvolle Vertrauen, das Sie mir, dem Abwesenden, durch die Wahl zum Volksvertreter beim deutschen Verfassungswerke erwiesen haben. Ich schreibe diese Zeilen in der Frühe des Tages, an welchem die nunmehr in genügender Zahl versammelten Abgeordneten aus allen deutschen Ländern zum feierlichen Beginn ihrer Arbeit erstmals in die Paulskirche einziehen werden. Zwar kann ich meinen Wählern keine Verheißungen geben, wie der Bau sich gestalten werde, an dem so viele mitzuschaffen haben und der unter täglich wechselnden Einwirkungen einer mächtig bewegten Zeit aufsteigen soll, aber das kann ich versichern, daß ich beim Eintritt in die Versammlung, zu der Sie mich absenden, tief durchdrungen bin vom Ernste der inhaltschweren Aufgabe, alle die Bruderstämme zum großen Gesamtwesen in Freiheit, Einheit und heilbringender Ordnung zu verbinden.

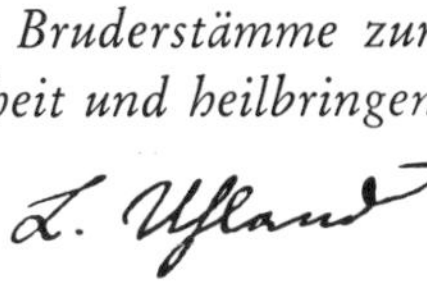

* Uhland war im Wahlbezirk Rottenburg-Tübingen am 26. April 1848 mit 7086 von 7682 abgegebenen Stimmen in die Nationalversammlung gewählt worden.

Spiegelein, Spiegelein an der Wand ...

Hat Welscher-Hahn an seinem Kropf,
Storch an dem Langhals Freude;
Der Kessel schilt den Ofentopf,
Schwarz sind sie alle beide.

Goethe

Schattenrisse

Dieses Kapitel handelt von – hier stockt die Feder sich weigernd, »berühmte Rottenburger« hinzuschreiben. Das Wort ist ihr zu geschwollen, zu auftrumpfend. Berühmt sind ein Uhland von Tübingen, ein Friedrich List von Reutlingen, ein Mauser von Oberndorf, um in der Nachbarschaft zu bleiben, aber das Rottenburger Standesregister hat solche Namen nicht aufzuweisen. Allenfalls den einen: Ottilie Wildermuth. Nun ist freilich diese zu Lebzeiten weit über Schwaben, ja das Reich hinaus berühmt gewesene Schriftstellerin unleugbar in Rottenburg geboren, erlebt hat sie ihre Vaterstadt aber lediglich vom Tragkissen aus. Und dann: stellt nicht gerade ihr Name die Pilatusfrage: Was ist Ruhm? Noch einmal hundert Jahre, und auch ihr schon heute verblühender Nachruhm klebt dürr und verblaßt im großen Herbarium der Literaturgeschichte ...

Bescheiden wir uns also und behelfen wir uns wie schon die Oberamtsbeschreibung, indem wir von »namhaften Rottenburgern« erzählen. Namhaft sind sie zu ihrer Zeit gewesen, diese längst dahingegangenen Mitbürger, sei es durch Verdienst, Charakter, Begabung, Tätigkeit, Gesinnung oder Stellung.

Selbst in der kleinen nachstehenden Galerie ihrer flüchtig umrissenen Schattenbilder, deren Auswahl nicht Werturteile bestimmt haben, sondern der Reiz der Abwechslung und die Freude am zeitgenössischen Kolorit, muß es auffallen, wie weit, geistig und räumlich, fast alle diese Alt-Rottenburger hinausgestrebt haben. Der Hochmütige mag sie als Lokalgrößen abtun, wir, ihre spätgeborenen Landsleute, haben das Recht, sie mit dem Maß heimatlicher Zuneigung zu messen, und die Pflicht, ihre Namen in Ehren zu halten.

Die Nacherzählung der Lebensläufe *aller* namhaften Rottenburger gäbe ein Buch für sich, und gewiß kein langweiliges. Da stünden in bunter Reihe einer der ersten Buchdrucker, Universitätsprofessoren, Hofopernsängerinnen, ein Konstanzer Weihbischof aus dem 17. Jahrhundert, Diplomaten, die in Marokko, in Konstantinopel, in Odessa unser Land vertreten haben, mittelalterliche Chronisten, Kreuzfahrer, ein General, Theologen, ein württembergischer Kanzler, hohe österreichische Beamte, Abgeordnete, Barockdramendichter, Humanisten – kurz, Figuren aus allen Jahrhunderten wie auf einem Kostümbilderbogen nebeneinander. Und allen hat die gemeinsame Heimatstadt, mehr oder weniger deutlich erkennbar, den Stempel ihres Wesens aufgedrückt. Vielleicht läßt sich sogar in der knappen Zeichnung unserer Silhouetten hier und da ein Rottenburger Zug entdecken.

Karl Bellino
Dolmetscher und Kapitän der Englisch-Ostindischen Compagnie

Eine Zier der Kaufmannschaft hatte der Rottenburger Salzfaktor F. J. Bellino aus seinem Ältesten, dem am 21. Januar 1791 geborenen Karl machen wollen. Vier Jahre Stuttgarter Gymnasium, eine solide Lehre im eigenen Geschäft und bei einem Freund in Spaichingen und zum Abschleifen dessen, was dem Commis und seinem Schulfranzösisch an schwäbischen Unebenheiten etwa noch anhaften mochte, drei Jahre im Haus der Herren Jacob & Cie. in Reims – dies schien zu diesem Behufe das Rechte.

Aber die Bilanz ging nicht auf, und das investierte Kapital an väterlichen Hoffnungen schien verloren. Denn der junge Mann brachte aus Paris, wo er sich öfters längere

Zeit aufgehalten hatte, eine Kiste mit Büchern in den morgenländischen Sprachen mit, dazu die selbsterworbene Kenntnis, sie zu lesen, und – das Bedenklichste – eine unstillbare Neigung für solche brotlosen Allotria.

Auf den Rat des Tübinger Orientalisten Schnurrer, dem der Vater den verlorenen Sohn vorführte, wie dem Arzt einen Kranken, ließ man sich auf den Handel, einen schlechten Kaufmann gegen einen vielversprechenden Gelehrten einzutauschen, ein, und Karl Bellino durfte studieren. 1811 bezog er die Orientalische Akademie in Wien und war nach vierjährigem Studium in der Rechtswissenschaft so beschlagen und in neun Sprachen mit solcher Fertigkeit bewandert, daß ihn sein Lehrer und väterlicher Freund, der Orientalist von Hammer, mit gutem Gewissen dem 1815 seinen Urlaub in Wien verbringenden englischen Gesandten in Bagdad, einem Mr. Rich, als Sekretär und Dolmetscher empfehlen konnte. Er gefiel und wurde in diesen Eigenschaften mit Hauptmannsrang in Dienst genommen. Noch einmal kam Bellino in seine Vaterstadt, ehe er in den Orient aufbrach.

Die Reise ging über Italien, Griechenland, die Inseln des Ägäischen Meers, von wo aus ein Abstecher nach Troja gemacht wurde, nach Konstantinopel und von da aus im Sattel, 7 bis 12 Stunden täglich, quer durch Kleinasien, wobei Madame Rich als Tatar verkleidet war, was öfters zu heiteren Verwechslungen führte. Das Taurusgebirge, weglos und tief verschneit, wurde mitten im Winter überschritten. In Gesellschaft einer Karawane zog man durch die Wüstengebiete räuberischer Beduinen. Die letzte Wegstrecke legte man von Mossul ab auf dem Tigris zurück auf zwei Flößen »aus aufgeblasenen und nebeneinander gebundenen Geißhäuten«.

Die Schilderung, die Bellino von Bagdad, wie übrigens von seiner ganzen Reise entwarf – in Briefen, die das Cotta'sche »Morgenblatt« veröffentlichte –, dieses Bagdad mußte die Leser von »Tausendundeiner Nacht» arg enttäuschen: große Hitze, viel Insekten und Fledermäuse, als Umgebung eine ausgedörrte, freudlose Ebene ohne jeden grünen Halm, eine lebensgefährliche Schiffsbrücke über den Tigris und elende Lehmhäuser; freilich gab es auch »ächten Mochakaffee« und eine gegen Europäer sehr höfliche Bevölkerung. Bellino fühlte sich glücklich und in seinem Element.

Mit den Briten, vor allem mit Mr. Rich und seiner Frau und mit dem Gesandtschaftsarzt, verband ihn herzliche Freundschaft. Der Dienst und das Verständnis des Chefs für seine sprachwissenschaftlichen und archäologischen Neigungen ließen ihm Muße zu ausgedehnten Reisen – bis hinein nach Persien. Fünf Jahre lang forschte und sammelte er in den Ruinenstätten des Vorderen und Mittleren Orients und korrespondierte über seine Entdeckungen – sein Hauptinteresse gehörte Forschungen über das Alter der Buchstabenschrift – mit bedeutenden Gelehrten in der Heimat, bis ihn in Hamadan im östlichen Kurdistan, wo er Inschriften kopieren wollte, ein Gallenfieber befiel. Man schaffte ihn in einer Sänfte nach Mossul, und dort starb er, von seinen englischen Freunden mit Aufopferung gepflegt, am 12. November 1820, noch nicht 30 Jahre alt.

Mr. Rich ließ seinem »geschätzten Freund«, ein Monument auf das Grab setzen. Seinen Brief, in dem er, selbst tief erschüttert, den Angehörigen in liebevoller Ausführlichkeit die letzten Tage und Stunden des Frühvollendeten schilderte, schloß er mit den schönen Worten: »Ich habe nun die traurige Erzählung geendet; ich kann nicht weiter fortfahren, ich bin zu betrübt. Der arme Bellino ist nicht einer von denen, die man so leicht vergißt.«

Franz Anton Hofmeister, der göttliche Philister

Philister gedeihen in jeder Kleinstadt, göttlich aber sind sie selten. Wenn die Musikgeschichte einem unserer alten Mitbürger diesen fröhlichen Titel zugebilligt hat, so bedurfte es freilich erst noch des heiteren, leichtsinnigen, musik- und weinseligen Wiens, um im Philisterhaften das Göttliche zu wecken.

Hier die nüchternen Lebensdaten des längst Vergessenen mit dem guten alten Rottenburger Namen: Franz Anton Hofmeister wurde am 27. Oktober 1754 in Rottenburg geboren, kam mit vierzehn Jahren nach Wien, und befliß sich dort der Juristerei, erkannte aber nach beendetem Studium, daß die Rechte nicht das Rechte für ihn seien. Wien, schon damals »die Hauptstadt der musikalischen Welt«, wo man auf nüchternen Magen morgens um 7 Uhr schon Symphoniekonzerte gab, wo in allen Opernhäusern, Konzertsälen, Salons, Schenken und Heurigengärten unaufhörlich Musik gemacht und genossen wurde, wo ein Haydn, ein Mozart und später ein Beethoven den Ton angaben, dieses glänzende Wien wirkte auf unsern Landsmann wie die aufgehende Sonne auf die Memnonssäule: er begann zu klingen. Musikberauscht vertauschte Hofmeister das Corpus iuris mit dem Kapellmeisterstock, fing an, selber zu komponieren, war aber behutsam genug, sich nicht fessellos in die höheren Sphären der Kunst entführen zu lassen, sondern die Montgolfière seiner Kunstbegeisterung auf dem soliden Boden einer neugegründeten Buch-, Kunst- und Musikalienhandlung zu verankern. Dann stieg er auf.

Eine Kunstreise, die ihn nach London führen sollte, trug ihm in Prag, wo er im Februar 1799 mit eigenen Kompositionen konzertierte, allgemeinen Beifall ein. In Leipzig jedoch – noch war der Philister in ihm nicht ganz tot – endete sie bereits mit einer neuen Geschäftsgründung: zusammen mit einem Organisten Kühnel eröffnete er einen Musikverlag, der bald florierte.

Erst 1806, als gemachter Mann, der es sich leisten kann, seine Liebschaft endlich heimzuholen, gab er das Leipziger Geschäft auf und kehrte nach Wien zurück, um fortab ganz dem Göttlichen zu leben. Dieser Liebe entsprossen zahllose Kinder, allein 344 Stücke für obligate Flöte, neun Opern, von denen »Telemach« das meiste Glück machte, aber auch »Die Belagerung von Cythere« und »Rosalinde oder die Macht der Feen« (diese sogar »öfter und mit Beifall«) in Wien aufgeführt wurden, dazu eine Reihe von Orchesterwerken und Solostücken für alle Instrumente. Daß bei solcher Fruchtbarkeit nicht sämtliche Kinder geraten sind, kann nicht verwundern.

»Ich glaube, seine Manen werden nicht zürnen«, schrieb 1853 der Musikhistoriker Riehl über Hofmeister, »wenn ich ihm vorzugsweise die Meisterschaft zuerkennen möchte in dem gedankenlosen Leichtsinn, mit welchem er über die künstlerischen Inhalte der Composition hinausging...«

1812 starb Franz Anton Hofmeister, 58 Jahre alt, in Wien. Vielleicht erklingt einmal zum Andenken des »göttlichen Philisters« in seiner Vaterstadt eines seiner kleinen Orchesterwerke oder Solostücke, die »mit flüchtigem Pinsel hingeworfen, sich mitunter durch ihre frische Beweglichkeit eigenthümlich auszeichnen«.

Karl von Landsee, Stabshauptmann im Württ. Kapregiment

Im »Bilderbuch aus meiner Knabenzeit« erzählt Justinus Kerner, wie er die letzte Lieferung der von Herzog Karl Eugen an Holland verkauften, nach dem Kap der Guten Hoffnung bestimmten Truppen unter dem Gesang des Schubartschen Liedes »Auf, auf, ihr Brüder, und seid stark!« die Ludwigsburger Schloßallee habe hinabziehen sehen.

Aller Paradeglanz von Roßschweifen, blau-gelben Federbüschen, Zöpfen, Gamaschen und silbernen Bandelieren konnte über die Schändlichkeit dieses Seelenverkaufs von Landeskindern nicht hinwegtäuschen. Ein paar Tage vor dem Ausmarsch hatte der Dichter Schubart seinem Sohn geschrieben: »Der Herzog hat sich die Offizierstellen mit 700 bis 1000 und mehr Gulden bezahlen lassen. Die müssen also ihr Elend kauffen. Es ist schrecklich, was der Herzog mit Dienstverkauf für Wucher treibt.«

Einer der Ausmarschierenden war ein Rottenburger: Hauptmann Karl von Landsee, geboren am 11. Juni 1755. Übrigens befand er sich in guter Gesellschaft: außer zwei Jugendfreunden Schillers, den Oberleutnants Kapf und von Wolzogen, hatte er sechs illegitime Söhne des Herzogs zu Offizierskameraden, in seinem Bataillon die vier Brüder Franquemont, im ersten die zwei von Ostheim. Am 2. September 1787 rückte er mit dem 2. Bataillon des Kapregiments – das erste segelte bereits im Kanal – aus der Ludwigsburger Garnison.

Nach einem harten Marsch durch Baden, das Elsaß und Frankreich ging es von Dünkirchen aus zu Schiff nach Vlissingen. Es hatte unterwegs böse Zwischenfälle gegeben, dazu viele Marode und Deserteure, auch hatte das schlechte Wetter, bei dem das liederliche Schuhwerk nach ein paar Tagen schon in Fetzen ging, Stimmung und äußere Verfassung der Söldner nicht gehoben.

In Holland übernahm die »Edle Kompagnie« – dies war der amtliche Titel der Niederländisch-Ostindischen Kompagnie – die gekaufte Truppe mit großer Feierlichkeit, zog aber kühl und geschäftsmäßig von der Kaufsumme den Preis für die nicht gelieferte Stückzahl ab: im ganzen fehlten 196 Mann.

Fast ein Vierteljahr mußte man auf die Einschiffung warten. Offiziere wie Mannschaft lebten auf Löhnungsvorschuß und gerieten in Schulden. Es wird unserem Landsmann nicht anders gegangen sein als seinem Kameraden

Kapf, der heimschrieb: »Hätten wir Capitains nicht Bank gemacht*, so hätten wir als Schelme entlaufen müssen ... Nun sollen wir Capitains als Teutsche und Truppen eines Reichsfürsten (auch noch) große Herren spielen ...«

Endlich, am 22. Dezember 1787, ging Landsees Schiff, die Fregatte »Gatemisse«, von Rammekens bei Vlissingen aus in See, mit ihr die »Agathe«; zwei andere Schiffe waren bereits im November ausgelaufen. Die »Gatemisse«, ein guter Segler, kam nach dreimonatiger Fahrt als erstes der vier Transporter am Kap an: am 27. März 1788 tauchte der Tafelberg aus dem Meer, am andern Morgen rasselten ihre Anker auf den Grund der False Bay. Die andern erreichten die Kapstadt erst viel später. Als letztes Schiff stellte sich nach sechs Monaten die »Rhynon« ein. Stürme, Mangel an Trinkwasser und Lebensmitteln, Krankheiten und Strapazen hatten entsetzlich auf ihr gehaust: 150 Todkranke lud man aus, nachdem während der Überfahrt schon 28 Mann gestorben und mit dem kurzen Seemannsgebet »Eins, zwei, drei in Gottes Namen!« über Bord geworfen worden waren. Das Regiment hatte auf See 143 Mann verloren, sieben vom Hundert seines Bestands.

Die Kapstadt, bei gesundem Klima in herrlichster Landschaft gelegen, war dennoch »für einen Soldaten das irdische Paradies nicht, wie man sie im allgemeinen abschildert«. Gelegenheit, kriegerischen Ruhm an seine württembergisch-holländischen Fahnen zu heften, fand das Regiment dort nicht: die Eingeborenen verhielten sich ruhig, und die Engländer griffen die Kolonie nicht an. So verliefen die Jahre im eintönigen Gamaschendienst des Exerzierplatzes.

Die spätere Tragödie des verlorenen Haufens, die Johannes Prinz in seinem Buch »Das Württembergische Kapregiment« erschütternd beschreibt, seinen Kampf und Untergang in den Dschungeln von Ceylon, Java und Celebes hat Karl von Landsee nicht mehr erlebt. Er starb schon 1790 auf dem Kap der Guten Hoffnung.

* Gespielt.

Dr. Franz Xaver Raidt, ein Beförderer geselliger Freuden

Mit dem Denkmal, das die Niedernauer Badegäste vom Juli 1824 ihrem Wirt: »Herrn Dr. Raidt, dem Beförderer geselliger Freuden«, errichtet haben, nahmen sie den Dank eines Jahrhunderts vorweg. Unversieglich wie aus den Quellen das heilende Wasser, strömt aus den beiden Schöpfungen dieses Mannes bis auf den heutigen Tag Erquickendes und Beglückendes. Bad Niedernau ist die eine, unser Rottenburger Liederkranz die andere.

Franz X. Raidt wurde am 26. November 1771 in Rottenburg geboren, wo sein Vater die Apotheke »zum Einhorn« innehatte. Die Lateinschule der Stadt, Unterricht bei einem geistlichen Onkel in Beuron, das Ehinger Gymnasium und die Universität Freiburg waren die Vorbildungsstufen des neugebackenen Doktors der Medizin, den, wie so viele damalige Rottenburger, die Kaiserstadt an der Donau mächtig anzog. Ein Jahr lang praktizierte er dort an einem Krankenhaus, ließ sich, 1798 heimgekehrt, in seiner Vaterstadt nieder, heiratete 1799 Elisabeth Fendrich aus Freiburg und war seinen Mitbürgern ein tüchtiger Helfer in Leibesnöten und ein liebenswerter Gesellschafter beim Abendschoppen.

Zum Bad Niedernau kam er wie im Sprichwort die Magd zum Kind. Sein Freund Fidel Camesaska hatte das schon von den Römern benützte und das ganze Mittelalter hindurch gelobte, nun aber heruntergekommene Bad gekauft, konnte es aber krankheitshalber nicht halten. Da ihm die Kaufliebhaber nicht gefielen, sprang Freund Raidt ein. Ein gewöhnliches Haus mit sechs Zimmern und ein paar Kammern, ohne jede Bequemlichkeit, davor ein freier Platz, »die Sammelstätte von Schutt, Schmutz und Unrath des ganzen Dorfes«, die Quellen verschmutzt und halb verschüttet – das war Bad Niedernau, als Dr. Raidt 1804 es übernahm. »Wenn je hie und da ein auswärtiger Kurgast sich nach Niedernau verirrte, so wäre es fast nötig gewesen, er hätte Speisen und Getränke und die übrigen Utensilien zur Bequemlichkeit mitgebracht.«

Raidt schuf mit wahrer Künstlerleidenschaft, aber auch mit dem Sinn eines solchen an seinem Werk, war Arzt, Architekt, Hotelier, Wegebauer, Gartenkünstler und sein eigener Verschönerungsverein in einem und blieb über alldem der gesellige Betreuer seiner Gäste. So wie Unzählige seitdem das idyllische Tal erlebt haben, sei es als tannenduftende, bachdurchrauschte, nur vom hölzernen Klappern fallender Kegel unterbrochene Stille, sei es als sonntägliches, von Tanzmusik, Jugend und Heiterkeit erfülltes Ausflugsziel, so ist Bad Niedernau im ganzen das Werk Dr. Raidts. Uhland, Kerner, Schwab, Silcher, Freiligrath und die Wildermuth liebten das kleine Bad und schätzten seinen rastlos tätigen Besitzer, der noch Muse fand, sich für Musik, Literatur, Geschichte, Somnambulismus – der Weinsberger Geisterseher war sein Freund – und Politik zu interessieren. Für diese sogar mit solchem Eifer, daß ihn der Oberamtsbezirk Rottenburg 1831 in den Landtag wählte, und wenn dies für des Doktors Beliebtheit spricht, so für seinen Freisinn, daß plötzlich viele Stuttgarter Beamte als Kurgäste ausblieben, »gleichsam als ob mit dem allmächtigen Polizeistock (des reaktionären Ministers Schlayer) ein Veto gebietender Wink gegeben worden wäre«. In einem 73strophigen anonymen Gedicht »Die Landtagswahlen 1831« heißt es:

Da ist's in Rothenburg besser gegangen,
die haben einmal den Rechten gefangen,
sie wählten nämlich den Badwirt Raidt
von Niedernau und das war g'scheit.

Gelegenheit war auch bei unserem »Liederkranz« der Vater; Geburtshelfer aber, wie sich's ziemt, unser Doktor. Sehr hübsch schildert ein Freund und Berufsgenosse Dr. Raidts, der Hofrat Ritter, die Entstehung dieses ältesten süddeutschen Männergesangvereins:

»In Rottenburg pflegten eine Auswahl von Freunden und Bekannten je Abends in einem bestimmten Bierlokale sich einzufinden, theils geselligen Unterhaltung über Tagesneuigkeiten, theils, um bei einem Glas Bier mit Freunden von des Tages Arbeit sich zu erholen. Bei dieser Gelegenheit ereignete es sich nun öfters, daß jüngere, gesangslustige Mitglieder durch Vortrag eines ihrer bekannten Lieblingslieder ihrer jugendlichen Heiterkeit und guten Laune Ausdruck zu verleihen suchten. Bei diesen Anlässen fügte es sich öfters, daß beim Singen des Refrains, wo der Chor einfiel, Alt- und Baßstimmen sich der Oberstimme beimengten, wodurch ein improvisiertes Terzett zu Stande kam. Nachdem nun Dr. Raidt, welcher fragliche Gesellschaft öfters besuchte, diese unerwartete Erscheinung wahrnahm, so machte er, als großer Freund und Kenner der Musik und des Gesanges, der Gesellschaft den Vorschlag, nicht nur den Refrain, sondern das ganze Lied im Chor dreistimmig zu singen, und erbot sich zur Übernahme der dießfallsigen Leitung ... Man begann nun das Werk, und obgleich ohne musikalische Vorlage, bloß nach dem Gehöre gesungen wurde, gelang dieser erste Versuch gegen alles Erwarten gut.

Nach diesem Vorgang tauchte nun in Dr. Raidt der Gedanke auf, die vorhandenen Sängerkräfte zur Bildung eines kunstgerechten Terzetts zu vereinigen, und die Gesellschaft mit eingeübten Gesangvorträgen von Zeit zu Zeit zu unterhalten. Man schaffte die nöthigen Musikalien an und sang harmlose leichtere Lieder. Bei diesen Gesangübungen, welche unter Dr. Raidts Leitung, unterstützt von Lehrer Buck, stattfanden, fand sich bald auch der Tenor als vierte Stimme und das Terzett wurde zu einem Quartett erhoben.

Die Leistungen dieser Sänger fanden bei der Gesellschaft allgemeinen Beifall, und der Wunsch nach öfterer Wiederholung ihrer Gesangvorträge wurde allgemein ausgesprochen. Dieser Vorgang veranlaßte nun Dr. Raidt, der Gesellschaft den Vorschlag zu machen: sich zu diesem Zwecke wöchentlich zweimal, an bestimmten Wochentagen, in einem auserwählten geeigneten Lokale zu versammeln, die Gesellschaft als eine geschlossene zu erklären und sie Liederkranz zu nennen. Dieser Vorschlag fand allgemeinen Anklang ... und so wurde Dr. Raidt als Gründer dieser neuen Schöpfung zugleich der Vorstand derselben. Dieß geschah im Herbste 1822, wo unser städtischer Liederkranz feierlich eröffnet wurde, und bis zu dieser Stunde in Thätigkeit verblieben ist. Die ganze Gesellschaft mochte etwa 20 Mitglieder gezählt haben ...«

Dr. Ritter widmete diese Blätter dem Liederkranz zum 50jährigen Bestehen; seither konnte dieser bereits sein 100. Stiftungsfest begehen. Und heute hat er seinen Stifter schon um fast 130 Jahre überlebt: Dr. Franz X. Raidt starb im 78. Lebensjahre am 20. Februar 1849.

Die Quellen an Lebensfreude, die der sangesfrohe Doktor mit seinen Schöpfungen erschlossen, sichern ihm, solange in Niedernau Erholung gesucht und im Liederkranz gesungen wird, den Ehrennamen eines Menschenfreundes, denn wer verdiente ihn mehr als einer, der durch Freude Gemeinschaft zu schaffen versteht?

Andreas Rüttel,
Rottenburgs erster Altertumssammler

Jener »Lorentz Rittell von Pruckh« in Bayern, der 1470 Erzherzogin Mechthild als Kanzler diente, dürfte sein Großvater gewesen sein; der Rottenburger Stadtschreiber von 1499 und 1502, Andreas Rüttel, sein Vater. Von diesem heißt es um 1511, er sei »freier Pfahlbürger zu Rottenburg«, vermöglich, geschickt zum Amt und in der Schreiberei und habe Weib und Kind. Vorübergehend scheint er in württembergischen Diensten gestanden zu sein, später kehrte er als hohenbergischer Landschreiber nach Rottenburg zurück, wo er 1517 als Opfer des Jähzorns von Graf Eitel Friedrich von Zollern starb: der habe ihn, erzählt die Zimmerische Chronik, eines Tages »unfer von Rotenburg« getroffen »und war so gar uber in bewegt, daß er ine mit ainem bogen erschossen«.

Andreas Rüttel, der Sohn, muß bald nach 1500 geboren sein. Am 22. August 1520 ließ er sich in seiner Vaterstadt, wohin die Universität der Pest in Tübingen wegen geflüchtet war, in die Universitätsmatrikel eintragen als »Andreas Rittel de Rotenburg«. Zwei Jahre später erwarb er den Grad eines »Baccalaureus artium«. 1524 kam er auf Empfehlung des Stuttgarter Chorherrn Michael Kreber, der ihn einen angenehmen und gebildeten jungen Mann nennt, nach Nürnberg in das Haus des angesehenen Humanisten Willibald Pirkheimer. Fünf Jahre genoß der junge Rottenburger als Famulus, Hausgenosse und Sekretär den vertrauten Umgang des kunstsinnigen und hochgebildeten Freundes von Albrecht Dürer.

Als er 1530 nach Tübingen zurückkehrte – man weiß nicht, in welcher Eigenschaft, doch scheint er ein Universitätsamt versehen zu haben –, blieb er mit seinem »hochzuverehrenden Herrn und Mezoenas« in Nürnberg, der in ihm die Liebe zum Altertum und den humanistischen Wissenschaften entzündet hatte, in brieflicher Verbindung. Am 25. September 1530 schrieb er ihm: »Ich selbst beschäftige mich täglich mit dem Suchen nicht nur von Münzen, sondern auch von antiken Inschriften, wovon ich neulich viele bei Rottenburg am Neckar, ebenso in unserm Herzogtum gefunden habe.«

Offenbar lebte Rüttel in guten Vermögensverhältnissen: er besaß in Tübingen ein Haus und eine Münzen- und Altertumssammlung, die er ständig zu erweitern suchte. So schrieb er an Pirkheimer, er beabsichtige nach Augsburg zu reisen und zwar aus Liebe zu den Altertümern, deren er bei Peutinger eine Menge zu erwerben hoffe, auch möchte er mit diesem Mann Bekanntschaft machen. (Der

Name des Augsburger Altertumsforschers Konrad Peutinger hat übrigens für Rottenburg noch eine andere Bedeutung: in seinem Besitz befand sich die bekannte, noch jetzt »Peutingersche Tafel« genannte römische Straßenkarte, deren Ortsbezeichnung »Samulocenis« den badischen Archivrat Leichtlen 1825 bewog, das wohl dem Namen, aber nicht der Lage nach bekannte Sumelocenna in Rottenburg zu suchen, eine Annahme, die dann spätere Funde bestätigt haben.) Im gleichen Brief bittet Rüttel um eine Abbildung der Igeler Säule, jenes antiken Denkmals bei Trier, auf das Pirkheimer die Aufmerksamkeit der Humanisten gelenkt hatte, und das später noch Goethes Bewunderung finden sollte. Ganz beglückt berichtet er weiter, ein Freund habe ihm eine kostbare Pergamenthandschrift zum Abschreiben geliehen, die nicht nur die in Rom gefundenen Altertümer, sondern auch die von ganz Italien und Spanien enthalte.

Nur zwei Briefe Rüttels sind uns bekannt, und doch: wie treu spiegeln sie in ihrem Humanistenlatein die neuerwachte Liebe der Zeit zur Antike, die lebendige Anteilnahme ihres Schreibers an den Fortschritten der Wissenschaft und die freudige Erregung eines Sammlers, der irgendwo Schätze wittert!

1545 finden wir Rüttel als Archivar, von 1551–1565 als Hofgerichts-Sekretarius in Stuttgart. Als im Dezember 1546 Herzog Ulrich vor dem kaiserlichen Heer aus seiner Residenz flüchtete, bewies er, der stille Gelehrte, mehr Mut als der ganze Hof und alle Kriegsleute zusammen, die Hals über Kopf dem Herzog folgten: Er und noch zwei Räte blieben allein von allen höheren Beamten in der Stadt, und Rüttels mannhafter und geschickter Verhandlung mit dem spanischen Heerführer, dem Herzog Alba, hat es Stuttgart zu verdanken, daß es damals vor Plünderung und Einäscherung verschont blieb. Bald nach 1565 scheint er gestorben zu sein.

In der Geschichte der württembergischen Altertumsforschung steht Andreas Rüttels Name an erster Stelle. Er, als erster, spürte den römischen Denkmälern, besonders seiner Vaterstadt Rottenburg, nach, sammelte sie und rettete manche durch Abschreiben der Inschriften für die Nachwelt. Die 1534 in Ingolstadt von Apianus und Amantius herausgegebene Inschriftensammlung, das erste bedeutende Werk dieser Art, verdankt manchen Beitrag unserem Landsmann.

Das Lob, das die beiden Herausgeber darin »Andreas Ruttelius als einem Mann von hervorragendem Wissen und Eifer für das Sammeln von Altertümern« spenden, hat nach drei Jahrhunderten kein Geringerer bestätigt als Theodor Mommsen, als er 1852 vor der Kgl. Sächsischen Gesellschaft der Wissenschaften zu Leipzig zeigte, »wie zuverlässig die Abschriften des Ruttelius im ganzen« seien, und dabei bedauerte, daß der handschriftliche Nachlaß »dieses sorgfältigen Sammlers« noch nicht gefunden sei.

M. Johannes Spönlin, Leib- und Seelenarzt der Grafen von Württemberg

Wann Spönlin, auch Spenlin geschrieben, nach dem Württembergischen Dienerbuch »ein Mann von großer Courage«, in Rottenburg geboren wurde, weiß man nur annäherungsweise: um die Wende des 14. zum 15. Jahrhundert. Herkommen und Jugend liegen im Dunkeln. Daß er aber in Paris studiert hat – sicherlich als erster Rottenburger –, dies hat sich feststellen lassen. Von dieser zweitältesten Hohen Schule Europas, deren hohem Ansehen es nichts verschlug, daß zu Spönlins Zeit die Studenten in den Hörsälen auf dem Boden sitzen mußten, winters auf Stroh, sommers auf Gras, kehrte er heim als Magister der freien Künste, Baccalaureus der Gottesgelehrtheit und Doktor der Arzneikunst, wie denn seine zeitgenössischen

Landsleute überhaupt eine auffallende Neigung zur Medizin bekundeten: 1449 lehrten Hermann Haim an der Wiener, 1460 Werner Wöflin an der Basler Universität Medizin, Hans Mantz war (um 1455) einer der ersten Apotheker in Ulm, und 1490 studierte in Freiburg Alexander Marchtolf, »artium et medicinae doctor« – lauter Rottenburger!

Spönlin allerdings, mehr auf das seelische als leibliche Wohl bedacht, tritt 1429 nicht als Arzt, sondern als Chorherr des Stuttgarter Stifts in das Licht der Geschichte. Später, 1445, wurde er zum Propst des Herrenberger Stifts gewählt.

Nebenbei war er Leibarzt des Grafen Ludwig von Württemberg, des Gemahls unserer Mechthild, der ihn in Herrenberg gerade konsultierte, als ihm in Urach ein Söhnlein zur Welt kam. Spönlin in seiner Doppeleigenschaft kam es zu, das Knäblein auf den Namen Eberhard acht Tage später in Urach zu taufen; seine Beschreibung der »Täufe« hat uns Crusius in der »Schwäbischen Chronik« aufbewahrt.

Auch am ältesten Sohn des Grafen, an Ludwig, übte Spönlin seine Kunst. Ludwig litt an Epilepsie, am »Veitstanz«, sagt das Volk. Seltsam und sonderbar freilich lautet das Rezept, das des Magisters wissenschaftliche Heilkunde, seine »Bucherczeny«, heilsam fand: »Item zu dem ersten soll er sin Leptag ein Brieflein an sinem Halß tragen, daran geschrieben also ›O Valentine – destructor magne ruine – per te fugatur – epilevs (epilepsis) atque domatur‹ (was man etwa so übersetzen könnte: O heiliger Valentin, der du so viel machst hin, bann, halt und treib die Fallsucht mir vom Leib!). »Item soll Seine Gnaden sein Lebtag lang an den Vorabenden von Sankt Valentin und »sant vits« (Vitus, Veit) bei Wasser und Brot fasten, Messe lesen lassen und opfern, aber nicht weniger, »denn mit Pfenigen«, item jährlich an Sankt Valentin und »Sant Apollunius« ein Opfer nach Ruffach schicken, in Silber oder Gold, doch nicht unter einem Gulden, ebenso an »Sant Ludwigen« einen Gulden oder Wachs in diesem Wert und dazu ein Huhn geben. Des weiteren verschreibt er dem Kranken, wenn er »zu sinen tagen kömpt«, eine Wallfahrt zum lieben Herren Valentin, ein Opfer für Unsere liebe Frau, »all Fritag Meß hören und opfern mit Pfenigen«. Dann aber kommt die irdische »erczeny« zu Wort: Der Fallsüchtige darf sein Leben lang keine »höpter« essen (vermutlich ist Kraut gemeint), überdies raten alle Meister, »die von den Sachen wissen«, ihn stets bei gutem Mut und fröhlich zu halten, weil Zorn und Unmut »die Sachen« hervorrufe.

Dem lebenden Grafen konnte der gelehrte Magister damit leider nicht helfen, so bleibt nur zu hoffen, das Rezept sei wenigstens dem toten zugute gekommen. Denn Ludwig starb, und Eberhard kam an die Regierung, der übrigens Spönlin als Leibarzt beibehielt.

Hatte bei jener Kur der Theologe dem Doktor ein bißchen zu viel ins Handwerk gepfuscht, so gab sich bald Gelegenheit zu einer Retourkutsche – sofern man Spönlins Eintreten für strenges Fasten vom medizinisch-diätetischen Gesichtspunkt aus betrachten will. 1448 hatte Papst Nikolaus V. den württembergischen Grafen einen Dispens erteilt, der ihnen und ihren Untertanen mangels Öl und Fischen in der Fastenzeit Butter, Milchspeisen und Eier zu essen erlaubte. Ungeachtet seines Vertrauensverhältnisses zum Grafenhaus hielt es Spönlin für Gewissenspflicht, dagegen aufzutreten. Der Papst sei hinters Licht geführt worden, schrieb er mutig, in Württemberg gebe es Fische genug, und Baumöl werde in den Fasten ausreichend zu Markte gebracht, zudem habe man Nuß-, Mohn-, Lein- und Rapsöl im Land. Auch der Papst sei unveränderlichen Geboten der Kirchenzucht nicht überhoben, besonders nicht, wenn ein Butterbrief, wie in diesem Fall, mittels falscher Angaben von ihm erschlichen worden sei.

Das hieß, sagt ein Späterer sehr hübsch, »dem Papst an die Krone greifen«. Der Bischof von Speyer mußte 1450 eine scharfe Untersuchung gegen den Eiferer einleiten, bei der 280 Zeugen verhört wurden. Man brachte den armen Mann in Ketten nach Konstanz und hielt ihn so lange in Gewahrsam, bis er widerrief.

Diese Gewaltkur – solche waren ja dazumal nicht nur in der Medizin im Schwang – überlebte Spönlin nicht lange. 1456 starb der überpäpstliche, aber wohlmeinende Magister in Konstanz.

Ignaz Stein,
Reichsprälat und Abt zu Obermarchthal

Im Frühjahr 1770 herrschte in dem Prämonstratenserstift Obermarchthal rege Geschäftigkeit, die mit jedem Tag, um den man dem 1. Mai näherrückte, sich steigerte. Zimmerleute, Maurer, Stukkateure, Maler, Fuhrleute und die Mönche selbst mit hochgeschürzten weißen Kutten handwerkten in den weitläufigen Baulichkeiten und Gärten des Klosters. P. Sebastian, vom Abt aus seiner Pfarrei Dieterskirch nach Marchthal gerufen, studierte mit ein paar Klosterschülern auf dem in flüchtiger Eil errichteten kleinen Theater ein selbstgedichtetes Festspiel ein, und der Herr Prälat memorierte, wo er ging und stand, eine Begrüßungsrede.

Endlich kam der 1. Mai und mit ihm die Durchlauchtigste Prinzessin Maria Antonia, nunmehr Frau Dauphine von Frankreich, nach Obermarchthal. Die fünfzehnjährige Tochter Maria Theresias, auf der Durchfahrt nach Frankreich zu ihrem Gemahl begriffen, geruhte huldvollst, mit einem Gefolge von 500 Personen für einen Tag und zwei Nächte im Kloster Quartier zu nehmen.

Das Fest verlief zu allgemeiner Zufriedenheit. Nur gingen leider, wie die Zukunft lehren sollte, die wohlgemeinten, »besten Gesinnungen schwäbischer Herzen« entsprungenen Glückwünsche des Festspieldichters Sebastian Sailer und seines Abts, unseres Rottenburger Landsmannes, nicht in Erfüllung. Doch haben beide das blutige Ende Marie-Antoinettes nicht mehr erlebt.

Wenn die Unkosten bei dem Besuch sich auch hoch belaufen haben, so hatte Abt Ignaz doch den Trost, »daß die hohe Reisende sehr vergnügt war«. Bald darauf versicherte ihn die Kaiserin Maria Theresia in einem Schreiben ihrer »aufrichtigsten Danknehmigkeit« und wünschte »von Herzen, öftere Gelegenheiten anzutreffen, Dero Andacht sowohl als Dero unterhabendes Stift unserer wahren Zuneigung überzeugen zu können«. Überdies verehrte sie unserm Landsmann nach den Worten einer Klosterchronik »ein dem Ansehen nach kostbares Pektoral samt Ring mit Diamanten und rothen Steinen besetzt, welches aber den hohen Werth bei weitem nicht hat, wie man der erlauchten Mutter und uns weiß zumachen suchte«.

Durch haushälterische Mäßigkeit suchte Abt Ignaz dem ohnedies arg verschuldeten Kloster wieder einzubringen, was Marie-Antoinettes Aufenthalt und das ein Jahr später gefeierte 600jährige Jubiläum des Stifts verschlungen hatten. »Der Braten am Montage auf Mittag und die Extraspeise bei dem gewöhnlichen Collegium wurden auf eine Zeit lang abgeschafft, so wie auch der Vespertrunk am Mittwoch, Freitag und Samstag entzogen ...« Seiner Beliebtheit bei den Mönchen hat dies aber nicht geschadet. Er galt »bei allen, die um ihn waren, als ein tiefdenkender, wissenschaftlich gebildeter Mann und als Muster der Tugend«.

Ignaz Stein war am 18. Januar 1721 zu Rottenburg geboren, versah, nachdem er die weiße Kutte des hl. Norbert genommen, nacheinander die Ämter eines Subpriors, Priors, Novizenmeisters, Professors der Philosophie und Theologie und Pfarrers zu Kirchbierlingen. Zum Abt gewählt, wurde er am 3. Juli 1768 vom Konstanzer Weihbischof geweiht. Er starb am 1. April 1772.

»Mein Vater, Gottlob Rooschüz, war, als er 1816 seine Gattin Leonore, geb. Scholl, an ihrem zwanzigsten Geburtstag heimführte, Kriminalrat in Rottenburg am Neckar. Durch eine neue Gerichtsorganisation des Königs Friedrich, die Einrichtung der Kriminalsenate, war eine Anzahl junger württembergischer Familien in die ehemals österreichische Stadt gekommen, die sich noch »neuwürttembergisch« fühlte ... Diese jungen Ehepaare führten nun in dem schön gelegenen Städtchen ein heiteres, geselliges Leben, in welchem das anmutig zwischen Tannenwald im grünen Thale gebettete Bad Niedernau ein häufiges Ziel für fröhliche Spaziergänge bot ...

Als ich, das erste Kind meiner Eltern, geboren wurde, am 22. Februar 1817, war ich ein zartes, schwächliches Kindlein und wollte bald getauft werden. Der evangelische Pfarrer war im Augenblick nicht zu Hause; da bot ein katholischer Geistlicher, der als Altertumsforscher wohlbekannte Domdekan Jaumann, meinem Vater gutmütig an, er wolle ihm sein Kindlein nach evangelischem Ritus taufen, wenn ihm eine Liebe damit geschehe. Der evangelische Pfarrer kam aber noch zu rechter Zeit, und so war das Opfer nicht nötig ...

Von meiner Geburtsstadt habe ich keine Erinnerung behalten, als daß wir in einer grünen Stube gewesen, auch das Haus meiner Geburt weiß ich nicht mehr zu finden ...«

Es ist nicht gerade viel, was Ottilie Wildermuth über ihre Geburtsstadt zu erzählen weiß; freilich wurde sie dort kaum zwei Jahre alt, denn schon 1819 kam ihr Vater als Oberamtsrichter nach Marbach. Dem Neckar aber, der ihre Wiege umrauscht, bewahrte sie zeitlebens eine warme Anhänglichkeit und blieb ihm treu: Rottenburg, Marbach, Tübingen – in diesen drei Städten erfüllte sich ihr Leben.

Immerhin blieb ihr mit ihrem Vornamen ein stetes Andenken an die Stadt ihrer Geburt: Sie glaubt, daß sie den damals noch seltenen Namen Ottilie nicht Goethes Ottilie, die zu jener Zeit die gebildete Welt in Aufruhr versetzt habe, verdanke, sondern der Heiligen, der eine Kapelle in Rottenburg geweiht sei; sie meint das »Thodriskirchle«.

Ganz seltsam klingt die erstaunliche Nachricht, daß einmal in unserem Rottenburg Wiener Umgangsformen in Schwang gewesen: Ihre Mutter, erzählt Ottilie Wildermuth, sei vom Amtsdiener nach österreichischer Sitte immer »gnä' Frau« betitelt worden! Fehlt nur noch das »Küß die Hand«, und der charmante Ragozer verdiente, ins Goldene Buch der Stadt eingetragen zu werden. Übrigens hieß er Letzius.

Vergebens haben immer wieder Heimatfreunde jene »grüne Stube« gesucht und die Ehre, Ottilie Wildermuths Geburtshaus zu sein, bald dem jetzigen bischöflichen Palais, bald dem Eckhaus an der Königstraße und Zwiebelgasse (oder Seminargasse, wie sie feiner heißt) zugeschrieben.

Papier ist vergänglich, als Tapete, und wäre sie noch so hoffnungsgrün, noch schneller als in Buchform. Denn dem literarischen Ruhm der liebenswürdigen Erzählerin sind die zehn Bände ihrer »Gesammelten Werke« schon heute nur noch eine schwache Stütze. Und doch verdient die warmherzige und gescheite Frau, die als vielgeschäftige Gattin und Mutter, als gastfreie Hausfrau, freiwillige Mägdeverdingerin, Wohltäterin und Trösterin in vielerlei Nöten noch Zeit fand, zwischen Spätzlesbrett und Flickkorb humorvolle Bücher zu schreiben und mit Gott und Welt Briefe zu wechseln, die Uhland und Kerner zu Freunden und einen Adalbert Stifter zu ihren Bewunderern zählte, nicht ganz vergessen zu werden.

»Wenn man Ihre Sachen liest«, dies Kompliment machte ihr die Gattin des Dichters Bodenstedt in einem Weihnachtsbrief, »so weiß man auch, daß Sie Strümpfe stopfen können.« – O hausbackenes Glück biedermeierlicher Tage, da schreibende Frauen mit dem Lorbeer nicht nur die Dichterstirne zu schmücken, sondern auch Suppen schmackhaft zu machen verstanden!

Art und Unart

»Irgend etwas verblüfft in dieser kleinen alten Stadt, etwas Unschwäbisches, oder sagen wir einmal: etwas Zusätzliches zum Schwäbischen, welches selber stark genug spürbar bleibt.«

Der dies schrieb (Graf Wickenburg in der Frankfurter Zeitung), hat Rottenburg nur auf einen Sprung besucht, und das ist selbstverständlich zu kurz, um der komplizierten Individualität einer – zudem schwäbischen – Stadt auf den Grund zu kommen. Dennoch hat der Aufenthalt von ein paar Stunden in Rottenburger Luft genügt, den Schreiber des Satzes etwas Wesentliches im Charakter unserer Heimat wittern zu lassen. Alle Achtung vor seiner feinen Nase! Jenes »Zusätzliche« aber, das sie erspürte – was ist es?

Genau genommen, vielleicht weniger ein Zusätzliches als eine Spielart des Schwäbischen, erwachsen aus der besonderen geschichtlichen Entwicklung Rottenburgs, eine Spielart, die in manchen Eigenheiten von anderen Varietäten schwäbischen Wesens absticht. Vor allem vom Alt-Württembergischen, in welchem der Landfremde den Kanon des Schwäbischen zu erblicken pflegt; tritt es ihm doch dort in der gewichtigen, respektheischenden Form des Staats entgegen. Wie aber Gestalt und Schicksal dieses Staats bei seinen Untertanen einige besondere Züge ausgeprägt haben, so haben die vier Jahrhunderte österreichischen Regiments bei den hohenbergischen Schwaben ein paar andere entwickelt, die nicht weniger gut schwäbisch sind.

Der augenfälligste Unterschied zwischen den erst vor hundertsiebzig Jahren württembergisch gewordenen Rottenburgern und ihren alt-württembergischen Nachbarn ist der des Bekenntnisses. Hohenberg blieb katholisch, als die angrenzenden Gebiete des württembergischen Herzogtums sich der Reformation anschlossen.

Von der Freude des Mittelalters am symbolhaften Ausdruck des Glaubens in den schönen Formen der Kunst und der Liturgie, von seiner Lust, Macht und Herrlichkeit der Kirche im Glanze goldener Monstranzen und kostbarer Ornate, im Duft des Weihrauchs und brennenden Wachses, beim Klang der Hymnen und Glocken zur Schau zu stellen und zu schauen, davon ist den Rottenburgern ein lebhafter Sinn für festliche Repräsentation geblieben. Jeder Fremde, der einmal einen Rottenburger Fronleichnamstag mitgemacht hat, wird das bestätigen. Der Zustrom Auswärtiger an diesem Tag beweist die Anziehungskraft dieses Festes, seinen im ganzen Lande einzigartigen Zauber, den es ungeachtet des religiösen Gehalts auszuüben vermag mit seinen birken- und buchengrünen, grasbestreuten Straßen, den mit Blumenkränzen, Girlanden, Draperien, Fahnen und Teppichen, mit Altären, Statuen und Kerzen geschmückten Häusern, mit der Farbenpracht der Kirchenparamente und Bürgerwachuniformen, den weißen Mädchenkleidern und feierlichen Gehröcken, der Hochstimmung der Menschen und dem großartigen Akkord von Kirchenglocken, Musik und Kanonensaluten.

Als die österreichische Regierung im 17. Jahrhundert in Rottenburg ein Jesuitenkollegium errichtete, um dem Einfluß der gefährlich nahen protestantischen Hochschule entgegenzuwirken, führten die Patres einige neue Feste ein, die Religiöses und Theatralisches, ja sogar Burleskes zu einer wahrhaft barocken Schau verbanden. Unser Wurmlinger Landsmann, der Bonner Germanist Anton Birlinger, gab in seinem Werk »Aus Schwaben« eine anschauliche Schilderung der von ihnen eingeführten Karfreitagsprozession im 17. Jahrhundert.

Der Passionszug, um einen solchen handelt es sich, führte in lebenden Bildern das Leiden Christi vor. Pilatus, morgenländisch gekleidet, machte den Vorreiter, die Spitalbuben stellten die Juden dar und geißelten Christus, den lange Zeit einer verkörperte, den man, echt rottenburgisch, den »Geitenlocker« hieß. Alttestamentliche Darstellungen wurden teils mitgetragen, teils mitgeführt, z.B. Jonas mit dem Walfisch, einem Ungetüm aus Pappdeckel, der den Jonas im Maul trug, daneben Christus im Grab. Der Zug schritt sehr langsam, die Menge der Zuschauer von Stadt und Land war ungeheuer. Den Nachzug bildeten die »Kreuzschloapfer«, Herren von Stand in blauen Hemden mit Kapuzen, die sie unkenntlich machten, denn das »Kreuzschloapfen« war zumeist eine ihnen im Beichtstuhl auferlegte Bußübung. Die Büßer schleppten große, teils hohle, teils massive Holzkreuze, oft elf bis zwölf Fuß lang, auf den Schultern. Die allerletzten waren ganz früher die Flagellanten; sie trugen weite Hemden, beteten den schmerzhaften Rosenkranz und bekamen bei jedem »Gegrüßet seist du, Maria« vom Hintermann einen Streich auf den blöden Rücken. Es war ein merkwürdiges Schauspiel, sagt Birlinger, dieses »Gepantsch«, aufeinander. Mißbräuche hoben schließlich diese Sitte auf; zuletzt kam die ganze Prozession dadurch in Abgang, daß der Christus, zu arg gepeitscht, einstens das Kreuz wegwarf und davonlief.

Es bedurfte schon eines starken Glaubens, um die Nachbarschaft von Heiligen und Humor – denn daß der meinen Landsleuten dabei nicht gefehlt hat, ist sicher – nicht als feindlich zu empfinden. Die Rottenburger hatten diesen Glauben, und nichts beweist treffender, wie sehr sie sich dessen bewußt sind, als der gutmütige, fast ein bißchen selbstironisierende Ausdruck für das Bekenntnis ihrer protestantischen Nachbarn: »'s Gläuble« ... Im übrigen lebt man verträglich miteinander, Ottilie Wildermuth bescheinigt dies ausdrücklich: »Es war eine tolerante Zeit, wo die Konfessionen friedlich nebeneinander wohnten. Die Mutter hörte mit Andacht die Predigt in der katholischen Kirche; der Vater hielt gute Freundschaft mit den geistlichen Herren und fand bei ihnen viel Anregung für sein lebendiges Interesse an Musik und Malerei.«

Das Portraitmalen ist ein gefährliches Handwerk: Malt man ehrlich, so stößt man höchst wahrscheinlich an; unterschlägt man weniger schöne Züge, so steht man vor sich selbst als Lugenbeutel da, und schmeichelt man zu sehr, so ist das Modell im Bild nicht wiederzuerkennen. Darum sollen vor allem Fremde, die weniger gehemmt und vielleicht sogar scharfsichtiger sind, unser Charakterbild entwerfen; wo es nottut, will ich gern eine Korrektur anbringen oder ein Glanzlicht aufsetzen. Wie alle Menschen, besitzen auch die Rottenburger die Fehler ihrer Tugenden; es hängt vom Blickpunkt des Betrachters ab, was und unter welchem Winkel er es zu sehen bekommt.

Für ihre Bodenständigkeit zeugen beredt die Urkunden, Taufbücher und Standesregister, in denen sich zahlreiche uralte Rottenburger Familiennamen durch die Jahrhunderte wiederholen. Ihrer Stadt bleiben sie auch in der Fremde anhänglich, weder Jahre noch Meilen können einen echten Rottenburger gänzlich entwurzeln. Karl Landsee in Milwaukee, USA, hat noch nach seinem Tod ein großherziges Beispiel dieser Heimatverbundenheit gegeben. Selbst wenn die Fremde nur Stuttgart heißt, regt sich das Heimweh und gründet einen »Verein der Rottenburger«. Solche Seßhaftigkeit schließt aber, wie bei allen Schwaben, Wanderlust und Wandertrieb nicht aus; man kann überall Rottenburger treffen.

Die schweren Schicksale der Stadt seien nicht spurlos an der Sinnesart ihrer Bewohner vorübergegangen, meint die neue Oberamtsbeschreibung von 1899 und rühmt ihnen »reges Gemeingefühl, Teilnahme an Freud und Leid Verwandten und der weiteren Nachbarschaft gegenüber« nach. Und das muß wahr sein, wenn auch diese Anteilnahme mitunter gewöhnlicher Naseweisheit zum Verwechseln ähnlich sehen kann – aber das ist keineswegs spezifisch rottenburgisch, sondern kleinstädtisch überhaupt.

Im Lob ihrer Zähigkeit und Arbeitsamkeit sind alle Zeugen einig. Der Schreiber der Rottenburger Jesuitenchronik aus dem 17. Jahrhundert sagt von ihnen: »Ich halte die Leute, auch die Vornehmen, für einen kräftigen, durch Sorgen und Arbeit abgehärteten Schlag; dem Nichtstun sind sie sehr feind, von Widrigkeiten lassen sie sich nicht leicht unterkriegen und erheben sich nach harten Schicksalsschlägen nur um so kräftiger.« Ähnlich schildert sie die alte Oberamtsbeschreibung von 1828: »Strenge Arbeitssamkeit und wahrhaft unermüdete Thätigkeit, verbunden mit Härte gegen sich selbst, und Sparsamkeit sind sehr gute Eigenschaften an den diesseitigen Städtern, die überhaupt ein zwar etwas derber, aber offener, biederer Schlag Menschen sind.« So fand sie auch der Chronikschreiber Haßler: »Das Volk ist hier sehr arbeitssam, welches vorzüglich in der Ernte und im Herbste vor Tagesanbruch bis oft nach Mitternacht zu bemerken ist.« Man darf dabei nicht vergessen, daß früher mehr wie heute sich jeder gute Rottenburger neben seinem Hauptberuf landwirtschaftlich betätigte; einen Weinberg, einen Hopfengarten oder wenigstens ein »Gütle« besaß fast jeder.

Als Gegengewicht gegen diesen Arbeitseifer, der leider gelegentlich in das unschöne, zusammenscharrende »Wuhlen« ausartet, hat ihnen die Natur ein lebensfrohes, geselliges Naturell und einen kräftigen Humor geschenkt. Beide Eigenschaften entfalten sich am schönsten bei einem »Viertele« oder einem »Schoppen«. Wenn man die Anzahl der Wirtschaften als Maßstab des Geselligkeitsbedürfnisses gelten lassen will, gehören – oder gehörten doch – die Rottenburger zu den geselligsten Schwaben: Ich habe aus der Erinnerung an meine Jugendzeit eine »wirtschaftsgeographische« Statistik aufgemacht und bin dabei auf annähernd ein halbes Hundert gekommen, die neumodischen Cafés nicht mitgerechnet! Sicherlich sind es heute viel weniger, denn auch die Formen der Geselligkeit unterliegen dem Zeitenwandel.

Die lebenslustige Stimmung der Rottenburger Maskenumzüge und Fastnachtsbälle übt seit alters auf die ganze Umgebung, besonders auf die Tübinger, die nicht so leicht aus sich herauskönnen, starke Anziehungskraft aus, und für die Studenten war Rottenburg früher ein beliebtes Ziel für Ausritte und Wagenfahrten.

Was aber den Rottenburger Humor betrifft, so kommt er nicht nur an der »Fasnet«, wenn auch da am lautesten, zum Vorschein; von der milden, abgeklärten Sorte ist er nicht, man könnte ihn eher räß und herb nennen, wie denn überhaupt noch nicht genügend untersuchte Beziehungen zwischen dem Charakter des Weins und dem des Humors (auf deutsch: Feuchtigkeit!) eines bestimmten Landstrichs bestehen. Immer aber ist er anschaulich und zupackend, am treffendsten da, wo er die Schwächen des lieben Nächsten aufs Korn nimmt; die Unzahl Rottenburger Übernamen belegt dies.

Derb, aber offen – man kann diese Formulierung gelten lassen. Ich glaube nicht, daß einer meiner Landsleute an seinem Ehrgefühl auch nur geschrammt würde, wenn man ihn einen »Waihtag« hieße, »Duckmäuser« dagegen würde er bestimmt als ehrenrührige Beleidigung auffassen und seinem hitzigen, aufbrausenden, aber nicht nachträglichen Temperament entsprechend wortgewaltig darauf reagieren. Denn auch dies muß gesagt sein: Im Grobianismus und Schimpfenkönnen überschwäbeln wir Rottenburger, wenn's sein muß, noch die Alt-Württemberger, und das will bei der Nachbarschaft der Tübinger Gôgen etwas heißen! »Du grober Raoteburger« sei volksüblich fast über die Landesmarken, sagt Birlinger. Ein Rottenburger Schimpfwörterbuch, gäbe es eines, würde Volkskundler schon durch seinen Umfang, noch mehr aber durch die kraftvolle Prägung, den Nuancenreichtum und das Lokalkolorit seiner Ausdrücke in Erstaunen setzen. Schon im 18. Jahrhundert versprach sich ein österreichischer Vogt von dem Bau eines Resourcesaales im Rathaus eine veredelnde Wirkung auf

»die etwas rauhen Sitten« der Rottenburger. Mitte des 19. Jahrhunderts darf man bereits eine gewisse Besserung konstatieren; denn es heißt im »Neckar-Boten« vom 7. Juli 1848, die Bürgerschaft sei als fleißiges und braves Volk bekannt, »mögen auch bei einem Theile derselben noch einige Hobelstriche der Civilisation vermißt werden«. Und heute? . . . Nun, wie man in den Wald hineinschreit, so hallt's heraus! Bleiben wir bei dieser Praxis, dann gelten wir bei den Höflichen als höflich und bei den Groben als grob, und so wird jedem das Seine.

Diese Eigenschaften, zusammengenommen mit der Architektur und der Landschaft, geben der Stadt Rottenburg ihre besondere Atmosphäre, die man im Vergleich mit der ihrer Nachbarstädte, etwa Tübingens oder Reutlingens, als eigenartige, lokale Variation des an Möglichkeiten zur Abwandlung so reichen Themas »Schwäbisch« bezeichnen könnte. Wie stark sie auf einen Besucher zu wirken vermag, der als Österreicher für solche, nicht gerade mit Händen zu greifende Dinge ein empfängliches Organ besitzt, das soll, getreu meinem Vorsatz, uns nur von Fremden loben zu lassen, Graf Wickenburg sagen:

»Diese Kleinstadt hat einen heimlichen Zauber, der weder durch diese Tektonik noch die bloße Architektur oder landschaftliche Reize erklärt werden kann. Sicherlich haben die Bewohner keine Spur von österreichischem Wesen. Aber vielleicht empfindet der Besucher noch heute die Verträglichkeit, die zwischen den beiden süddeutschen Völkern am Neckar und an der Donau geherrscht hat, jenes bei aller ausgesprochenen Verschiedenheit bindende Verständnis füreinander, welches aus allerhand Komponenten zusammengesetzt sein mag, aber doch im wesentlichen auf eines allein – den Sinn für das Rechte und Gemäße – zurückgeht.«

Wie die Alten sungen . . .

Älls ghaöt dir, was d Henne' leget, bloß d Eier et.

Bei dere' ists Magnifikat länger als d Vesper (wenn einer Frau der Unterrock vorhängt).

Bist du e' Kerle, und dei' Vatter ist so e' Ma'!

Dem kälberet der Sägbock uf der Behne (von einem, der immer Glück hat).

Dem seine Eier hend zwee Dötter.

Dem wud ma' de' Pfipfes noh nemme' (der »Pfipfes« ist eine Hühnerkrankheit, die man operativ mit dem Messer beseitigt).

Der bläht se uf wia drui Eier em Kratte'.

Der Gaul, mo de' Haber verdeanet, kriagt en et.

Der haöt et guat, der hot zwee Paar Strömpf a'.

Der hocket na', wia wenn er Zei's brocht hett.

Der ist et ganz domm, bloß stark drui Viertel.

Der ist so arm wia Doderis (die Theodorichskapelle ist bettelarm).

Der ist so standhaft wia der St. Veit: dem hend d Spatze' ens Füdle' gnistet, noh hot ers eest gmerkt, mo se send flügge wore'.

Der ist älleweil verlöcheret, wia de alt Gölt (von einem allzeit Durstigen).

Der ist z domm zom Rüabe' rupfe' ond wemma 'm s Kraut en d Ha'd geit.

Der lädt au älleweil vor der Schur a (redet immer am falschen Platz).

Der macht Auge' na' wia Kuah uf em Taote'bett.

Der macht e' Gsicht na' wia d Katz, wenn's dao'ret – wia wenn er s Vateronser verspielt hett.

Der schloft ond haöt de' Radio.

Der setzt d Kapp mit der Beißzang uf.

Der sprengt wia Haohzighondle.

Der stoht drenn wia der Gockeler em Äsche'straoh (Erbsenstroh).

Der trait d Haut nao noh am Stecke' rom (so mager ist er).

Der tuat liaber gär nonz, als e' verreckts Gä'sle hüate'.

Der vergönnt em Teufel d Hitz en der Höll et.

Der wud et gscheit bis d Henne' fürsche schärret.

Dest e' Narr, den s Leabe' freut, der s Sonntighäs am Weatig trait.

Dest e' reachte Bettelma'shaohzig (wenn es irgendwo ärmlich zugeht).

Dest mr z stark wia der Katz d Goaßmilch.

Dest so naotwendig wia em Bettelma' d Koanschaufel.

Des wud fetig eh d Katz en Holzschlegel sch . . ., ond wenn der Stiel schao' armslang rausgucket.

D Hailfinger hustet reich ond speiet arm aus.

Dia heiret uf de' Bode' wia d Lerche'.

Dia hot koan Kropf, nao en haohe' Ruie' (hohen Reihen am Fuß).

Dia schwätzt em Teufel en Aohr weg.

Do gohts schuckweis wia en der Bühlemer Mühle.

Do hao'-ne e' Freud dra' wia d Katz a' der Ofe'gabel.

Do ist ma' so ao'weat wia Ga'smist.

Du hosts besser wia Metzgerhond, du därfst koa' Kälble ens Füdle' beiße'.

Guat Heu, hot seller Esel gsait, ond hot Lebkuache' gfresse'.

Helf Gott! saget d Raote'burger en der Eant.

Heut ist mei' Tag ond ander Leute' Helle' (sagt man an seinem Namenstag).

Host en haöre' trappe'? do ist er vorig na mit de Holzschuah (auf eine fürwitzige Frage).

I laß der d Aohre staoh! (Drohung Kindern gegenüber).

In der Jugend muaß ma' en Stecke' schneide', daß ma' em Alter dra' laufe' ka'.

Jo, de' bist schö', schillest ond bleckst d Zäh' (zu einer Hoffärtigen).

Kauf der Katz de' Schmear a!

Laß nao de' Schultes voar geifere', noh wud der Bürgermoaster schao' triale'.

Ma' hot nao z schwemmet ond z wattet, daß ma'-n-en ehrlicher Ma' bleibt, saget d Ergezinger.

Mach ders et z wohl, noh wud ders et übel.

Mit me' nohe' Acker ond re' weite' Schwiegermuater ist am beste' gfahre'.

Mr häbe nonz als was mr bettle ond stehle, saget d Wurmlinger.

Müadfaul wia d Hischemer (Hirschauer).

Nao glei en d Händ gspuckt ond s Soal na! (Von einem voraussichtlich schiefgehenden Prozeß).

Schmiere' ond Salbe' hilft allethalbe', hilfts et bei de Kärre, hilfts doch bei de Herre.

Schwätz mer koa' Loch en Kopf!

Sell wär noh schöner, wenn d Katz mit de Henne' fliage' tät.

Trübsal blose' ond Elend geige'.

Viel wisse' macht Kopfwaeh.

Wa geits zom Esse'? – Ei'gmachte Kellerstapfle' ond Maoroche' (Morcheln).

Wa tuast? – D Schnecke' uf d Schwänz schla, daß se et pfuzget.

Wart, dir setz e de' Kopf zwische' d Aohre'! (Drohung Kindern gegenüber).

Wemma' gnuag gesse' hot, hilft e' Pfeif Dubak für de' Honger.

Wemma' hondert Schäfer brengt, soll ma' glei de'-n-eeste' nemme.

Wenn d Laus en Kreuzer gilt, noh hemmer koane.

Wenns Glück haglet, noh stönd mr onter, ond wenns Brei renget, hemmer koan Löffel.

Von Ahland bis Zwilcher

Es scheint, als ob sich die Rottenburger der Schwerverständlichkeit ihrer Mundart bewußt wären und sich darum beim Sprechen einer überdeutlichen Breite, vor allem aber einer Lautstärke befleißigten, die knapp unter der Grenze des stärksten Grades menschlicher Lauterzeugung liegt. Ihre Sprachmelodie, bei welchem Wort man nicht gleich an »melodisch« zu denken braucht, ist von der ihrer Nachbarn völlig verschieden: Sie klingt vollmundiger als das schleifende, fast schrille Kopfstimmengenäsel der Tübinger Gôgen und herber als das muntere Singen der Reutlinger.

Auch einem Fremden, dem Schwäbisch gleich Schwäbisch ist, muß dieser Unterschied auffallen. Der schärfer Hinhorchende entdeckt in den Lauten, in den Formen der Wortbeugung und im Wortbestand noch mehr Eigenheiten, welche die Herkunft des Sprechenden, oft bis aufs Dorf hin, so sicher ausweisen wie ein gestempelter Heimatschein.

Der verstorbene Tübinger Germanist Hermann Fischer nennt das alte Oberamt Rottenburg in Beziehung auf seine Mundart eines der interessantesten; er zählt etwa 45 Sprachgrenzen auf, die es durchschneiden oder an seinem Rand hinziehen, das sind bis zu zwölfmal mehr als bei jedem anderen Oberamt. Betrachtet man die Karten, auf denen diese Sprachscheiden eingezeichnet sind, so fällt sogleich auf, daß die meisten Linien im Nordosten und Norden verlaufen, während Westen und Süden viel weniger Sprachverschiedenheiten aufweisen. Dort oben stießen einst Hohenberg und Alt-Württemberg aneinander; es ergibt sich also, daß wenigstens sprachlich die alten Grenzen zwischen den beiden Gebieten bis heute noch nicht aufgehoben sind. Die Grenzposten Wurmlingen, Hirschau und Bühl passen heute wie früher auf, daß vom Tübingischen her »koi' oi« eingeschmuggelt wird, wie umgekehrt Unterjesingen, Tübingen und Kilchberg darauf achten, daß aus dem Rottenburgischen »koa' oa« bei ihnen eindringt. Drüben in Alt-Württemberg bläst der »We'd« und »do'rets« beim Gewitter, hüben im früheren Hohenberg pfeift der »Wend« und »dao'rets«. Und wenn dort einer sagt: »Der Pfarrer lährt die Säle«, so versteht man hier, der Pfarrer sei ein langweiliger Prediger, dem die Leute aus dem Saal laufen; denn hier »lehrt man die Seele«. Dafür geraten in Rottenburg verschiedene andere Laute breiter, z.B. das a zu ä in »Märkt«, »fäst«, »gär«, während »viel« zu »veil« wird.

In anderen Gegenden »ziaht es Feuer« oder »zuiht es Fuier« oder »ziagt es Füür«, in und um Rottenburg dagegen »zuht es Fuur«; hier kennt man auch keine Scheuer, Schuier oder Schüür, sondern eine Schuur, und wer es anders behauptet, »lugt«. Erzählt aber einer, er sei »z Stueggert gwea'«, ja selbst, wenn er »gar nix« sagt, so weiß man gleich, daß es ein »Rei'gschmeckter« ist oder einer, der's mit der Bildung hat, weil ein guter Rottenburger höchstens »z Stueget gsei« ist und dann »gär nonz« sagt.

Das r behandeln meine Landsleute recht stiefmütterlich; vor n, d, t, sch, st und z unterdrücken sie es ganz, wobei sie den vorausgehenden Selbstlaut verlängern, oder aber sie machen ein a daraus: Baan (Barn), Keez (Kerze), Hiin (Hirn), Hiischwiit (Hirschwirt), wuud (wurd = wird), Tuun (Turn = Turm), Wuust (Wurst), Schuuz (Schurz); Weatig (Werktag), gean (gern), Heaz (Herz), fott (fort), Doan (Dorn), moan (morgen).

Bei »jetzt« wird das j zum i: »iatz«. Um »heut« rottenburgisch auszusprechen, braucht man die Nase, es lautet »hae't«. Dieses angedeutete n wollen wir den Rottenburgern vollends aus der Nase ziehen, denn es ist ein kulturgeschichtliches Denkmal so gut wie irgendein Gräberfund. Nach Birlinger kommt unser mundartliches »hae't« vom althochdeutschen »hui naht«, diese Nacht, weil die Germanen nicht nach Tagen, sondern nach Nächten zählten; auch im Englischen sind vierzehn Tage eigentlich vierzehn Nächte *(fortnight)*. Das hochdeutsche »heute« aber ist ein ganz anderes Wort: es kommt von »hiu tacu«, dieser Tag.

Wer aber hätte geglaubt, daß der alte Suebengott »Ziu« in Rottenburg bis auf den heutigen Tag gegenwärtiger ist als sonst irgendwo, nämlich im »Zai'stig«, dem zweiten Wochentag?

Wie alle Schwaben walten auch wir bei der Zuteilung der Geschlechtswörter sehr selbstherrlich; bei uns heißt es *der* Butter, *der* Kommod, *der* Schurz, *der* Ferse', ebenso *der* Bank *(die* Bank ist das Geldinstitut), *der* Traub *(die* Traube ist die Wirtschaft) und *der* Luft (wenn *die* Luft bewegt ist); ferner *das* Teller, *das* Kurasche und *die* Schwane, die (als Wirtschaft) bei uns häufiger ist als *der* Schwa'.

Die Verkleinerungssilbe lautet in der Einzahl gemeinschwäbisch -le; bei der Mehrzahlbildung gehen wir wieder eigene Wege, indem wir das bei den andern Schwaben in der Nase hängengebliebene n von »Mädle'«, »Knöpfle'«, »Stäffele'« aussprechen, also »Mädlen«, »Knöpflen«, »Stäpfelen« sagen. Und dies mit Stolz, trotz dem Gespött der Tübinger, verraten doch unsere »Mädlen« ihre ehrliche alamannische Herkunft darin noch deutlicher.

Genug des Buchstabenkramens und Silbenstechens! Der Geist macht lebendig, und der spricht, jedem verständlich, in den Wörtern sich aus. Abgesehen von allem streng Philologischen bewahrt der Rottenburger Wortschatz einige interessante Kulturkuriosa, Wörter, die jedem Alteingesessenen dort bei Gelegenheit auf die Zunge kommen, ohne daß er deren Herkunft und ursprüngliche Bedeutung auch nur ahnt. Manchen davon, deren Rätselhaftigkeit mich schon als Buben beunruhigt hat, bin ich »auf den Trappen« gekommen, wobei mir das »Schwäbische Wörterbuch«, begonnen von Hermann Fischer und beendet von Wolfgang Pfleiderer, ein verläßlicher Helfer war; andere sind mir so dunkel geblieben wie magische Beschwörungsformeln, deren Abrakadabra freilich um so anziehender wird, je zäher es sich der Entzifferung widersetzt.

Ahland

Wer würde hinter dem »Ahland«, der zur Zeit der Fasnet massenhaft und in allen Größen und Gestalten auf den Rottenburger Gassen vorkommt, den Teufel vermuten? Und doch steckt er auch hinter der hübschesten Maske, ja erfahrungsgemäß da erst recht. »Junker Valand« oder »Junker Voland« war ein mittelalterlicher Name des Teufels; er kommt von »vâlant«, das ist: der zu Fall Bringende. Und wirklich geht es ja in der Fasnet nach ihrem ursprünglichen Sinn um nichts anderes, als darum, den Winter zu Fall zu bringen, die bösen Dämonen der Dunkelheit und Kälte mit Schellenlärm, Peitschenknallen, Schreien und schreckhaften Teufelsmasken auszutreiben. Auch heute noch muß ein rechter Ahland den Teufel im Leib haben.

Bachele

Was ein Bachel ist, weiß jeder Schwabe. Zwischen Weilerburg und Wurmlinger Kapelle urteilt man über einen solchen unbeholfenen Menschen, gutmütigen Toren und Simpel ausnahmsweise milder und heißt ihn mit der Verkleinerung einer Verkleinerung »Bachele«; denn »Bachel« ist bereits ein kleiner Bacchus. Auf diesen weinfrohen Gott soll nach Fischer das Wort zurückgehen; meine Landsleute bezogen ihre mythologischen Kenntnisse von der Schellensau im Kartenspiel, die den griechischen Gott rund und gutmütig dick auf einem Faß reitend darstellte.

Bockes

Gewichtiger und des gutmütigen Untertons entbehrend klingt das urrottenburgische »Bockes«. Ein »Bockes« ist ein ausgewachsener Simpel, ein Gra'dackel, ein Dummkopf schlechthin. Das »Schwäbische Wörterbuch« läßt die Herkunft offen. Ein einheimischer Deutungsversuch zieht das Französische bei: Die hochmütigen Emigranten der Französischen Revolution, die in Rottenburg ein Asyl gefunden hatten, sollen unsere Vorfahren mit dem uns vom Weltkrieg her bekannten Schimpfwort »boches« traktiert haben. Ob diese Etymologie vor den strengen Gesetzen des Lautwandels bestehen kann, nämlich ob ein »ch«, das zudem nur als »sch« gehört wurde, zu einem »k« werden kann, das müssen die Schriftgelehrten entscheiden. Jedenfalls wäre eine Untersuchung des seltsamen Wortes keine »Bockesarbet«.

Erdes

»Gang zom Erdes.« Dies ist eine Formel der Abweisung, nicht ganz so stark wie »gang zom Teufel«. Die Adresse der mysteriösen Persönlichkeit, an die man sich wenden soll, weiß aber leider niemand. Sollte sich dieser »Erdes« bei näherem Zusehen als die alte suebische Gottheit »Nerthus« (d.h. Mutter Erde, nordisch »Jörd«) entpuppen? Möglich wär's, denn das junge Christentum leugnete ja die Existenz der Heidengötter keineswegs und ließ sie als teuflische Dämonen im Volksglauben weiterleben. Wenn man also jemand »zum Erdes« schickte, so könnte das geheißen haben, ihn den bösen Geistern überantworten, ihn verfluchen. Man könnte aber auch an »Märtes« denken. Der Martinstag war zur »guten alten Zeit« auf dem Land allgemeiner Kündigungstermin für Dienstboten. »Gang zu Märtes« wäre danach eine Aufkündigung, eine Entlassung und in weiterem Sinn eine Abweisung überhaupt. Gegen diesen Erklärungsversuch spricht allerdings, daß der Martinstag bei uns »Martene« heißt. Vielleicht aber vermummt sich die dunkle Person hinter dem »Pelzmärte«, vor dem die Kinder so Angst haben.

Galle

»Galle«, ein so ausgiebig gebrauchtes Schimpfwort der Rottenburger, daß es ihnen selbst als Spitznamen angehängt wurde, bedeutet wiederum einen Simpel, aber einen harmlosen, über den man lachen kann, und im übertragenen Sinn einen Spaßmacher und Possenreißer. »De' Galle mache'« besagt: den Hanswurst und, in erweiterter Bedeutung, den Bosselbuben machen. Ein »alter Galle« ist einer, der sich zu etwas hergibt, das seinem Alter nicht mehr ansteht. So klar die Bedeutung, so dunkel ist die Herkunft. Birlinger führt, vielleicht in Anspielung auf das laute Organ der Rottenburger, ein mittelhochdeutsches Wort an: gal, gullen, gegollen, das schreien (gellen!) bedeuten soll. Fischer glaubt an die Ableitung vom Vornamen Gallus. Auf die originellste Deutung ist unser verstorbener Landsmann Dr. Paradeis verfallen: Er meint, das Wort gehe auf die gallischen Ureinwohner Rottenburgs zurück, die von den Römern als ihren Herren und später von den Alamannen verächtlich angesehen worden seien. Ich selbst fand in der Zimmerischen Chronik einen Schwank, darin ebenfalls ein Galle eine Rolle spielt, wenn auch nicht in Beziehung zu Rottenburg, so doch zum Possenreißen. Er lautet: ». . . zu ihnen (dem Bischof von Konstanz und seinen Gästen) was kommen ein guter Fatzmann von Sant Gallen, genannt der Steicheler. Der wollte ein »Schalksnarrenbossen« machen, geht hinaus in die Küche, erwischt einen lebendigen Aal. Den bringt er herein, führt ihn zum Mund und gebärdet sich, als ob er damit pfeifen wöllt. Was geschah? Der Aal gewinnt den Mund, und trotz alles Gegenwehrens schlupft er ihm in den Hals hinab und in Leib. Es war allen angst bei der Sach, denn der Mann gehub sich unmenschlich übel. Es fuhr ihm der Aal bei einer Stund wunderbarlich im Leib umher, jetzt wollt er über sich, dann unter sich. Zuletzt kam er ihm zum Nabel und hat sein Ausgang daselbst begehrt mit solchen Schmerzen und Ängstigung, daß er mit dem

Leib und dem Nabel hat müssen gegen ein Tischeck stehen und den Aal also mit Gewalt wieder hinter sich treiben und aufhalten. Die andern alle haben ihn müssen heben, damit er vom Tischeck nit weiche. Wie er nun dem Aal also bei einer halben Stunde widerstanden, da hat auch unser Herrgott Glück geben, daß er in den Mastdarm kommen und durch denselbigen in die Hosen gefahren ist – mit einem solchen Wust, den er mitgenommen, daß der Mann für lange Zeit keines Klistiers hat bedurft, und damit ist bemelter Galle gewarnt gewesen, sich hinfür des Pfeifens mit Älen zu enthalten.«

Wer weiß, ob sich unter den Gästen des Bischofs (Rottenburg gehörte ja zum Bistum Konstanz) damals nicht ein Landsmann befand, der mit dem Schwank auch den »Galle« heimbrachte. Auch Wörter haben ihre Schicksale.

Gü

»Der mit seine Gü!« Diese »Gü« haben mir viel Kopfzerbrechen gemacht, obwohl meine Mutter mir oft drohte, sie werde mir meine »Gü« schon austreiben. »Gü« haben heißt: Hirngespinste haben, hoch hinauswollen, auch auf ausgefallene Einfälle kommen. Wenn man weiß, wie ein Mundartwort zu schreiben ist, dann hat man mit der Deutung seiner Herkunft meistens gewonnenes Spiel, und so versuchte ich es mit Gi, Gih, Gie, Güh, Gühe, Guy – bis ich schließlich im »Schwäbischen Wörterbuch« unter »Gü« des Rätsels Lösung fand: »Gü« ist nichts anderes als die rottenburgische Mehrzahl des französischen »gout«, bedeutet also wörtlich Geschmäcker.

Hannikel

Ein wildes, streitsüchtiges, gewalttätiges Kind schimpft man bei uns »Hannikel«. Hinter diesem harmlosen Scheltwort, dem abgekürzten Doppelnamen Hans Nikolaus, verbirgt sich die blutrünstige Räubergeschichte vom Zigeunerhauptmann Jakob Reinhardt, genannt der »Hannikel«, der in der zweiten Hälfte des 18. Jahrhunderts der Schrekken des oberen Neckars und des Schwarzwalds gewesen ist.

Flink, listig, stark, mit heißem Blut
trat er bei seinem Schwarm hervor
und stund mit unerschrocknem Mut
vierhunderten als Hauptmann vor,

wie die Moritat »vom grausen Hannikel« überliefert. Im Jahre 1787 wurde er, in eine Blutrache verwickelt, ergriffen, zum Tod verurteilt und mit etlichen seiner Spießgesellen in Sulz am Neckar gehenkt. Noch zu Lebzeiten wob das Volk Sagen um diesen letzten romantischen Räuber, und nachdem er »am Strang mit wilder Miene als ein Zigeunergeneral« geendet, verherrlichten Flugblätter und Volksbücher seine Taten. Die Rottenburger Mütter aber halten heute noch sein Andenken wach, wenn sie ihre bösen Buben »Hannikel« schelten.

Käuerle

Die kleinen Stützmauern im Weinberg heißen in Rottenburg »Käuerlen«, das »Käuerle« in der Einzahl. Man hat das Wort mit der »Kaue«, einer Bezeichnung für Hütte in der Sprache der mittel- und niederdeutschen Bergleute, in Verbindung bringen wollen; doch scheint mir eine andere Erklärung mehr für sich zu haben: Sie leitet es von »Gehau« ab, da solche Mäuerchen häufig aus dem Felsen gehauen sind. Vielleicht hat auch das »Ausgehauene«, die Rodung, der das »Käuerle« als Stütze dient, ihm den Namen geliehen.

materdellig

Sagt man bei uns von einem oder einer, er oder sie sei heute »materdellig«, so meint man damit: faul, träge. Fischer leitet das seltsame Wort von Marter und Dalle

(Vertiefung durch Eindruck) ab. Da es aber auch in anderen, wie ich vermute katholischen, Gegenden vorkommen soll, und zwar mit der Bedeutung von elend, kraftlos schwächlich, glaube ich im katholischen Rottenburg eher an eine Abkunft von »mater dolorosa«, wie man ja dort gelegentlich auch hören kann: »Dia macht e' Gsiicht na' wia e' schmeazhafte Baure'muatergottes.«

Pfeffer

Die Redensart »Dia hot ihren Pfeffer« stammt von einem Hochzeitsbrauch der Rottenburger Rotgerber. Birlinger erzählt davon folgendes: »Heiratete ein Meister, so war die junge Frau verpflichtet, allen Rotgerbersfrauen am ersten Tag nach der Hochzeit den Pfeffer zu geben. Am bestimmten Tage versammelten sich alle Rotgerbersfrauen der Zunft in der Lohmühle am ehemaligen Wöhr und jetzigen Unterwässer; da wurde gegessen und getrunken im Vollauf, was nur aufzubringen war, alles auf Kosten der jungen Rotgerberin. Dabei durften außer dem Hochzeiter von Mannsleuten nur die beiden Gesellen anwesend sein. Tanz war ein Hauptvergnügen dabei. Die beiden Gesellen, oder Kirchenführer oder Ehrengesellen genannt, hatten die Pflicht, mit allen anwesenden Frauen zu tanzen, welche nur immer tanzen wollten. Dabei mußten sie bei der ältesten anfangen und so die ganze Altersreihe durchmachen. Man sagt den Rotgerberinnen nach, sie hätten, von der ältesten angefangen bis zur jüngsten, wenn's nur noch ein wenig herumging, alle sehr gern getanzt. Dieser Schmaus in der Lohmühle, ›Pfeffer‹ von alters her genannt, kostete die junge Rotgerberin ihre Batzen und kam in der Regel hoch zu stehen. Daher kommt die rottenburgische Ausdrucksweise: ›der hat seinen Pfeffer, die hat ihren Pfeffer‹ = den hat's viel gekostet, die hat viel bezahlen müssen.«

Ronge

Noch stärker in das Konfessionelle als »materdellig« spielt das Scheltwort »Ronge«. Mit Range hat es nichts zu tun, obgleich es sich begrifflich mit ihm ungefähr deckt. Seine Herkunft und Geschichte ist ein ganzer Roman, und so muß man sie auch erzählen. Im Jahre 1844 trat im Münsterischen ein Deutsch-Katholik namens Johannes Ronge auf, zugleich mit ihm eine Kartoffelkrankheit, die beträchtlichen Schaden anrichtete. Die Gleichzeitigkeit der Ereignisse und die Ähnlichkeit ihrer Wirkungen, bei Ronge unter den Gläubigen und bei der Krankheit unter den Grundbirnen, veranlaßte die romtreuen Katholiken, die von der Fäulnis angesteckten Kartoffeln mit Ronges Namen zu bezeichnen. Von den knützen Grundbirnen bis zu den knützen Buben war es dann nicht mehr weit. In Ehingen/Donau nennt man einen schlechten Kartoffelfusel »Rongeschnaps«, und in Oberndorf am Neckar, wie Birlinger 1862 berichtet, kranke Kartoffeln »rongisch«. Übrigens ist dem Wort seine niederdeutsche Heimat deutlich anzuhören; wenn meine Mutter mich einen »Ronge« schalt, sprach sie das ng aus wie im englischen Wort »finger«.

Sidian

Und nun Mathematiker an die Front! Es gilt die Wurzel aus »Sidian« zu ziehen, wiederum einem Scheltwort, das man einem frechen, abgeschlagenen, durchtriebenen Kerl gegenüber gebraucht. Fischer meint, der »Sidian« sei eine Errungenschaft der Französischen Revolution, nämlich der eingedeutschte »citoyen« (Bürger), da man das Wort auch in Rastatt und vor allem in der Pfalz hören könne. Pfälzer Erklärer dagegen reihen es in die Klasse der Schimpfwortbildungen aus Vornamen ein wie Stoffel (Christoph), Zornickel (zorniger Nikolaus), Grobian, Lüdrian (der grobe, der lüderliche Jan, Johann); in seinem ersten Bestandteil stecke vielleicht das mittelhochdeutsche »site« (Sitte), so daß also der »sittige Johann« ironisch gemeint sei. Auch der schwäbische Volksmund liebt solche Verkehrungen in den Gegensinn: »Du bist mer e' Schöner!« »Dia hot e' Paar Wade' wia der stärkst' Rehbock« usw. Eine dritte Deutung entdeckt gar des Teufels Pferdehuf in dem Wort: Sie setzt »Sidian« gleich Satan.

Alles fließt, sagen die Weisen, und der Wechsel sei das einzig Beständige in dieser wandelbaren Welt. Spätere Geschlechter werden einen schärferen Blick besitzen für den tiefen Einschnitt, der unser hochindustrialisiertes Zeitalter von den Jahrhunderten einer stetigeren Welt, der Welt des Bauerntums und des Handwerks, trennt. Mag dem einzelnen Zeitgenossen dieses Wandels der Anschauungen, des Lebensrhythmus und der Lebensformen davon auch nur so viel bewußt werden, als er in der kurzen Spanne zwischen Geburt und Tod selbst erlebt, so reicht dies doch hin, seiner Zukunftsfreudigkeit einen Tropfen Wehmut (auch Wermut, Setzer, wenn du willst!) beizumischen angesichts des versinkenden Alten, das seine Jugend war. Und wenn er ein Romantiker ist, dann sucht er ein paar liebe Dinge, an denen sein Herz hängt, zu retten – nicht vor dem Tod, das kann er nicht –, aber vor dem, was schlimmer ist, vor dem Vergessenwerden.

Auch Wörter sterben. Viele der in dem nachstehenden kleinen Rottenburger Wörterbuch gesammelten sind in meiner Jugend noch quicklebendig gewesen und inzwischen schwindsüchtig geworden; andere lagen schon damals in der Agonie, d. h. man hörte sie nur noch von alten Leuten, mit denen sie vermutlich auch dahingegangen sind. Wieder andere aber kommen noch jetzt aus dem Munde jedes echten Rottenburgers so polternd und so breit und so anschaulich wie zu Urähnes Zeiten.

Abah': Anlauf.

abause', auch *abausge':* die ungelösten Fruchtgarben mit einem Stock, Flegel, Holzsäbel usw. an der Ährenseite ausklopfen, so daß die reifsten Körner ausfallen. (Schwäb. Wörterbuch)

alafanzig: listig, falsch, spöttisch, boshaft, auch anmaßend, naseweis.

ant tun, z.B. es tut mir ant nach ihm: ich habe Heimweh, ich vermisse jemand oder etwas; mittelhochdeutsch »ande«: schmerzlich, unleidlich.

anzger: einstweilen, unterdessen.

Baik: eigentl. Trommel, Pauke, übertragen ein aufgedonnertes Weibsbild, vermutlich von »Balg«.

Balfe: Tölpel, besonders junger. Soll von einem Obersten Palfy herkommen, der im 16. Jahrhundert einen württembergischen Prinzen im Duell erschoß. (Schwäb. Wörterbuch)

Ballietle': Steinis, Schusser, Klucker, Märbel, Däxkügele, Schneller; vom französischen »ballette«: Kügelchen.

Bascheholand: Spottname für einen dummen Kerl; Basche aus Sebastian, Holand wohl von einem Geschlechtsnamen abgeleitet.

Baupel: Schimpfwort für einen dummen Menschen; wahrscheinlich das gleiche Wort wie »Poppel«, aber stärker.

Beete', z.B. Kirbe-Beete': eigentl. Berten, meist viereckige, große, dünnausgewellte Kuchen. Man hat bei der Erklärung an Botenbrot gedacht.

Bloter: Blase, z.B. Saubloter; als Schimpfwort ein aufgeblasenes Weibsbild.

Bull: nach dem Schwäb. Wörterbuch eine unreinliche Frau, vielleicht von Walpurga oder Apollonia abgeleitet; man könnte auch an das französische »poule« denken.

Deizetle: Deiz, Querbalken an einer Stellfalle; ein »Deizetle« ist ein Gesims oder Wandbrett zum Aufstellen kleiner Gegenstände: Milchhäfen, Krüge, Bücher, auch ein Blumenständer kann damit gemeint sein.

Denise: gutmütiges Scheltwort, vom Vornamen Dionysius.

Dull: eigentlich Dohle, Krähe, vom lateinischen »monedula«; als Schimpfwort auf Frauenspersonen angewandt.

em Fro', z. B. »der frißt dia Gutslen em Fro'«: in der Frohn, d. h. gewohnheitsmäßig, im Unverstand, weil gratis.

Ga'seuter, gschwolles: Schimpfwort für eine aufgeblasene Person.

Geit: Ente, nach Fischer ursprünglich wohl nur Lockruf.

gschnägeret: mager, unterernährt, kraftlos, blaß, auch dürr; vielleicht von »Schnake« kommend.

Hairle: Herrle, katholischer Pfarrer.

Hearfüdle': Schimpfwort für einen Schwätzer oder eine Schwätzerin, die nichts »verheben« können, sondern alles gleich fallen lassen.

hinterlettig: unwohl, leidend.

Hodland: Schimpfwort für ein schlampiges Frauenzimmer, Herkunft unerklärlich.

Klompe': Bonbon; welchem Märktplätzler wären die violetten »Veigelesklompe'« der Frau Orgeldinger nicht in süßer Erinnerung?

Kompf: eigentlich der Behälter für den Wetzstein, übertragen eine dicke, große Nase, wofür man auch »Uhre'gwiicht«, »Brästling«, »Zwiebel«, »Kolbe'«, »Gurk«, »Zenke'« usw. sagt.

kutze'roa': katzenrein, so reinlich wie eine Katze; übertragen heikel, ekelig im Essen, auch ängstlich.

laiche': fortjagen.

Lattenaze: ein ungeschickter Mensch, ein »Leimsieder«; vielleicht von einem Übernamen »der lange oder der dürre Ignaz« zum Scheltwort geworden.

Lottle: ein langsamer, nachlässiger Mensch, ein »Lohle«.

Maidia: nicht sehr ernst gemeintes Schimpfwort für Buben; vielleicht die abgeschwächte Form von »Waihtag«.

Mallöre: Scheltwort für einen ungeschickten, unbeholfenen Menschen, vom französischen »malheur«.

Meitze: gutmütiges Schimpfwort mit ähnlicher Bedeutung wie »Lattenaze«; Herkunft dunkel.

nafzge': stöhnen, ächzen, vom mittelhochdeutschen »nafzen«.

Naupe', z.B. »di schla e gao en Naupe' nei«: der Nacken, der »Anke'«; vielleicht vom Namen eines Kleidungsstücks, eines Kragens abgeleitet.

neabere': herumwühlen, daher das Schimpfwort »Dreckneaber«; auch lange an etwas herummachen: »wia lang neaberest do noh dra' rom?« Vielleicht vom Vorbild aller »Dreckneaber«, dem Eber, der ja im Rottenburgischen »Neber« heißt, abgeleitet.

ohle'fitzig: so fitzig wie eine Schustersahle, also durchtrieben, abgeschlagen.

Schlecksfüdle' oder *Schlecksfüde':* wörtlich der Schwäbische Gruß; bei uns ein naseweises Weibsbild.

Schluucht: Ranke, z.B. Hopfe'schluucht.

schnazegalle': eigentlich schnarzengalgen, d.h. in die Höhe schnellen und so töten oder doch mißhandeln. Der mittelalterliche Schnetzengalgen war ein in der Mitte unterstütztes Brett, auf dessen eine Seite geschlagen wurde. In Rottenburg meist als komische Drohung gebraucht: »den sott ma' schnazegalle'«. (Schwäb. Wörterbuch)

späagle': nach der Kirbe darf man »späagle'«, d.h. das Obst, das dann noch auf den Bäumen hängt, darf man ungestraft holen; vom lateinischen »speculari«: auslugen, herumspähen.

Stotze'-n-Aohre': z.B. »der hot Stotze'-n-aohre'«: die Ohren gespitzt haben, aufmerksam horchen; von stutzen.

Tralle: plumper, unbeholfener Mensch; von Troll.

Tschode: fahriger, überspannter Kerl.

überditzt: übervorteilt. Herkunft dunkel.

sich vermohne': in Gedanken etwas tun, sich irren. Nach dem Schwäb. Wörterbuch von einem althochdeutschen Zeitwort »munan«, meinen, denken.

Waihtag: eigentlich eine Verfluchung: Wehetag. Meistgebrauchtes Schimpfwort der Rottenburger, weshalb es einer ihrer Spitznamen geworden ist.

Waihtriab: etwas milder wie »Waihtag«, aber von gleicher Bedeutung.

Waude: der »schwarze Mann« der Rottenburger Kinder (von Wotan).

zwerge': mit großer Mühe sich durch etwas hindurcharbeiten; vom mittelhochdeutchen »twergen«.

Zwilch: Nachahmung des Spatzenrufs; die Ehinger heißt man »Gspähn« (Spatzen) oder »Zwilcher«.

Vom Karle Hank

Dr Karle Hank – sell ist oar gsei',
sotte geits heut koane maeh!

Hot ma' früher ebbnets gheiret,
täufet, ta'zet, Kirbe gefeiret
oder sust e' Festerei,
noh host Gift druf nemme' könne':
überal demittledenne'
ist dr Hanke'-Karle gsei'.

Des sei, so hat er gsait,
sei' Pflicht ond Schuldigkeit
als Christ
ond Zenkenist.

Älls was reacht ist, wenn er ao
nia koa' Lust zom Schaffe' ghet hot,
aber öfters, as ma' sott,
dodefür en Affe' ghet hot –
ufgspielt hot er flott,
sell muaß ao dr Feind ehm lao'!

Heut noh haör-e s Klarinettle,
heut noh sieh-n-en, wia-n-er schwitzt,
wia-n-er hentrem Noteblättle
noch de jonge Mädlen spitzt.

Karle, Karle, laß des gaoh',
neamed ka' beim Flötlesspiele'
au noh noch de Mädlen schiele',

sust ist glei deneabe' griffe',
ond de muaßt der sage' lao':
gfengerlet ist et pfiffe'!

Oamol hot er gspielt wia bsesse',
Polka, Schottisch, wia de's hao' witt,
ond vor lauter Laß-me-au-mit
hot er s Trenke' schier vergesse'.
Herr, wia hend dia Füß sich gregt
ond dia Röck de' Bode' gfegt!
So e' Musek loht ma' gelte',
sotte Triller haört ma' selte',
dorom hend se, wia ses ghaört,
ao de' Musikante' gaehrt:
Do e' Viatele, doot en Schoppe',
selt e' Gläsle, do en Schluck!
Karle, laß de nao et foppe',
weis' mr nao dean Wei' et zruck!

Do kennst de Hanki-Karle schleacht,
so paßts em ond so ist ems reacht.

Freile, älls mit Maß ond Ziel:
schätzwohl noch me' guate' Dutzed
Viatelen hot er s Maul aputzet,
ond ma' merkt: iatz wuds em zviel.
O, wia des de' Karle gheit,
daß er et noh maeh vertrait!
»Karle, komm doch, noh dean Stompe',
Karle, laß de doch et lompe' ...«
Dodruf ka'-n-er nao noh sa:
»O des ist e' baöse Klemme',
o ihr Herre', i ka' nemme' –
schüttets über me na!«

Seltsames Adreßbuch

Namen sind Merkmale der Unterscheidung. Lange Zeit genügte unsern Vorfahren einer, der Vorname; nur der Adel fügte diesem noch den Vatersnamen hinzu als stolzes Zeichen höherer Abstammung.

Unsere bürgerlichen Geschlechtsnamen kamen erst mit dem Aufblühen der Städte auf. Bei dem engen Zusammenwohnen einer verhältnismäßig großen Anzahl Menschen bedurfte es eines weiteren Kennzeichens, um Hans von Hans zu unterscheiden, und so setzte man hinter die Vornamen das Handwerk, das die Hänse betrieben; nun war der eine »Hans der Beck«, der andere »Hans der Gerber«. Einen zugewanderten Hans nannte man wohl auch nach dem Ort seiner Herkunft: »den Ulmer«, damit es mit den andern Hänsen in der Stadt keine Verwechslung gebe.

Auf diese Weise sind die Rottenburger Abbt, Ammann, Bader, Fischer, Glöckler (= Mesner), Hofmeister, Keßler, Lohmüller, Sattler, Sautermeister, Welker (= Walker, Tuchmacher); die Biesinger, Birlinger, Bühler, Sulzer, Steiner, Uttenweiler und Wachendorfer zu ihren ehrlichen Namen gekommen. Die Diebold, Eberle (= Eberhart), Engelfried, Entreß (Andreas), Erath (Erhart), Laux (Lukas), Lipp (Philipp), Örtle (Ortlieb), Ruoff (Rudolf), Vollmer (Volkmar) dagegen verdanken ihren Geschlechtsnamen dem Vornamen ihres Urahns.

Bei anderen ist eine kennzeichnende Eigenschaft (Heilig, Mickeler = der Dicke, Neu, Schnell) oder die Tätigkeit, die sie ausübten (Hayer = Heuer, Johner = der die Garben in Reihen setzt), zum Namen geworden. Wieder andern haben Tiere, Pflanzen oder leblose Dinge, die in irgendeiner Beziehung zu ihrem Handwerk, Aussehen oder Charakter standen, oder dazu von ihren Mitbürgern in mehr oder weniger schmeichelhafte Beziehung gebracht wurden, den Namen geliehen (Bock, Daub, Hummel, Mauch = Molch, Stier, Häberle = Haber, Palm, Bolz, Garb, Hammer, Haueisen, Schiebel = Schübling = Bratwurst, Schlayer, Storz = Strunk, Wiech = Docht). Oft gingen auch die im Mittelalter üblichen Hausnamen auf die Bewohner über: Die Engel und die Rebstock wohnten wohl einst in Häusern, deren Schilder einen Engel und einen Rebstock führten. Und nicht selten ist auch bei der Namengebung aus Scherz Ernst geworden, wie Kußmaul, Letzgus (Letz- oder Lätzkuß), Mährle (Möhrle), Ruckgaber (Ruck aber!), Schmeckenbecher (Schmeck in den Becher) ahnen lassen.

Die Seßhaftigkeit der Rottenburger, die Lage ihrer Stadt abseits der mittelalterlichen Verkehrsstraßen in einer österreichischen Enklave, getrennt von dem umgebenden altwürttembergischen Gebiet durch die doppelte Schranke der Staatszugehörigkeit und des Bekenntnisses, die eine Ehe mit »zweierlei Gesangbüchern« verhinderte – dies alles beförderte eine gewisse Abgeschlossenheit und diese wieder die Neigung, unter sich zu heiraten. Sie »fremdeten« ein bißchen, die alten Rottenburger. Im Lauf der Zeit kam es dank dem respektablen Kindersegen Alt-Rottenburger Ehen so weit, daß die halbe Stadt unter sich verwandt war. Das ist heute noch so, und wär's auch nur »in siebe' Suppe' e' Schnittle«. Die Zahl gleichnamiger Familien vermehrte sich so, daß die Adis, Johner, Ruckgaber, Saile, Schiebel, Stemmler, Ulmer, Vollmer und Widmaier nach alt-alemannischer Sippenordnung hätten ausrücken können. Die Stadt, besonders ihr Ehinger Teil, zerfiel geradezu in einzelne Sippendörfer. Hier, wo außerdem der älteste Sohn von alters her den Vornamen des Vaters zu führen pflegte, half ein einfaches Namhaftmachen nichts, wenn man wissen wollte, von wem die Rede war. Ja, oft führte nicht einmal umständliches Auseinanderklauben der Abstammung zum Ziel, man mußte auch die angeheiratete Freundschaft hinzuziehen, um genau darzutun, welcher von den siebenundzwanzig Vollmern gemeint sei – »er hot oane vom Schiebel en der Hentere' Gaß«.

Dies ist freilich ein theoretischer Fall. In Wirklichkeit war und ist es doch einfacher, einen alteingesessenen Rottenburger zu identifizieren. Denn fast jeder von ihnen besitzt neben dem Vor- und Geschlechtsnamen noch einen dritten; wenn dieser auch nicht im Standesregister geführt wird, er haftet seinem Träger, ja der ganzen Sippe ebenso unverlierbar an wie der Familienname. Freilich möchte ich im Interesse eines reibungslosen Umgangs nicht unbedingt dazu raten, diesen dritten Namen bei der Begrüßung zu gebrauchen; bei der Identifizierung eines Abwesenden aber tut er die besten Dienste. In den öffentlichen Büchern auf dem Rathaus steht er nicht selten in Klammern hinter dem Familiennamen. Es wäre wohl zu viel – oder zu wenig – behauptet, wollte man sagen, diese Übernamen dienten lediglich dem menschenfreundlichen Zweck der Kenntlichmachung oder seien gar dazu erfunden worden. Solch bare Zweckmäßigkeit ist den Rottenburgern fremd. Ihre Übernamen oder Unnamen, wie die Empfindlichen sagen, sind vielmehr der Ausdruck eines negativen Persönlichkeitskults; denn wo es um die Eigenheiten ihrer Mitbürger geht, haben die Rottenburger scharfe Augen und spitze Zungen; für ihren Humor aber spricht, daß ihnen diese Eigenheiten meistens als komische Schwächen erscheinen.

Ich weiß nicht, ob eine andere schwäbische Kleinstadt mit so vielen und so alten Übernamen aufwarten kann wie Rottenburg. An Hand einer Sammlung aus den vierziger Jahren des letzten Jahrhunderts und mit Hilfe einiger waschechter alter Rottenburger sowie etlicher Viertelen habe ich es auf über 300 gebracht. Im Grunde besteht zwischen Übernamen und den vielen Geschlechtsnamen, die die Lust am spaßhaften Charakterisieren des lieben Nächsten geschaffen hat, nur der Unterschied des Alters; die Übernamen sind jünger. Immerhin fand ich schon am Hofe Frau Mechthilds, also im 15. Jahrhundert, einen Ofenheizer, den man den »Halberdrein« hieß, einen Übernamen, den mein Verzeichnis auch noch aufführt – so zählebig sind sie.

Auch sie gehen auf Berufe, Vornamen, Wohnviertel, auf körperliche, seelische und geistige Eigenschaften, auf eine lächerliche Begebenheit oder einen dummen Streich, auf einen Lieblingsausdruck oder eine Redensart zurück. Ihr Sinn aber ist schwieriger zu erschließen, einmal, weil sie sich nur durch Hörensagen forterben und dadurch manchmal bis zur Unverständlichkeit verballhornt werden, und dann, weil bei den meisten der Anlaß ihrer Entstehung längst vergessen ist.

Hier meine Sammlung – sie umfaßt lang nicht alle –, die Lebende und Tote aufruft wie die Posaune des Jüngsten Gerichts, damit sie zeugen von dem burlesken Witz und Humor der Vorfahren, deren Lachen noch heute in diesem zum Teil phantastischen Wortklängen nachhallt. Übelnehmen gilt nicht – wollen die Enkel empfindlicher sein als die Ahnen?

A

Agetle, Allaliesel, Also, Alte Welt, Amper, Ananias, Aonaotwiit (Unnotwirt), Äsche'kätter, Äsche'klöpfer.

B

Bachdreher, Badstenker, Backe'näze, Bantle, Bäre'fufzehner, Bäschele, Bauamt, Baupel, Bau'z, Bauze'huler, Becke'tone, Berliner, Bismärckle, Blaubeck, Bletzer, Bloacher, Blotz, Bluimühle, Boa'le, Bocke'männdle, Bocke'wessner, Bockmoster, Boi', Boller, Bombo, Bonzelwart, Brestel, Bretsch, Broatschuah, Bronne'soacher, Brotes, Broxer, Bschäl, Bühne'schuaster, Bureau (sprich: Bu-re-ao), Butterle, Butzegerber.

D

Dachs, Daibele, Da'pfer oder Da'pfschuaster, Da'pfnudel, Dao're'klapf, Deißle, Distelamarsch, Distelkuch, Dolk, Dolle, Doméne, Donze, Dotscher, Dreckäschle, Dreckmaténe, Drees, Drohtnähre, Dulle'henker.

E

Ehinger Schultes, Elefante'laus, Elle'boge'beck, Elle'döhre, Eselei, Essig, Eßzu.

F

Fahne'stutzer, Faze, Feager, Feldheiland, Feldjäger, Fernäze, Feuerwehrpompier, Filante'näz, Flexle, Frühmeßschneider, Fuurflamm, Fuurig, Fuursprenger.

G

Gäger, Gägge, Gälette, Galoppschreiner, Galosch, Gänsget, Ga'smate, Gauger, Geit (Ente), Geiße'schneider, Geldausleiher, Gigerix, Giksel, Glattscheißer, Glegstuahl, Goggedegige, Goggele, Göggele, Goggeler, Göggelschneider, Goldäsch, Gore'männdle, Gotha, Grabbe'schmied, Graf Normann, Grenobl, Grenzer Bischof, Griabe'zipfel, Grill, Gscheide'beck, Gstankl, Güaterbuach', Gullo, Güppel, Gutleuthausgräfin.

H

Haarab, Habere'brei, Habido'nix, Häbsle, Hafel, Ha-Klapp, Halberdrei', Hammelbamber, Hanfschell, Haneter, Hasenei, Hase'kasper, Hätzer, Hausloab, Hea'lemetz, Heardreckräter, Heazdam, Hecke'regel, Herrgött, Heubudel, Hiisch, Hofjud, Holder, Hotlaseph, Hotte'weg, Hottofranz, Hüatle, Hutte'haus, Hutzler.

I, J

Ichallein, Imandrefall, Itze, Jackel, Jessesmäßig.

K

Käfer, Kaile, Kakao, Kappo, Kapuziner, Karro, Katze'heuler, Katze'hoor, Keck, Kerwisch, Kiische'tone, Klai, Klanet (Klarinette), Klapperschlang, Kleinigkeitsschreiner, Klos, Klumpo, Kobes, Koburg, Konntnichtanders, Kopernikus, Koppelhannes, Krafte'galle, Kratte'mächerle, Krautscheißer, Krautschütz, Krott, Krummhälsle, Küahlache'fräule, Küahlachekonditor, Küahlache'-Nane', Küahlache'roß, Kuahmokeler, Kuahsupp, Küraß, Kutterer.

L

Lälle, Lappe'kapp, Lateane'stupfer, Lette'gä, Leide'-Christi-Weber, Loabverreißer, Lochdreher, Longénes.

M

Mannemer, Mannohnefleisch, Marder, Markgraf, Mattel, Messerle, Milchpantscher, Millione'-Vollmer, Mirabo, Mirakel, Mo'gäst, Mo'viech, Molle, Mordtat, Morro, Mö'tigschuaster, Motze, Mucke'deiß, Mulka (mea culpa), Mußle.

N

Nacketarschbeck, Nagler, Naiter, Naube'glatt, Näz, Neckerbasche, Neckerstricker, Nester, de Nui Welt.

O, P, Q

Ofe'loch, Olfemeß; Papphäfe, Parisere, Pascha, Pechbaron, Pfäffle, Pfetschig, Pfohlbauer, Pockelack, Ponny, Preuße'pol; Quack.

R

Ratje, Ripsraps, Rompel, Roßhummele, Ruß.

S

Salomon, Säresbeck, Saubrei, Saukopfmetzger, Sebe, Seide'näher, Sessi, Siebe'haube', Siebe'hiin, Soaf, Sorger, Spanner, Specker, Specknähre, Spont, Subtrahier, Sulzauer.

Schackel, Schako, Schaluh, d'Scheiß, Schellerbeck, Schemmelbauer, Schiaßhausdick, Schiller, Schlankwe'del, Schlappaohr, Schlegele, Schmotz, Schnaiwatter, Schnecke'beck, Schofleder, Schorke, Schwerreiter, Schütze'michel.

Stanze, Stärrig, Staude'wiit, Steane'gucker, Stefle, Stelze'färber, Steuerrätle, Stiefeleswiit, Stierflore, Stoagbischof, Stube'knechtle.

T

Tasche'krebs, Taube'michel, Teilweis, Teufelsbeck, Torgabel, Trautle, Trester, Trillerbeck, Türke'säbel.

U, V

Uele; Valentin-Schuck, Veigelesblo, Verstandausleiher, Vollbluat, Vulgo-Hätzer.

W

Wachsfigur, Wachtel, Waddle, Wade'basche, Walde, Waldteufel, Wa'dengel, Wei'deißle, Weißblei, Wiede'glecker, Wilson, Windischgrätz, Windthorst, Woadele, Wolf, Wullekuder, Wustle, Wustseph.

Z

Zacher, Zapfe'räß, Zaupel, Zeftel, Zei'sdreher, Ziber, Zill, Zott, Zundel, Zundelmann, Zuckerle.

Wer Humor hat, trägt seinen angestammten oder ehrlich erworbenen Übernamen, diesen sichersten Ausweis alteingesessenen Rottenbürgertums, mit Stolz wie einen Ehrenbürgerbrief. Denn »Rei'gschmeckte«, und zu denen gehört man in Rottenburg bis ins dritte Glied, haben keinen!

Außer diesen persönlichen Spitznamen gibt es noch korporative. Die Rottenburger Wengeter heißen »Ragozer«, ein Wort, das eine nähere Betrachtung verdient. Nach dem »Schwäbischen Wörterbuch« könnte es vielleicht mit dem Namen des bekannten ungarischen Freiheitshelden Rákoczy in Beziehung gebracht werden. Das ist nicht so abwegig, wie auf den ersten Blick scheinen mag. Wir haben auch ein Zeitwort »ragozen«, das ist: wüst tun, randalieren. Erinnert man sich, daß die Rottenburger bis 1806 gute Untertanen des Hauses Österreich waren, gegen welches jener Rákoczy im Jahre 1703 seinen Aufstand machte, so erscheint einem der Weg vom ungarischen Rákoczy, das bei uns allgemein Rakóczy betont wird, zum Rottenburger Ragozer weder begrifflich noch sprachlich sehr weit: Rakoczy = Rebell = Aufwiegler = Krakeeler = Ragozer! Die besondere Beziehung Rákoczys zu den Rottenburgern aber liegt darin, daß Kaiser Joseph I. dem aufständischen ungarischen Fürsten für seine Forderungen in Siebenbürgen die Markgrafschaft Burgau angetragen hatte, und so, wie Haßler sagt, »vielleicht auch Hohenberg 1706 bald Rágoczysch geworden« wäre. Sogar der Hergang bei der Entstehung des Ausdrucks läßt sich rekonstruieren: Ein österreichischer Beamter der Herrschaft Hohenberg wird den in Steuersachen oder sonst einmal aufsässigen und kräftig schimpfenden Rottenburgern gesagt haben: »Ihr seid ja die reinsten Rakoczy!«

Der Spitzname der den Stadtteil Ehingen Bewohnenden, der »Egner«, lautet »Gspähn« oder »Zwilcher«, was beides Spatzen bedeutet. Wie sie dazu gekommen sind, ist dunkel; von den in Ehingen besonders beliebten eßbaren Spatzen kann er kaum entliehen sein, denn die heißen bei uns »Knöpflen«. Birlinger kennt noch einen anderen Ehinger Spitznamen: »Hoampe«, was grobe, starkknochige Menschen bedeuten soll.

Die Protestanten aber, innerhalb und außerhalb der Stadt, sind »Höanlen«. Wenn es einen Denkmalschutz für Wörter gäbe, so verdiente dieses, darunter gestellt zu werden. Es ist ein stadtgeschichtliches Erinnerungsmal so gut wie der schöne österreichische Doppeladler an der Zehentscheuer, ja gewissermaßen sein Gegenstück. Wie dieser Adler vier Jahrhunderte lang das Hoheitszeichen der katholischen österreichischen Rottenburger gewesen ist, so führten ihre protestantischen württembergischen Nachbarn die drei Hirschstangen oder Hirschhörnlein im Wappen, und diese »Hörnlein« versinnbildlichten den Bewohnern Hohenbergs das Protestantische schlechthin.

Mit den »Höanlen« haben wir die alte Stadtmarkung bereits verlassen. Es liegt auf der Hand, daß ein mit Übernamen so freigebiger Volksmund wie der meiner Landsleute, der die engsten Nachbarn nicht verschont, die weiteren damit erst recht bedenkt. Sicherlich verdanken die Bewohner der Ortschaften um Rottenburg ihre Necknamen weniger den Städtlern als den Leuten aus dem Nachbardorf, die schneller bei der Hand waren, aber gebraucht wurden sie auch in der Stadt. Sie scheinen sehr alt zu sein, wie ja viele der in ganz Schwaben üblichen Ortsneckereien bis in das Mittelalter zurückverfolgt werden können. Bei einigen Orten hat sich die Erinnerung an das namengebende Ereignis erhalten, bei andern kennt man nur den Namen, während bei der dritten Art zu ihm offensichtlich später eine passende Geschichte erfunden wurde. Auffällig ist, daß mir aus den alt-württembergischen Dörfern des früheren Oberamts Rottenburg kein einziger Spitzname bekannt geworden ist.

Die Bieringer heißen »Krattenmacher«, die Ergenzinger »Spältlesgucker«, die Kiebinger »Mo'fanger«, weil sie einst den Mond in einem Saustall fangen wollten, auch »Bettelsäck« und »Stangestrecker«; die Hailfinger »Gä's«; die Niedernauer »Stei'krättlen«, Birlinger meint, ihrer steinigen Felder, ich glaube eher, ihrer Fronpflicht wegen, denn es heißt in der Beschreibung Hohenbergs von Gärt, sie seien »alles Zimmerholz, Stein, Sand, Kalk, Ziegel ... zu dem Schloß in Rottenburg ... und all andern herrschaftlichen Gebäuden daselbst im Fron ... zu führen schuldig«. Die Obernauer, genannt die »Esel«, wollten einst das auf ihrem alten Turm wachsende Gras nicht verderben lassen und zogen einen Esel am Strick hinauf. Man soll darum in Obernau keinen Sacktuchzipfel heraushängen lassen, er könnte als Eselsohr mißdeutet werden. Die Schwalldorfer führen den appetitlichen Namen »Broteskochler« seit der Zeit, da sie an die Komturei Hemmendorf zehnten mußten. Der Ablieferungstag des Zehnten war für die Überbringer jedesmal ein Fest, sie wurden in Hemmendorf bewirtet und bekamen noch mit, auch »Dreizehner« heißt man sie. Die Seebronner sind »Dampfnudle« und »Sensenschmecker«, weil sie einst bei einem Hanfdiebstahl alle Sensen aufs Rathaus bringen ließen, um durch den Geruch den Täter herauszufinden. Die Weilermer schimpft man »Pflomme'säck«, angeblich, weil sie von alters her viel Pflaumen pflanzten;

die Wendelsheimer »Ratte« oder »Ratte'wedel« nach den gleichnamigen, vierbeinigen Mitbewohnern ihres Dorfes; auch als »Knaotz« = Fresser verschreit sie nachbarlicher Futterneid. Den Wurmlingern aber hat ihre Leibspeise zum Namen »Milchknöpflen« verholfen.

Am ausgiebigsten fließen die Quellen für die Hirschauer, die »Kropfer«, die »die Waden unterm Kinn haben«. Ob ihr »hoher Reie'« vom Wasser kommt wie bei den Horbern oder vom Buttentragen die steilen Weinberge hinauf, weiß man nicht. Sie sollen auch kein s sagen können und, wenn sie gut aufgelegt sind, darum »Heitata! Heitata!« rufen. Es heißt, sie dürften, obwohl gute Katholiken, von jeher am Freitag Fleisch essen, weil es bei ihrer Konstitution doch erst am Samstag in den Magen komme, dagegen sei es ihnen am Donnerstag verboten. Einmal verspotteten Hirschauer Kinder einen Fremden, weil er keinen Kropf hatte. Eine Hirschauerin aber, eine rechte Frau, verwies es ihnen: »Lend r den arme' Ma' gaoh! Send fraoh, daß ihr älle uire gsonde Glieder hend!«

Nach all dem ist es nur recht und billig, daß die andern nun ihrerseits den Rottenburgern auch eins angehängt haben. Sie schimpfen uns »Waihtäg«, »Gallen« und – wohlklingend aber halb chinesisch – »Goa« und »Hué«. Und das ärgert uns am meisten.

Geisterstunde

Die fromme Scheu der Ahnen vor jenen Dingen zwischen Himmel und Erde, die keine Schulweisheit sich träumt, ist uns verloren. Wir tun uns viel darauf zugut, zu wissen, wo sie geahnt und geglaubt. Das Unsagbare, nur im Bild und Gleichnis zu Fassende, das sie bedrückte und beglückte, bringen wir auf eine exakte, wo möglich, nutzbare Formel und meinen oft Unerklärliches erklärt zu haben, wenn wir es mit einem gelehrten Namen benennen. Wir haben die Erstgeburt der Poesie um das Linsenmus des Wissens weggegeben.

In den Sagen, Mythen und Märchen eines Volkes verkörpern sich seine Ängste und Sehnsüchte, seine Ideale und Vorstellungen, sein Fühlen und Denken am ursprünglichsten als in einem Stück Poesie, das in einem höheren Sinne als dem eines beschworenen Gerichtsprotokolls wahr ist: Sie sind wahr als Wesensaussage. Uralten Väterglauben und symbolkräftiges Ahnungsvermögen, Heidnisches und Christliches, Gemütvolles und Furchtbares, Frommes und Spaßhaftes, Historisches und Zusammenfabuliertes, Phantastisches und Derb-Reales wirkt die Volksseele ineinander wie bunte Fäden, aus deren kunstvoller Verschlingung das köstliche Gewebe der Sage entsteht mit den Bildern von Gott und Teufel, Hexen und Heiligen, wohlgesinnten Erdmännlein und schreckenden Fratzen und allen guten und bösen Geistern.

Auch das Rottenburger Geistervolk, einst zahlreich und handfest wie eines, ist tot und spukt nicht mehr. Will man es beschwören, so muß man die alten Hexenmeister Birlinger und Meier zu Hilfe rufen, in deren Büchern es eingeschreint und aufbewahrt ist wie anatomische Präparate im Spiritus. So ganz maustot ist es aber doch nicht; in manchen Gegenden, an manch unheimlichem Ort geistert noch etwas von ihm, wenn der Abend kommt und die Formen und Gestalten von Busch und Baum gespenstisch mit der Dämmerung verwachsen. Als Buben haben wir den heißkalten Schauer des Gruselns oft verspürt, wenn wir vom verspäteten Spiel auf dem Heuberg durch das dunkelnde Hexengäßle heimwärts eilten: Da verließ sogar den tapferen Winnetou seine indianische Furchtlosigkeit, da überlief selbst Old Shatterhand eine Gänsehaut, denn gegen Geister vermochte seine Silberbüchse nichts . . .

Es ist nicht geheuer auf dem Heuberger Buckel. Man weiß, daß er wie die Weilerburg ein uralter Tanzplatz der Hexen war, wo sie in der Freitagnacht auf Besen und Ofengabeln reitend zusammenkamen. Gastgeberin war das »Heuberger Hexle«, eine kleine Person mit ungeheurem Kopf, die alle Hexenkünste beherrschte: Wetterbrauen und Viehschlagen, Abwesende-prügeln und Wahrsagen. Einmal hörte ein Seebronner auf seinem nächtlichen Heimweg von Rottenburg schöne Musik auf dem Heuberger Turm. Er ging hinauf. Im Innern des alten Turms, in dem sonst nur Spinnen von Balken zu Balken ihre Netze weben, prangte ein herrlicher Saal; um köstlich gedeckte Tafeln saß eine große vornehme Gesellschaft, andere tanzten zur Musik. Auch der Seebronner ward gastlich bewirtet mit Wein und erlesenen Speisen, die aber nicht gesalzen waren. Lange schaute er dem Treiben zu, bis ihm plötzlich sein Heimweg wieder einfiel: »O Jeses, iatz muaß i aber hoam!« Kaum war das Wort ihm entfahren, da verschwand mit einem Schlag die ganze Herrlichkeit. Er selbst fand sich rittlings auf einem Balken sitzen; Leute, die auf seine Hilferufe herbeikamen, holten ihn schließlich von seinem luftigen Sitz herunter.

Ein anderes Mal hatte sich die »Süßmartin«, eine Rottenburger Hexe, – oder war es die »Ga's-Anges«? – vor lauter Tanzen verspätet, so daß sie auf der Heimfahrt von der Morgenglocke überrascht wurde. Sie fiel aus der Luft in den kleinen Hohlweg, der von der Seebronner Straße auf den Heuberger Turm hinaufführt, und wurde dort morgens pudelnackt gefunden. Der Weg heißt heute noch das »Hexengäßle«.

Der Herr und Meister aller Hexen und bösen Geister trug in Rottenburg vielerlei Namen: Blaufüßle, Elzebock, Fritzlin, Gräßle, Meister Hämmerlein, Häspelin, Karfunken, Kächele, Kleiner, Kranz, Aberlin, Luget, Lederlin, Mißgünstler, Melcher, Popille, Doktor Virivanz. In der Johannisnacht war ihm und seinem Anhang besondere Gewalt verliehen. Deshalb mußte man früher in dieser Nacht von neun Uhr abends bis morgens mit allen Glocken zusammenläuten, die Fensterläden zumachen und sogar die Ritzen verstopfen, weil die bösen Geister überall hineinkönnen, wo Luft eindringen kann. In den gewöhnlichen Nächten konnte man sich einfacher schützen: Man brauchte nur die Besen mit dem Stiel nach unten stellen, dann konnte keine Hexe ins Haus, und die, so darin war, nicht hinaus.

Ob die »Graserin« eine Hexe gewesen, weiß man nicht. An hohen Feiertagen konnte man sie während des Gottesdienstes am »Grasigen Weg« zwischen Sülchen und Lindele sehen. Frug man sie, warum sie grasen müsse, so verschwand sie sofort.

Auch in Sülchen, wie übrigens auf allen Friedhöfen, ist es nicht sauber. Im Advent und während der Fastenzeit gingen dort nachts die sieben feurigen Feldrichter um; man sah ihre flammenden Gestalten von Rottenburg, Wurmlingen und Hirschau aus. Sie hatten zu Lebzeiten die Felder ungerecht vermessen und mußten nun alles nachmessen. Sie taten niemand etwas und verschwanden gegen Morgen in Sülchen.

Aus ähnlicher Ursache mußte im »Erlenrain« und im »Zieglersteg« der »Wuchter« umgehen; er sei ehemals Waldmeister gewesen und habe sein Amt mißbraucht, besagten »Erlenrain« und »Zieglersteg« unrechtmäßig an sich zu bringen. Er trug einen langen, braunen Rock und einen Dreispitz und schreckte die Leute gewaltig.

Noch schrecklicher war der »Reiter im Rammert«. Er war ohne Kopf. Wenn er bei Nacht Wanderern begegnete, die durch den unheimlichen Wald heim mußten, so begleitete er sie wie ihr Schatten. Oft kam er bis vor das Niedernauer Tor. Der Torwart kannte ihn schon: »O der ist schao' oft do gsei', der goht et en d Stadt nei'«, pflegte er die Angstschlotternden zu beruhigen.

Vielleicht reiste dieser kopflose Reiter sonst mit dem »Muotesheer«. Das pflegte besonders in der Weihnachtszeit durch Rottenburg zu ziehen, mit Brausen und Heulen, Kettengerassel und Jagdhornschall. Man hörte es schon von weitem nahen, denn einer jagte ihm voraus und schrie: »Aus em Weag! Hu! Hu! Hu!«

Einmal riß das wilde Gejäg in Rottenburg einen ganzen Neubau ein und im nächsten Jahr auch das inzwischen wieder aufgestellte Haus. Da ließ man's. Zwischen Spital und »Linde« konnte man noch ein Stück des nie fertig gewordenen Gemäuers sehen.

Ein andermal sah eine alte Frau ein ungeheures Heer von Erdenmännlein durch Rottenburg ziehen, Tübingen zu. Sie fuhren mit Gebraus und Getrappel durch die Luft, und wenn die Frau nicht sofort Fenster und Läden zugemacht hätte, so würden sie ihr den Kopf abgerissen haben. Bei aller Angst, den Kopf zu verlieren, nahm sich die weibliche Neugier immerhin noch so viel Zeit, um festzustellen, daß besagte Erdenmännlein etwa eine Elle lang waren und Menschengesichter trugen.

Im allgemeinen zeigten die Erdenmännlein ein menschenfreundliches Wesen. Zu ihnen gehörte wahrscheinlich der »Pompele«, der den Knechten bei der Arbeit half. Eine Zeitlang ließ er sich nicht mehr sehen, plötzlich, nach sieben Jahren, stand er wieder da. Als man ihn fragte, wo er gewesen sei, sagte er, mit dem »Bonapatle« im Krieg. Auch der Wurmlinger »Tellerlistrapper« entstammte der Sippe.

Er war ein Zwerg, so dick wie ein Stumpen Mehl und hatte winzige Füßlein. Dabei trug er einen riesigen Tellerhut und »träppelte« mit kleinen Schritten. Man erschrak vor ihm, aber er tat einem nichts.

Diese Erdenmännlein hausten in unterirdischen Gewölben, darin sich oft auch Schätze befanden. Im Keller des früheren »Römischen Kaisers« am Marktplatz soll auch einer vergraben sein. Ein anderer Schatz liegt in den Ruinen der Ehinger Burg in den Siebentälern hinter Niedernau. Ein Bauer aus Dettingen ließ sich verleiten, danach zu graben. In einem Gewölbe fand er eine große Truhe mit Gold; darauf lag ein Pudel. Man hatte dem Bauern gesagt, den müsse er herunterhauen und keine Angst haben. Aber das ist leicht gesagt: Wie der Mann nach dem Hund langen wollte, fuhr dieser wütend auf ihn los. Der Mann erschrak dermaßen, daß er heimging, sich legte und starb.

Es ist überhaupt nicht leicht, an die Schätze heranzukommen. Auf dem Heuberg zum Beispiel quoll früher jährlich einmal an einer bestimmten Stelle Silbergeld aus dem Boden. Ein Soldat mit blankem Säbel hielt daneben Wache. Oft sprangen Leute, die in der Nähe auf dem Feld waren, hin, aber jedesmal versanken vor ihren Augen Geld und Wächter mit fürchterlichem Gerassel wieder in die Erde.

Draußen auf dem Schadenweilerhof fand man einst in einem hölzernen Kübel, der über Nacht am Brünnlein stehengeblieben war, am Morgen drei goldene Sterne, die leider zerrannen. In der Adventszeit geisterten dort draußen die alten Ritter mit Geklirr und Gerassel treppauf, treppab, daß sich einem Christenmenschen die Haare sträubten. Auch fand man dort eines Tages bei Ausbesserungsarbeiten ein Skelett in den Turm eingemauert ...

Die Adventszeit hatte es auf sich: Früher strich in diesen Nächten ein schwarzer Pudel mit feurigen Augen ums Klösterle, und die Steigbewohner sahen in dieser Zeit oft ein weißes Säule zum Spital hinablaufen.

Man stand damals mit den Geistern auf recht vertrautem Fuß; bei aller Angst vor ihnen achtete man ihr Walten, und die Mutigsten bedienten sich sogar ihrer Hilfe. So konnte man mit einer Haselnußgerte, die man am Karfreitag vor Sonnenaufgang geschnitten hatte, Abwesende prügeln, und der hochgeschätzte Farnsamen galt als unfehlbares Mittel, sich die Geister gefügig zu machen. Ein Holzhauer holte sich ihn einst, unbeschrieen natürlich, und konnte seither täglich 500 Büschelein Holz machen. Auch unbeschworen griffen die Kräfte der andern Welt in das Treiben der sichtbaren ein: Wenn jemand starb, so »verzeigte« er sich: Die Uhr blieb plötzlich stehen, ein Bild fiel vom Nagel, ein Möbelstück verrückte sich. Der Schrei des Käuzchens galt als Todesbote, und ein offenes Grab am Sonntag kündete für die kommende Woche einen weiteren Toten an.

Eine historische Sage aus der Zeit der Grafen von Hohenberg soll uns aus dem Zwielicht des Unheimlichen wieder zurückführen in die helle Sonne dieser Welt. In dem waldigen Tal hinter Bühl jagte einst ein Graf von Hohenberg. Da vernahm er durch den Wald den Gesang eines Mädchens, der ihm so wohlgefiel, daß er des Jagens vergaß und dem Liede nachging. Als er das Mädchen gefunden, hieß er es an eine Birke stehen und das schöne Lied noch einmal singen; er wolle ihr den Boden so weit zu eigen geben, als der Schall ihrer Stimme dringe. So ersang sich das Mägdlein jenes Tal von einem Hohenberger Grafen, den die Uhlandsche Romanze zu einem Herzog macht:

»Er legt in ihre Hände
Den Siegelring zum Pfand:
»Mein Weidwerk hat ein Ende,
Vergabt ist dir das Land.«
Da nickt ihm Dank die Holde
Und eilet froh waldaus;
Sie trägt im Ring von Golde
Den frischen Erdbeerstrauß.«

Von den »Erdenmendlen«

Nach der Zimmerischen Chronik

Von denen hab ich einst bei meinen kindlichen Jahren von den Alten viel Wunders und seltsame Sachen hören sagen, deren ein Teil des Gedächtnis wohl würdig und schad wäre, daß solche in Vergeß kommen sollten. Wer aber oder was für Geschöpf diese Erdenmendle seien, oder auch was ihre Natur und Eigenschaft, davon hab ich von den Alten Gründlichs nichts vernehmen können, gleichwohl viele vermeinten, daß es Menschen seien, die vor Jahren verflucht worden und noch einer Erlösung von den Menschen hoffen, darum sie auch gegen die frommen und ehrbaren Leute so freundlich und zutunlich sich gehaben.

Also auch ist gewißlich wahr, daß die Erdenmendle vor Jahren viel Wohnung und Wandels um das jetzige Rottenburg am Neckar gehabt, denn die alt Stadt Rottenburg ist an diesem Ort des Neckers nit gestanden wie jetzo, sondern auf der andern Seiten, wie solches das alt Burgstall und das alt Gemäuer ob Ehingen noch heutigstags bezeugt.

Es schreibt der Besenfelder*, daß Rottenburg vor Jahren Landsort geheißen hab und sei damals die Stadt bei Sülchen gestanden zu der linken Hand, wenn man von Rottenburg dahin geht, und ist zu selbiger Zeit Sülchen die Pfarrkirche gewesen. Diese Stadt Landsort soll vor undenklichen Jahren bei einem großen Gewetter verflossen und beinahe alles versunken sein, daß sie also ganz abgegangen und darnach an das Ort gebaut worden, das jetzt »uf der alten Stadt« heißt. Dieweil es aber daselbst Wassers und anderer Gele-

* Hof- und Küchenschreiber der Erzherzogin Mechthild.

genheiten halber ganz unbequem gewesen, ward die Stadt zum dritten Mal (dahin, wo sie jetzt stehet) verändert und Rottenburg genannt. Und ist in der Herrschaft Hohenberg die älteste Stadt, da Horb viel jünger ist.

Die Erdenmendle aber haben vor Jahren auf der Seiten des Neckers, wo das jetzige Rottenburg gelegen, gewohnet. Denn so man von der jetzigen Stadt gegen das Weggental (ist eine Kapelle Unserer Lieben Frau zu Ehren, dahin vor Jahren eine große Wallfahrt gewesen und allda viel Wunderzeichen geschehen sind) hinaus geht, findet man nit sonders tief in der Erden ein wunderbarliches Gebäu. Es ist ein Gang wie ein Porticus oder ein Kreuzgang, der sich in die Länge erstreckt. Der ist auf der einen Seiten mit Ziegelsteinen zugemauret, auf der andern Seiten ist er mit kleinen, steinernen Säulen gebaut gewesen, offen und oben gewölbt, inwendig allerdings hohl, zwei gemeine Werkschuh weit und vier hoch. Das Paviment (Fußboden) des Porticus soll mit gelesten (glasierten) Steinen auf das zierlichste gemacht sein; auch weiß man weder den Anfang noch das Ende dieses Porticus, noch wo er hingeht. Kein Zweifel, daß er von Menschenhänden nit gemacht worden, viel weniger, daß er zu menschlichem Gebrauch sollte dienlich sein.

Im Sonntagsstaat

»In Rottenburg ist dem Auge des Fremden sogleich die stehende bürgerliche Städterkleidung auffallend; so sehr sich in andern Orten während der neuern Zeit die Kleidung geändert hat, so ist solche bey dem männlichen und weiblichen Geschlechte dahier noch nach der alten Weise. An Werktagen lederne kurze Beinkleider, weiße, blaue, auch rothe Strümpfe mit Nestel-Schuhen, ein Wamms nach dem Gewerbe roth, gelb, braun, blau usw., ein schwarzer Flor um den Hals, eine Kappe, wohl auch braun, roth oder gelb an Farbe, häufig mit Pelz verbrämt; an Feyertagen ein Rock nach dem Gewerbe von geeigneter Farbe wie am Werktage das Wamms, ein gleichseitig dreyeckiger Hut, und in die Kirche ein schwarzer, zeugener Mantel – das ist die Kleidung des größten Theiles der männlichen, besonders älteren, Bewohner Rottenburgs. Abweichungen nach der neueren Mode gibt es freylich, besonders unter jungen Leuten.

Die weibliche Tracht zeichnet sich stets durch gleiche Farbe des enganschließenden, mit Schößen versehenen Corsets und des sehr faltigen Rockes aus, an Feyertagen durch seidene, mit Gold- oder Silberbörtchen verbrämte Halstücher, einer seidenen Schürze, silbernen Halskette, auch wohl mehreren Schnüren von Korallen, häufiger Granaten und einem Anhängsel, endlich vorzüglich durch eine ovale Haube von Gold- oder Silberbrokade, mit einem meist schwarzen, feinen, tief über die Stirne hereinlaufenden Spitzengewebe, rückwärts zusammengezogen, und mit einer großen Masche von bunten Farben geziert.«

So farbenfreudig zeigten sich die Rottenburger und besonders die Rottenburgerinnen vor 150 Jahren, als der alte Memminger die erste Oberamtsbeschreibung herausgab.

Und wenn schon die Städter so konservativ an ihrer schmucken Tracht festhielten, so erst recht die Leute auf dem Land.

Als Rottenburg längst württembergische Oberamtsstadt geworden war, verriet noch immer die Kleidung, woher einer kam: ob aus dem »alten Amt«, aus dem »Stäble« oder aus der »Steinlach«.

Bei den Männern waren überall gleich der lange Sonntagsrock aus blauem Tuch mit silbernen Knöpfen, die kurzen, gelben Lederhosen und die rote Weste mit den eng nebeneinandersitzenden Metallknöpfen.

Die aus dem Alt-Hohenbergischen trugen wie die Rottenburger den gravitätischen Dreispitz, weiße oder blaue Strümpfe und Schnallenschuhe. Im »Stäble«, unter welchem Namen man die alt-württembergischen Ortschaften Remmingsheim, Nellingsheim, Wolfenhausen und Eckenweiler zusammenfaßt, trat man gestiefelt auf bis an die Knie; dort schwang der Bauer, war er sonntags gut aufgelegt, statt des Dreispitzes den runden, schwarzen Filzhut, während es werktags die Zipfelmütze oder das lederne »Schmerkäpple« tun mußte.

Am nobelsten gaben es die jungen Burschen aus der Steinlach. Über die scharlachrote Weste zogen sie ein blaues oder grünes Manchesterwams, auf dem Ohr saß keck eine grüne, pelzverbrämte Samtmütze mit goldener Quaste. Alter und Ehestand rupften dann freilich den lustigen Vögeln die buntesten Federn aus: Aus dem übermütigen Gelb der Lederhose, aus dem brennenden Rot des Brusttuchs ward ein freudloses Schwarz, und die schäpse Samtkappe mußte dem würdevolleren Dreispitz weichen.

Allen gemeinsam aber war der Ulmer Pfeifenkopf mit dem silbernen Beschläg und die schwere Uhrkette, an der Taler und Klunker schepperten.

Mädchen und Frauen aus dem »alten Amt« trugen einen enganliegenden Kittel mit über dem Ellbogen gefaßten Puffärmeln, einen kurzen faltigen Rock, meist von gleicher

Farbe, darüber den seidenen Schurz, und weiße Strümpfe mit Schnallenschuhen. Ein buntes Seidentuch mit Fransen und um den Hals ein Granatnuster oder ein »Döhle« (Medaillon) an goldener Kette vervollständigten den Sonntagsstaat. Die Zöpfe, mit Bändern durchflochten, fielen lang auf den Rücken herab. Besonders kleidsam machte sich das »Gäuhäuble«, dieser je nach der Gegend in den verschiedensten Spielarten abgewandelte typische Kopfputz der Schwäbin. Das schwarze Häublein ließ den Scheitel frei, seine »gewässerten« (Moiré-)Seidenbänder wurden unterm Kinn zu einer Masche geknüpft, deren Enden über das Leible herabfielen. Der Haubenboden oder »Bletz« war mit Gold- und Silberstickereien verziert.

Eine Steigerung ins Prunkhafte erfuhr das »Gäuhäuble« bei den Verheirateten in der Form der Radhaube. Um den »Bletz« stand ein großes Rad aus Goldstoff und Spitzen und Perlen, dessen häufig silberne Zierbänder auf den Rücken fielen. Bis zu fünfzig Gulden gaben die reichen Bäuerinnen für diesen kostbaren, ebenso feierlichen wie anmutigen Kopfschmuck aus.

Bei der Hochzeit trugen Braut und Gespielen die im ganzen oberen Neckartal und weit im Schwarzwald verbreitete »Schappel«, eine hohe Brautkrone aus Goldflitter und bunten Glasperlen, die der Trägerin ein madonnenhaftes Aussehen verlieh.

Ähnlich gingen die Frauen im »Stäble«; nur waren hier die Farben gedämpft, oft bis zu Schwarz. Auf das Granatnuster mit goldenem Schloß verzichteten aber auch sie nicht. Soweit scheint also die Beobachtung des alten Memminger zuzutreffen, der im Umgang bei den Katholiken mehr Heiterkeit, bei den Protestanten mehr Ernst bemerken wollte, »so wie die Kleidung bey diesen mehr ins Dunkle, oft ins Schwarze, bey jenen mehr ins Helle, Bunte überspielt«.

Nicht so recht will sie aber auf die doch auch protestantischen Steinlacher passen; deren Tracht ist bei weitem die farbenfroheste gewesen. Die Steinlacher Mädchen trugen einen vielgefältelten, blauen oder grünen Rock, dessen auffällige Kürze einem noch heute nach den Stichen wohlberechtigt erscheint, ein hellrotes Mieder mit weißem Goller, lange, gefältelte Hemdärmel, weißen oder blauen Schurz, weiße Strümpfe und rote Strumpfbänder und Schnallenschuhe mit hohen Absätzen. Ihre schmale Haube, deren Bänder die Ohren verdeckten, ähnelte dem »Gäuhäublein«. Die langen Zöpfe durchflochten sie mit farbigen Bändern. Bei den Frauen war der Schurz schwarz und die Haube glockenförmig, ihr schwarzer Flor beschattete Stirn und Augen.

Von all dieser Herrlichkeit, die an Markt- und Feiertagen in die alte Stadt hereinströmte und ihre Gassen und Plätze blühen ließ wie Frühlingswiesen oder herbstliche Bauerngärten, ist uns nur ein dürftiger Rest geblieben: da und dort ein Schmuckstück aus Urgroßmutters Schatulle und die von Jahr zu Jahr seltener werdende Erscheinung einer alten Wurmlingerin, die mit ihrem gefältelten Kleesamenrock, ihren Puffärmeln, ihren Zöpfen und ihrem »Gäuhäuble« scheu und ängstlich die Nüchternheit unserer Tage durchbricht als ein bescheidener letzter Abglanz einer unwiderruflich versunkenen Zeit.

Saure Wochen, frohe Feste

Johannisfeuer sei unverwehrt!
Die Freude nie verloren!
Besen werden immer stumpf gekehrt,
Und Jungens immer geboren.

Goethe

Rottenburger Kalender

JANUAR

Feuchte, Wassermann, die Erde,
Segen quillt aus deinem Krug.
Gottes ist das Wort: Es werde!
Unser aber ist der Pflug.

Wie eine Schwelle knarrt der Schnee unter deinen Sohlen. Tritt ein ins neue Jahr und nimm die Eisblumen an den Fensterscheiben – denn andre blühen ihm noch nicht – als ein Zeichen seines guten Willens. Ihr müßt miteinander auskommen, du und das Jahr!

Am Dreikönigstag schreib an deine Stall- und Stubentüren C+M+B. Und wenn schön Wetter ist, so sieh nachmittags draußen im Weggental die Drei Könige aus Morgenland einreiten. In Samt und Seide gekleidet, mit Fähnlein und Bannern halten sie königlich Einzug auf hölzernen Rößlein, Kamelen und Elefanten; über ihren Kronen strahlt der Stern, und hinter sich ziehen sie, wie dieser, einen goldenen Schweif: Diener, Knechte, Träger und Saumtiere. Schon deinen Urähne, da er noch klein war, hat das Gedränge und Gepränge auf der alten Weihnachtskrippe beglückt und bezaubert, und deinen Urenkeln wird es noch so ergehen.

Noch herrscht an allen Buckeln und Steigen Winterlust. Noch jucken die Buben, auf »Kübeles-Schlitten« stehend und mit Spießen zwischen den Beinen sich vorwärts stoßend, rudelweise durch die Stadt. Noch tragen Brunnenfiguren weiße Samtbarette und Eiszapfenbärte. Wie lange noch? Die Weihnachtsgutslein in der Kommodschublade nehmen ab mit dem Mond, und Großmutter sagt, sie spüre anderes Wetter...

Fabian und Sebastian
lassen den Saft in die Bäume gahn.

Februar

Bringe nur nichts aus dem Gleise,
Nimm den Tag so, wie er kommt:
Auf die Fasnachtsküchlein frommt
Als Diät die Fastenspeise.

Diesen Monat regiert der »Ahland«. Sein Szepter ist der Stock mit der Saublase, sein Reichsapfel das Fasnachtsküchlein.

Eine Zeitlang wagte sich der Rottenburger »Ahland« kaum mehr auf die Straße; nur der Narrensamen hielt die große Tradition der heimischen Fasnet wach, oft nur mit Vaters umgedrehtem Rock, einem verbeulten, stichelhaarigen Zylinder und einem Schnurrbart aus Ofenruß. Der Freude am Lärmen und Toben tat dies keinen Abbruch, denn was ein rechter »Ahland« ist, der hält sich an die Devise: »Reacht wüast ist au schön«. Und durch die Gassen klang es: Ahland, alte Marand, Susann, Lompedock, putz dei' Nas en Onderrock!

Nun aber lebt seit einigen Jahren die alte gute Fasnet, wie sie Frau Mechthild schon gehalten, übermütig wieder auf. Jetzt gibt es auch wieder ausgewachsene Narren in Rottenburg – wenigstens im Februar.

Am Tag des heiligen Blasius, des Schutzpatrons der Rösser, ließ früher der Hufschmied die Pferde zur Ader; desgleichen taten abends die Roßknechte ihren Herren, durften sie doch auf deren Kosten am Blasiustag essen und trinken soviel sie wollten!

Lichtmeß – bei Tag eß! Länger werden die Tage, wärmer die Sonnenstrahlen; der Schneemann stirbt an Auszehrung, der Aschermittwoch aller Winterfreuden naht:

Mattheis
bricht's Eis!

März

Scharfgebognes Horn zum Wehren
Und ein dickes Fell zum Schutz.
Geht's nicht anders, laß dich scheren,
Aber wenn du kannst, so trutz!

Ostermonat! Schneeglöckchen stupfen durch den brüchigen Schnee, Palmkätzchen tun die Augen auf und blinzeln in die Sonne, und wer Glück hat, findet am Wiesenhang das erste Veilchen.

Wer am Palmsonntag zuletzt aufsteht, ist der Palmesel. In Hirschau steht noch ein alter, hölzerner, auf den am Palmsonntag der weißgekleidete Christus gesetzt wird, den segnenden Arm voll mürber, süßer Kränze. Die Rottenburger haben ihren Palmesel längst abgetan, aber die »Palmbräzete« werden noch heute gebacken.

Von den »Palmen«, Sträußen aus Weidenkätzchen, Seve und Bux an langen Stöcken – je höher der »Palmen«, desto besser die Weihe, meinen die Buben –, kommt ein Zweiglein in jeden Raum des Hauses zum Schutz vor Wetter, Blitz- und Hagelschlag.

Von Gründonnerstag bis Karsamstag ersetzt das klappernde Geräusch der »Rätschen« auf dem Turm das Glokkenläuten. Soll dir das Jahr über das Geld nicht ausgehen, so mußt du am Karfreitag Linsen essen.

Der Frühling ist auferstanden! Das Halleluja säuselt der Märzwind und rauschen die Bäche. Kinderkreisel tanzen, »Ballietle«, anderswo Schusser genannt, gluckern aneinander, und mit der Pünktlichkeit der wiederkehrenden Zugvögel erscheinen auf den Plätzen Stelzenläufer und Ballspieler. Und manchmal gibt es schon ein Gewitter, aber:

wenn's donnret übrem kahle' Wald
wirds nohmohl kalt.

APRIL

Gewalt zerstört, Gewalt erschafft,
Gewalt ist immer blind:
Es lenkt des Stieres wilde Kraft
Am Nasenring ein Kind.

Der närrischste aller Monate! Sein Charakter heißt Charakterlosigkeit. Er lacht der Kalendermacher und ihrer Bauernregeln, läßt die Nadel am Barometer hüpfen, wie's ihm gefällt, und treibt Rheumatiker und andere Wetterpropheten zu heller Verzweiflung. Selbst Petrus hat es aufgegeben, ihm Ordnung und Manieren beizubringen, und läßt ihn machen.

Dem Kalender nach gehört er in die Sippe des Frühlings. Allein, er ist so aus der Art geschlagen, daß auch der schlimmste Verdacht erlaubt ist.

Zu einem ordentlichen Brauch hat es dieser Wetterwendische nicht gebracht. Schlimmer noch: Seine Unart, die Menschen zum Narren zu halten, hat diese angesteckt. Sie schicken einander in den April und lachen den Hereingelegten aus:

Aprile'ga's
hot Dreck uf der Na's.

Mai

Doppelt ist des Schaffens Segen,
Wenn sich nach der Meister Art
Mit der Lust am Händeregen
Freude am Geschaffnen paart.

In diesem Monat schlagen nicht nur die Bäume aus. Er gehört den Verliebten und den Dichtern, was oft dasselbe ist. Denn auch der Nüchternste spürt in diesen Tagen, daß »Mai« und »zwei« einen reinen, klingenden Reim ergeben.

Schon in der Nacht seines Kommens steckt man der Liebsten einen Maien aufs Haus, möglichst hoch, damit ihn jeder sehe.

Am Himmelfahrtstag geht man »mit dem Kreuz«. Morgens um fünf Uhr prozessioniert man mit Kreuz und Fahnen hinaus in den kühlen Maimorgen auf betauten Wegen unter blühenden Bäumen hin, vom Himmel Wachstum und Gedeihen der Saaten zu erbitten.

Am sechzehnten, dem Nepomukstag, erstrahlten früher die beiden Brückenheiligen links und rechts der Unteren Brücke im Schein buntfarbiger Lämpchen. Der Neckar selbst funkelte, als sei der Sternhimmel in ihn gefallen: Die Jugend übergab an diesem Abend dem dunkelnden Fluß ihre Nepomuklichter und ließ sie in Rindenschifflein und auf Brettchen gesetzt abwärts treiben.

Liebe kann launisch sein. So auch ihr Monat. Die drei Eisheiligen Pankraz, Servaz und Bonifaz, sicherlich drei griesgrämige Junggesellen, sehen das Blühen und Schnäbeln mit scheelen Augen, und »die nasse Sophie« dämpft die Glut mit einer kalten Dusche . . .

Der Mai
loht au noh en Schrei!

Juni

Jahresmitte, Lebensmitte,
Und die Sonne steht noch hoch!
Macht der Krebs auch kleine Schritte,
Rückwärts geht er doch . . .

Es heißt, wer vor dem Fronleichnamstag im Neckar bade, ertrinke. In alten Zeiten mußte man unserem harmlosen Neckerlein am Johannistag einen Laib Brot opfern; unterblieb die Fütterung, so wurde der Fluß wild und holte in seiner Gefräßigkeit einen Menschen.

Die uralten Bräuche an Sommerjohanni, dem Tag der Sonnwendfeier, die einstens auch die Rottenburger geübt, sind heute tot und vergessen. Kein blumengeschmückter »Engelmann«, wohl das Symbol des scheidenden Frühlings, wird auf dem Ehinger Platz mehr geköpft und verbrannt, die Johannesminne nicht mehr getrunken, selbst der letzte, dürftige Rest, das abendliche, feuchtfröhliche Zusammensitzen vor den Häusern in dieser Nacht, ist abgetan. Ein altes Buch erzählt: »Abends wurden vor dem Hause Tische und Stühle aufgestellt. Eltern, Nachbarn, Alles saß zusammen: brachte der einen Krug Bauzemer, Neckarhalder oder Matisberger, und so er leer war, jener wieder einen. Wirte hielten ihre Stammgäste in dieser Nacht frei. Alle die, welche zum Spital sahen, bekamen in der Johannisnacht Wein und Brod an Tischen unter freiem Himmel. Es war Ein Friede und Eine Freundschaft: alles Maßleidige wurde wieder gut gemacht ...«

Die Frage nach dem Alter und der Herkunft dieser schönen Bräuche beantwortet man am besten mit dem Ausspruch eines Bauern aus der Steinlach: »O dia stammet aus selle heidnische Zeite', wo noh älls katholisch gsei' ist.«

Peter und Paul, die letzten des Monats, spenden die ersten Kirschen. Von ihnen geht in Rottenburg das alte Kindersprüchlein:

Der Peter und der Paul,
die hauet enander aufs Maul,
der Peter nemmt e' Gäbele
und sticht de' Paul ins Näbele ...

Juli

Schlägt der Löwe seine Zähne
In ein Wild, so gibt es Aas.
Schakal aber und Hyäne
Prahlen: unsrethalb geschah's!

In einen rechten Kalender gehört auch ein Bild. Malen wir eines! Goldblondes Haar unter einem weißgetupften blauen Kopftuch, die Augen zwei Kornblumen, die Wangen zwei Klatschrosen, im lachenden Mund eine Ähre: eine dralle, gesunde Bäurin. Dies ist der Juli. Grillengezirp, Sensendengeln und das Ächzen und Garren des garbenschweren ersten Erntewagens ist seine Musik.

Festen und Feiern leidet dieser schaffige Monat nicht. Der einzige Brauch, den er kennt, heißt: Arbeit! Und bei den Buben, denen er das Tor in die große Vakanz aufreißt: Äpfelstehlen. Denn Jakobi schüttelt die ersten. Von den Birnen aber heißt es:

Die erste Birn bricht Margaret,
darauf überall die Ernt angeht.

August

Holde Jungfrau, dies begreife:
Knospe, Blüte, Frucht und Reife,
Dieser Kreis umschließt den Sinn
Unsres Lebensjahrs auf Erden.
Nur solang du bist im Werden,
Sprichst du wahr, sagst du: Ich bin!

Die Natur steht in der Fülle ihrer Kraft, die Ernte ist in vollem Gange. Thymian und Kamille, Wermut und Johanniskraut, Salbei und Spitzwegerich erreichen ihre höchste Heilkraft. Man bindet sie zu Sträußen, in die Mitte die wollige Königskerze, auch Haberrispen, Kornähren und Hopfenranken gehören hinein, und läßt sie am Tag Mariä Himmelfahrt weihen. Die Eier, welche die Hühner im »Dreißiger« legen, sind besser als alle andern des Jahres und halten am längsten.

Die Hausfrauen, die Backen gerötet vom Herdfeuer, hantieren von morgens bis abends mit Kupferkesseln und Einmachgläsern, und zwischen den vier Füßen eines umgedrehten Stuhls tropft durch ein Seihtuch die ganze Süße des Sommers.

Gegen Ende des Monats aber stehen drunten im Blachfeld bei Sülchen schon die ersten Drachen in der Luft, wakkeln mit ihren langen Schwänzen und zerren unruhig an der Schnur, als spürten sie, daß für die Zugvögel ihre Zeit wieder naht. Schon fällt vom Pflaumenbaum das erste gelbe Blatt . . .

Bartholomai hot's Wetter parat
für de' Herbst bis zu der Saat.

September

Gute oder schlimme Tage,
Glück und Unglück lege nicht
Auf die Apothekerwaage.
Tu ich recht? Nur diese Frage
Rühre an dein Gleichgewicht!

Hopfenernte! Noch vor fünfzig Jahren eine Hoch-Zeit der Rottenburger. Morgens schon vor Tag rumpelten die Hopfenwägelein durch die Gassen. Vor den Häusern, in den Höfen und offenen Scheuern zwischen Bergen von »Büschelen« und abgezopftem Laub die Hopfenbrockler von der Urahne bis zum Kinderschüler. Kein echter Rottenburger, dem in diesen Wochen sich nicht die Finger schwärzten! Ach, wie herrlich mischte sich der herbe, bittere

Geruch der Hopfen mit der Süße von Zwetschgen- und Äpfelbeeten!

Und wie schreckhaft-heimelig leuchtete der ausgehöhlte Kürbiskopf mit dem Lichtstumpf hinter dem zähneblecken-den Maul durch die Septemberabende!

Der ganze Monat ist ein langer Abschied: Der scheidende Sommer schwingt seine blau-goldene Fahne über dem Land, wieder und wieder und noch einmal. Dann, eines Morgens, dampft der Neckar, sammeln sich auf den Telegraphendrähten die Schwalben, aufgeregt schwatzend, im Reisefieber… Der Sommer ist gegangen, es herbstelet.

Mariae Geburt
ziehet d Schwalbe' furt.

Oktober

Daran erkenn den Skorpion:
Daß ihm der Stachel hinten sitzt,
Zum Unterschied vom Erdensohn,
Der mit dem Maul sein Gift verspritzt.

Das Weinlaub gilbt und rötet sich. Die Sonne tut noch, was sie kann, und kocht die Trauben gar. Und wenn sie's gut gemeint, füllt Gallus den Butten.

Bei unsrem Landsmann Birlinger heißt es: »Seit uralten Zeiten war in Rottenburg ein Herbstmahl der Zehenter. Die Zehenter hatten die Aufsicht bei der Kelter, zogen die Gefälle ein. Sie hatten ein eigenes Faß in der Kelter, wohinein ein Jeder seinen Antheil lieferte. War Alles beisammen im Faß, so bestimmte man eins ihrer Häuser, wo festlich gezecht und darauf losgetrunken wurde. Man nahm auch die Weiber und Familien mit. In den 20er Jahren (des letzten Jahrhunderts) hörte der alte Brauch auf.«

Überall auf den Feldern steigt der beißende Rauch der Kartoffelfeuer in den Oktoberhimmel. In den Höfen und Keltern quietscht die Raspel, und die Mostpresse macht Überzeit bis spät in die Nacht.

»Kirbebeeten« (Obst-, Rahm- und Zwiebelkuchen) schmecken am besten auf dem Land; also zog man früher an der Kirbe auf die Ortschaften und feierte im »Rößle«, im »Adler«, im »Hecht«. Laut und fröhlich war der Heimweg: Es schwankte der Lampion am Spazierstock, es schwankte der rote Herbstmond im Baum, es schwankte die ganze Gesellschaft ein bißchen und sang:

Heut ist Kirbe,
Moan ist Kirbe
Bis zm Zei'stig Obed ...

November

Schieße nur nicht blindlings Löcher
In die Luft, du Pfeilverschwender:
Kommt einmal ein Vierzehn-Ender,
Stehst du da mit leerem Köcher.

Der Wind zaust Baum und Strauch, naßkalter Nebel verhüllt die Sonnenscheibe. Die Flämmchen der Wachsstöcke auf den Gräbern zittern und frösteln wie arme Seelen. Kein Grab bleibt heute ungeschmückt, und das Almosen stillen Gedenkens wird heute auch jenen, die man schon längst vergaß ...

Ist es ein Rest alt-alamannischer Totengabe, wenn an Allerheiligen die Kinder von ihrem Dötte und ihrer Dotte ein längliches, oben und unten zugespitztes Gebäck bekommen, eine Art flacher, mit Eigelb bestrichener Kuchen, den man »Seelen« heißt?

Als farbiger Tupfen fällt in das melancholische Grau dieses Monats der »Martene-Märkt«. Einst ein Volksfest im kleinen, wie jeder Jahrmarkt, mit Orgelgedudel, sonntäglich geputzten Landleuten, mit Türkischem Honig und hunderterlei Krimskrams. Hier schwenkt einer einen roten Lappen und krächzt dazu das Lob des Wunders unter den

Fleckenwassern, dort »verschenkt« der wahre Jakob warme Unterhosen und prophezeit als Dreingabe einen strengen Winter, wobei er seine bläulich-rote Nase reibt, ein Gläslein Kirschengeist zum Aufwärmen neben sich.

Kathrei'
loht de' Wenter rei'!

Dezember

Nun der Nebel sich gehoben,
Schau, dem Steinbock gleich, von oben
Aufs zurückgelegte Jahr,
Ob dein Weg der rechte war.

Mit einer Kuhschelle kündigt er sich an. Der Santiklos geht durch die abendlichen Gassen. Gebückt tritt er in die Stubentür; er hat einen langen flächsernen Bart, und seine Stimme klingt verdächtig nach Tante Helene, wenn sie etwa durch eine Gießkanne spräche. Wer brav ist, bekommt Hutzeln, Zwetschgen, Nussen und Äpfel, für die andern hinterläßt er eine Rute. Offenbar kennen auch die Heiligen keine bessere Pädagogik.

Wochen vorher schon duftet es weihnächtlich durchs Haus. Abend für Abend steht das Nudelbrett auf dem Tisch, wird gewogen, gerührt und geknetet: Springerlen, Zimtstern, Ausstecherlen, Anisbrot, Haselnußbrötlen, Makronen, Schäumlen, Lebkuchen, Butter-S, dazu die schwarzglänzenden Laibe des Schnitzbrots.

Wichtiger fast als der Christbaum ist das Kripple, das in keinem alten Rottenburger Hause fehlt. Es ist seit Generationen Erbstück der Familie; gemacht hat es einer der Rottenburger Krippenbastler, der Johann Hermann oder der Barthle Neu oder der Hochwächter Hank oder der »Zuckerle«. Aller Glanz des Prado und alle Herrlichkeit des Louvre vermögen später nicht mehr solches Entzücken, solch selige Lust des Schauens zu wecken, wie sie die Schöpfungen dieser schlichten Handwerksmeister einst dem Buben erweckten. Ehre sei Gott in der Höhe und dem Andenken der Rottenburger Krippenbauer!

Wenn am Silvesterabend dem alten Jahr zu Grab geläutet wird, zog früher die Stadtmusik mit Windlichtern vor die Häuser der Honoratioren und brachte Ständchen. Die ganze »Hopfenrahmenmusik« marschierte auf: der »Mo'gäst«, »d Haklapp«, der Kammacher Biesinger, der Josef und der Karle Hank ... Längst sind ihre Lichter verlöscht, ihre altmodischen Weisen verklungen, und mancher Glühwein ward gebraut, an dem sie keinen Anteil hatten. Diesen wackeren Alt-Rottenburgern, die geradenwegs der Hochzeit zu Kana auf dem Weggenthaler Kripple entsprungen zu sein schienen, sei heute das erste Glas geweiht! Das zweite soll allen Mädchen gelten: Möge ihnen St. Silvester das Blei, wenn es heute nacht zischend in das kalte Wasser fällt, zum wohlgetroffenen Bildnis ihres Künftigen gerinnen lassen!

Mit dem dritten aber will ich dir, geneigter Leser, das neue Jahr anwünschen, wie es bei uns der Brauch ist:

Komm gut 'nüber!

Grammatica, Logica und Regula de tri

Ein schulmeisterliches Kapitel

> *»Sie fragen nichts sonderlich*
> *nach der Poeten Bücher,*
> *studieren allein die Grammatik*
> *und Dialektik und Musik.«*
>
> LUTZ VON LUTZENHART 1609

Zwischen 1450 und 1520 studierten an den Universitäten Erfurt, Heidelberg, Freiburg, Tübingen und Wittenberg an die 300 Hohenberger, von denen der größere Teil Rottenburg als seine Heimat angab. Eindrucksvoller als mit dieser Zahl hätte die kleine Stadt nicht bekräftigen können, wie sehr auch sie von dem neuen, nach Wissen und Erkenntnis strebenden Geist des Zeitalters ergriffen war.

Nicht mit Unrecht hat man in so starker Hinneigung der damaligen Rottenburger zum Studium den anregenden Hauch von Frau Mechthilds Humanistengeist spüren wollen. Müssen wir auch den urkundlichen Beweis dafür schuldig bleiben, so dürfen wir doch annehmen, sie habe die erste Voraussetzung wissenschaftlichen Strebens, die Schule, in ihrer Residenz gewiß nicht übersehen. Die andere brachten die Rottenburger Buben selber mit: »damals, wie sehr häufig auch später, werden ihnen gute Ingenia zum Studieren nachgerühmt«.

Eine Schule gab es in Rottenburg freilich längst vor Mechthilds Zeiten, sie scheint so alt zu sein wie die Stadt selbst. Denn schon zwei Jahrzehnte nach ihrer Gründung trägt eine Urkunde vom Jahre 1301 den Namen eines »rector puerorum«; er hieß Heinrich und war Pfarrer.

Noch zwei weitere Rottenburger Schulrektoren kennen wir aus dem 14. Jahrhundert, den Magister Johannes von 1304 und den Johannes Menloch von »Rüdlingen« von 1390. Merkwürdigerweise nennt uns gerade Mechthilds Zeitalter keinen Schulmeister; um so freigebiger ist damit das 16. Jahrhundert, in dem sie Hieronymus Heininger, Aegidius Krautwasser, Sebastian und Bernhard Unger, Corvinius und schlichtweg Meyer und Miller hießen. Bei allen handelt es sich um Lehrer der Lateinischen Schule, von einer Deutschen hören wir erstmals am Anfang des Siebzehnten, was natürlich nicht heißen will, daß sie nicht schon lang vorher bestanden habe.

Das Schulhaus, vermutlich wie in andern Städten vom Rat gestellt, dem die Schule wohl auch unterstand, war bei der Spitalkelter in der »Schuellgassen«.

Grundlage des Lehrplans damaliger Lateinschulen waren die sieben freien Künste: Grammatik, Rhetorik und Dialektik, »Trivium« (Dreiweg) genannt, und Arithmetik, Geometrie, Musik und Astronomie, das »Quadrivium« (Vierweg). Mit Grausen werden unsere Pennäler vernehmen, was dazumal ein armer Suppenlateiner lernen mußte: In einem Alter, in dem ein heutiger gerade amo, amas, amat konjugieren kann, mußte er nicht nur die Klassiker lesen, lateinische Briefe, Urkunden und sogar Verse machen, sondern vor allem die Weltsprache der Gebildeten auch sprechen können! Die Schüler sollen, heißt es, »in der Schule und wo sie sonst beieinander sind, nur lateinisch reden«.

Keineswegs als Muster, sondern als kurioses Beispiel mittelalterlicher Pädagogik sei hier das Pensum angeführt, das der berühmteste Schüler der damaligen Rottenburger Lateinschule in drei Jahren bewältigte, Dr. Johannes Eck, Luthers namhafter Gegner.

Sein Vater, Michel Maier von Eck in Bayern – »ein redlicher baur«, sagt der Sohn, »es wirt mich ... kein verstendiger darumb geringer schetzen« –, übergab den noch nicht Zehnjährigen im März 1495 seinem Bruder Martin

Maier, dazumal Pfarrherr in Rottenburg, zur Erziehung. Zeitlebens hat Dr. Eck diesem Onkel eine rührende Dankbarkeit bewahrt; ihm verdanke er nach Gott alles, denn er habe ihn nicht nur die Schule besuchen lassen, wo er freilich wenig gelernt habe, sondern ihn mit viel Liebe selbst unterrichtet, obgleich er alt und schwer leidend gewesen sei.

Mag sein, daß Ecks Gedächtnis ihn bei der Aufzählung der Bücher, die er in seiner Rottenburger Zeit teils in der Schule, teils im Privatunterricht seines Onkels und dessen Pfarrgehilfen studiert und gelesen haben will, hier und da getäuscht hat, selbst dann bleibt der Katalog seiner Schulbücher so lang wie wunderlich. Man höre: Lateinisches Elementarbuch des Paulus Niavis, Aesops Fabeln in lateinischer Übersetzung, Senecas Briefe an Lucilius, sämtliche Komödien des Terenz, Vergils Hirtengedichte und die ersten sechs Bücher der Aeneis, des Boëtius Buch von den Tröstungen der Philosophie, Ciceros Abhandlung über die Freundschaft, des Basilius Anleitung zum Studieren, ein lateinisches Lobgedicht auf den hl. Joseph, einige Schriften der Kirchenväter Augustinus und Hieronymus, die Ilias, ebenfalls auf lateinisch, die Gedichte Theoduls, eines zeitgenössischen Poeten, Abhandlungen über Dialektik, Kirchenrecht und Römisches Recht, Abschnitte aus den Dekretalen, die »Legenda aurea«, philosophische und theologische Traktate, Briefe und – nicht gerade harmlose italienische Humanistenkomödien und -novellen. Und die Bibel, sagt er, habe er mit zehn Jahren bereits auswendig gewußt! Uns schwirrt der Kopf schon von den Titeln dieser Schweinslederfolianten, von denen jeder fast größer war als der ganze Scholar, und wenn das arme Büblein ob der ihm eingetrichterten Mixtur aus heidnischer Philosophie, christlichen Wunderlegenden, Rechtsartikeln, scholastischen Haarspaltereien und höchst verfänglichen Kupplergeschichten nicht leiblich und seelisch zu Schaden gekommen ist, so können wir uns dies nicht anders erklären, als daß sie sein Fassungsvermögen überstieg.

Sicherlich brauchte der Magister bei einem Schüler wie Eck nie den Stadtknecht rufen, der damals von Amts wegen die Rottenburger Lausbuben vor der ganzen Klasse durchprügeln mußte.

Im übrigen will Ecks Äußerung, er habe in der Rottenburger Schule wenig gelernt, über ihre Güte nicht viel besagen. Es ist eher ein Zeichen einsichtiger Pädagogik, daß sie offenbar ihren Schülern nicht zumutete, sich durch einen solchen Bücherberg durchzufressen und mit dreizehn Jahren die Universität zu beziehen wie Eck. Schließlich wiegt die eingangs erwähnte Zahl hohenbergischer Studenten, von der sie zumindest einen großen Teil herangebildet hat, als Erfolg gewiß nicht leichter als das bedauernswerte Produkt eines krankhaft ehrgeizigen Onkels.

Am 25. Februar 1649 fuhr durch das Tübinger Neckartor, Rottenburg zu, eine sechsspännige Kutsche mit einer nicht alltäglichen Fracht. Voraus ritten sechs Trompeter, zu beiden Seiten französische Offiziere, hinterdrein eine Handvoll Turennescher Dragoner der Tübinger Besatzung; in ihr saßen, aus Leibeskräften Psalmen singend, zwei Jesuitenpatres und drei Bebenhäuser Mönche.

Es war der Auszug der Jesuiten, die auf Grund des Westfälischen Friedens Württemberg verlassen mußten, aus ihrer bisherigen Residenz Tübingen. Ihr Provinzial, an den sie sich, von den Tübingern übel behandelt, in ihrer Not gewandt hatten, hatte sie nach Rottenburg gewiesen, und P. Jacob Thebas von Singen am Hohentwiel, der eine der beiden, hatte wider Erwarten beim Rat der Stadt Bereitwilligkeit zu ihrer Aufnahme gefunden. Schon zweimal nämlich hatten die Rottenburger vordem die Zulassung rundweg abgelehnt und sich »härter als Kieselsteine« gezeigt mit der Begründung, sie seien mit der Seelsorge ihrer Geistlichkeit zufrieden und brauchten keine Jesuiten. Es hatte des großen Brandes von 1644 und anderer Heimsuchungen des Krieges bedurft, sie mürbe zu machen. Aber dann hatten sie in völligem Sinneswandel 1647 an den Pater Provinzial geschrieben; »Rat und Bürger sähen in der durch den Krieg verursachten schlechten Lage und bei der außerordentlichen Verwilderung der Menschheit, vorab der Jugend, kein besseres Heilmittel wider die Zeitübel als die Berufung der Jesuiten«.

Sie kamen und fanden eine noch nicht wieder aufgebaute, von der Kriegsfurie hart mitgenommene, verarmte Stadt, wo »die Einwohner zum Teil noch in Kellern und Ställen hausten und weder zinnernes, noch kupfernes, nicht einmal bleiernes Küchengerät besaßen«.

Noch ehe die Frage von Unterkunft und Unterhalt geregelt war, gingen sie an ihre Hauptaufgabe: erteilten Kinderlehre in St. Moriz und eröffneten »in dem Stiftspfründhaus nächst der Prädikatur an dem Kirchgässel« ein Gymnasium. Von der österreichischen Regierung ausgestattet und gefördert, von der Stadt und hochmögenden Gönnern mit ansehnlichen Schenkungen bedacht, blühte die Niederlassung rasch auf: 1651 zählte sie drei, 1655 vier Patres, 1689 war ihr Personal bereits auf zwanzig Patres, Laienbrüder und Diener angewachsen, nachdem die Residenz im Jahre 1668 zum Collegium erhoben worden war. Der mächtige Flügelbau am Sülchertor, damals aufgeführt, ist ein ausdrucksstarker Zeuge jener Blüte.

Mit der Kinderlehre hatten die Jesuiten ihre pädagogische Wirksamkeit in Rottenburg begonnen, zwanzig Jahre später beherbergte ihr weiträumiges Kolleg eine kleine katholische Universität, in die man als Lateinschüler eintrat, um sie nach sechs Jahren mit einem prallen Schulsack voll Grammatik, Poetik, Rhetorik, Logik, Moraltheologie und Geschichtskunde als Studierter zu verlassen.

Vom inneren Schulbetrieb ist wenig bekannt. Vielleicht erlaubt aber die 1781 für die Gymnasien in Vorderösterreich ergangene Schulordnung, die wohl nicht so sehr Neuerungen einführen als altbewährte Erziehungsmethoden zusammenfassen und allgemein machen wollte, einen Rückschluß auf unser Kolleg. Diese Ordnung meinte sich einer guten Schulzucht lediglich durch den Appell an das Ehrgefühl der Schüler versichern zu können; sinnfällig sah sie dazu zwei Bücher vor, ein »Buch der Ehre« und ein »Buch der Schande«, auch das Schwarze Buch genannt, in die man eingetragen wurde oder sich selbst eintragen mußte; ebenso gab es eine Ehrenbank und eine Strafbank. Beschmutzen der Schulbücher, Verunreinigen oder gar Beschnipfeln der Bänke, Abschreiben und Abschreibenlassen, Unfugtreiben und Prügeleien, eben alle noch heute beliebten Lausbubereien wurden streng bestraft. »Wer auf der Gasse eine Muthwilligkeit ausübte, muß sich ... nicht nur in das Schwarze Buch einschreiben, sondern auch seinen Mitschülern wegen der ihnen öffentlich zugefügten Schande in der Schule knieend Abbitte thun«. Schlimmer noch ging es einem Raufbold: »er muß dem Beleidigten öffentlich Abbitte thun, sich in das Schwarze Buch einschreiben und vier Wochen auf der Strafbank sitzen; zum zweitenmale überdies durch 8 Tage bey dem Eingang in der Kirche knieen, wenn die sämtlichen Klassen in und aus der Kirche gehen«; beim dritten Male flog er.

Übergravitätisch mutet uns vollends diese Bestimmung an: »Damit sie (die Schüler) gegeneinander die schuldige Achtung nicht verlieren, wird das Du-heißen gänzlich verboten, indem solches mehr nach einer pöbelhaften Gemeinmachung schmeckt, als ein schickliches Mittel seyn kann, Freundschaft und Eintracht zu befestigen.«

Eine Eigenheit aller Jesuitenschulen wurde auch im Rottenburger Kolleg gepflegt: das Schultheater. An Fastnacht und bei den Schlußfeiern führten die Schüler geistliche Komödien auf mit großem Aufwand an Worten und Gebärden und szenischer Pracht, wie jene Zeit es liebte. Die Freude an Aufmachung und Schaustellungen, eine Reaktion auf die kunstfeindliche Nüchternheit reformatorischer Frömmigkeit, wurde von den Jesuiten mit tiefer Seelenkunde bewußt gepflegt, und so dürfen wir uns nicht wundern, wenn die Schlußfeiern, Preisverteilungen und öffentlichen Disputationen der Schüler vor Eltern, Honoratioren, auswärtigen Gästen, vor allem dem Adel und Tübinger Studenten, zu echt barocken Schulfesten wurden.

Gemessen an der Besucherzahl von 80 bis 100 Schülern im Durchschnitt, muß sich das Kolleg über Rottenburg hinaus Ansehen erworben haben; auch zwei Zollernprinzen und zwei Fürstenberger Grafensöhne finden wir im Schülerverzeichnis.

Über ein Jahrhundert hatte das Kolleg bestanden, als ihm die päpstliche Bulle vom Oktober 1773 das Ende brachte. Der Jesuitenorden wurde aufgehoben, sein Vermögen eingezogen. Auch die Rottenburger Patres mußten weltliche Tracht anlegen und ihr Haus räumen.

Zwar versuchte man, das Gymnasium weiterzuführen, indem einige Weltgeistliche als Lehrer für die »Humaniora« einsprangen. Da jedoch alle Unterhaltsmittel fehlten, erlosch dies Überbleibsel der Rottenburger Jesuitenschule schon im Jahr darauf eines zwar sanften, aber unschönen Todes: an Geldmangel.

Wer jetzt trotzdem noch Latein lernen wollte, mußte sich unter die Fuchtel eines »der sogenannten lateinischen Schullehrer« begeben, die im Schatten des glanzvollen Kolleges die mittelalterliche Lateinschule offenbar weitergeführt hatten, wie zum Beispiel »der seit 50 Jahren hier angestellte lateinische Lehrer, Herr Joseph Gilli, welcher in dem letzten halben Jahrhundert viele junge Leute beiderlei Geschlechts in der Musik, im Singen, Klavier- und Violinspiel, auch auf dem Waldhorn und« – sagt Haßler weiter – »nebstbei im Latein und Französischen mit vielem Fleiß unterrichtete«.

Und, wie man glauben möchte, mit schönem Erfolg im Waldhornblasen!

Was die vergilbten Blätter der Archive von der Deutschen Schule im alten Rottenburg zu erzählen wissen, reicht zu einem runden Bild nicht aus. Versuchen wir, die bunten

Steinchen zusammenzufügen! Vielleicht läßt das so entstehende Bruchstück Umfang und Tönung des ganzen Mosaiks wenigstens ahnen.

Als erster berichtet Lutz von Lutzenhart in seiner Stadtchronik von 1609 von einer »Teutschen Schuel« in Rottenburg. Sie lag im »Spitzhausen Garten«, das ist westlich der Stadtlanggasse, und wurde von allen besucht, »so sich deutscher Sprache allein zu gebrauchen üben« wollten, auch von Mädchen, für die eine Lehrerin angestellt war. Nach dem Stadtbrand von 1644 scheint das dem Spital gehörige Rehmen-Haus (die heutige Römerdrogerie) die heimatlos gewordenen ABC-Schützen aufgenommen zu haben, wenigstens so lange, bis die deutsche Schule in der »Teutsch-Schuelgassen« wieder aufgebaut war.

Im Jahre 1651 bestand bereits eine besondere »Mädlinschul« in der hinteren Stube des oberen Bads in der Vorstadt (also bei der Spitalkelter). Der »Mädlesschulmeister« Hermann blieb aber nicht bei seinem Leisten, sondern schnappte seinem Kollegen Ehing die gutzahlenden Herrensöhnlein weg, worüber dieser bewegte Klage führte.

1697 verlangten und erhielten die Ehinger vom Rat einen eigenen Schulmeister; im »Nussert« an der Brücke wurde ihm Schulstube und Wohnung angewiesen. Mit dieser Ehinger Schule, den beiden andern in der Stadt, der alten Lateinschule und dem Jesuitenkolleg bestanden somit fünf Schulen in Rottenburg, was dem Lerneifer in der kleinen, durch Krieg und Brand verarmten Stadt alle Ehre macht. Zählt man noch die recht modern anmutende »Nachtschuel« dazu, in die kein Schüler unter zehn Jahren aufgenommen werden sollte, so sind es sogar sechs.

Das Handwerk des Schulhaltens (es kannte Lehrlinge, Gesellen und Meister wie jedes andere) ernährte seinen Mann nur kümmerlich. Die Schulstube stellte die Stadt, ebenso die Wohnung für den Schulmeister, wenn das Wort nicht zu hochgegriffen ist (in Neckarweihingen zum Beispiel war beides in *einer* Stube, »darinnen ein Schulmeister mit Weib und Kindern in Kindbettzeiten und andern Krankheiten ... unter den Schülern sein und hausen muß«). Für die freie Wohnung mußte des Schulmeisters Weib die Schulstube kehren und winters die Öfen heizen. An Gehalt bezog er von der Stadt im Jahre 1766, früher also sicherlich noch weniger, 20 Gulden und 2 Malter Korn jährlich. Als Schulgeld durfte er nach der Schulordnung für Vorderösterreich von 1586 von jedem Kind, das Lesen und Schreiben lernte, im Quatember 24 Kreuzer oder 2 Pfund Kern, von denen, »welche mit der Ziffer oder auf der Linie rechnen lernen«, 1 Gulden oder 5 Pfund Kern erheben. Das Eintreiben scheint jedoch nicht immer ganz leicht gewesen zu sein.

Ohne Nebenverdienst hätte der geplagte Mann dabei verhungern können. Nun war der Schulmeister aber zugleich auch Mesner, und so besserte »der Heilige« ihm etwas auf; Schreibarbeiten trugen ebenfalls ein paar Kreuzer ein, und ein Äckerlein oder zwei besaß er wohl auch. Eine spürbare Hilfe leistete ihm das Spital: Nach einem Eintrag im Hausbuch von 1618 spendierte es alle Quatember in die Deutsche und Lateinische Schule je 6 Gulden und dem Schulmeister jedes Vierteljahr 2 Malter Veesen (Korn), überdies am Katharinentag, dem Fest der Patronin des Spitals, an Mariä Himmelfahrt, an den Hochfesten, an der Kirbe, an Galli und an Martini ein Festessen. An Neujahr verehrte es für das Herumsingen dem Schulmeister ein Krüglein Wein, einen Viertelslaib Brot und zwei Lichter in die Laterne, während die Sänger, »pacem-buben« genannt, einen großen Becher Wein und ein Drittel von einem halben Laib bekamen.

Und doch blieb trotz allen Sonderzulagen für Teilnahme an der Fronleichnamsprozession, Weihnachtsherumsingen, Meß- und Mesnerdienste, Hilfe bei Abwendung von »Schauerschaden« im Feld und wozu sonst ein Schulmeister noch zu brauchen war, sein Dasein ein ewiges Hungerleiden.

Und dafür sollte er die Jugend Lesen, Schreiben, Rechnen und den Katechismus lehren und »sich befleißigen, daß sie nicht allein im Lernen, sondern auch in aller Tugend, Zucht und Ehrbarkeit zunehme«. Ein bißchen viel um solchen Lohn!

Noch 1806, als Rottenburg württembergisch wurde, sah es im Schulwesen der Stadt kaum viel anders aus. Der einzige, freilich nicht geringe Fortschritt lag darin, daß nun Männer auftraten, die die Unzulänglichkeit solchen Schulbetriebs erkennend ohne Furcht vor Erkältungen die Fenster aufrissen, um frische Luft in die muffige Schulstube hereinzulassen. Als erster Dr. Vanotti, dem als Stadtpfarrer die Aufsicht über die Schule zustand. In einem Bericht an seine neue Behörde klagte er 1807 über: Mangel an geeignetem Lehrernachwuchs, den Unverstand der Eltern, die ihre Kinder mit 5, »ja oft auch früher«, oder überhaupt nicht in die Schule schickten, um ja keine Arbeitskraft zu verlieren, über den »unfleißigen« Schulbesuch der Kinder selbst – selten sei die Hälfte einer Klasse anwesend, über das Fehlen von Zwangsmitteln und über die Enge der Schulräume. Fünf Lehrer hatten damals 637 Kinder zu unterrichten!

Als 1814 Stadtpfarrer Jaumann die Schulaufsicht übernahm, stand es noch nicht besser. Da saßen in der I. Klasse, die Lehrer Müller führte, nicht weniger als 199 ABC-Schützen! Da sollte der Lehrer Holzapfel über das Quecksilber von 246 Mädchen Meister werden! Kein Wunder empfand Jaumann beim Besuch dieser Klassen »das niederschlagendste Gefühl«! Er hörte die Kinder ab, das Ergebnis fiel aus, wie es unter solchen Umständen ausfallen mußte.

Gelehrt wurden folgende Fächer: Lesen, Schreiben, einfache und doppelte »Regula de tri«, Rechnen in benannten und unbenannten Zahlen, Meßkunst, Beschreibung der flachen und körperlichen Figuren, Naturlehre, Geschichte, Erdbeschreibung und Briefstil; ferner »Lesen mit Deklamation«, Sprachlehre, Recht- und Schönschreiben.

Die Gestalten einiger Rottenburger Lehrer von anno dazumal muten an wie Spitzwegschen Bildern entsprungen. Da ist der Lehrer Müller, ein Mann von Geschick und Eifer, aber nach 51 Schulmeisterjahren »ausgearbeitet« und des vieljährigen, fruchtlosen Kampfes gegen die elenden Zustände der Schule überdrüssig; er hat nur noch den einen Wunsch, »jubiliert« zu werden. – Da ist Ignaz Edelmann, der in der Schule gewöhnlich sein Mittagsschläfchen hielt; von seinen Schülerinnen gezupft und geschupft, bis er aus seinem Schnarchen erwachte, griff er zum Stock, worauf eine lustige Hetzjagd um Katheder und Schultafel herum und durch die Bänke begann. Anton Biesinger mit dem Spitznamen »der güldene Antune« pflegte, wenn seine Buben es zu arg trieben, zum Fenster hinauszurufen: »Teufel, Teufel, hol au die unartige Bube!« Half diese Beschwörung nichts, dann hielt er den Lausbuben seine Schnupftabaksdose unter die Nase und ließ ein kleines Teufelchen herausschnellen. – Marquard Holzapfel dagegen stellte seine Zungenfertigkeit in den Dienst der Pädagogik: »Wenn die Mädchen lange Zeit hatten, so riefen sie: »Quätle« – so hieß er bei groß und klein – »Quätle, machet au e Züngle!« Worauf der Herr Lehrer im Gefühl seiner Kunst durch eine Zahnlücke seine spitzige Zunge »künstlicherweise merklich weit« herausstreckte.«

Eignung und Vorbildung der meisten dieser Erzieher entsprachen genau ihrem Einkommen, und das war dürftig genug. Einer, der Dominikus Schnitzler zum Beispiel, war früher Hutmacher gewesen, aber mit seinem Gewerbe »in die Gant und dann auf demselben nicht mehr fortgekommen« – nun behütete er als Schulmeisterprovisor eine Mädchenklasse!

Ungerecht aber wäre es, bei andern dieser alten Lehrer den Idealismus und die aufopfernde Hingabe zu übersehen, womit sie sich ihrem nicht leichten, von elterlichem Unverständnis und stadträtlicher Knauserei noch erschwerten Amt gewidmet haben. Die ganze Tragödie vergangenen Schulmeistertums spricht aus dem knappen Eintrag in der Rottenburger Schulchronik: »Der frühere mit Geschäften überladene und an Auszehrung laborierende Lehrer Breitenbach starb endlich am 23. Mai 1823.« Und dieses »endlich« schloß gerade 44 Jahre ab!

Wenn es mit der Rottenburger Volksschule langsam aber stetig besser wurde, dann nicht zuletzt dank dem nimmermüden Wirken Jaumanns, in dem die Stadt einen gleich eifrigen Liebhaber ihrer toten Vergangenheit wie warmherzigen Freund ihrer lebendigen Jugend verehren darf.

Nichts könnte dieses Kapitel von schulmeisterlicher Mühe und Plage und ewigem Lausbubentum freundlicher beschließen, als die Erinnerung an das Schülerfest, das Jaumann, wenn nicht gestiftet, so doch hat wieder aufleben lassen. Seit 1819 rief dieses Maifest alle drei oder vier Jahre die Schuljugend auf den Unteren Wörth zu Maitanz und Spielen. Trotz rührend bescheidenem Aufwand, der sich mit ein paar Tannenreisgirlanden, rohen Brettertischen und mit alten Säcken, ausgeblasenen Eiern, zersprungenen Häfen und Rindsblasen an einem Stecken als Spielgeräten bestreiten ließ, hat dieses Fest den Rottenburger Kindern ein Jahrhundert lang mehr geschenkt als eine rote Wurst und ein Halbbatzenlaible, dessen festliches Ausmaß zu sichern, der Stadtrat die Bäcker übrigens ermahnte, »das Kreuzerbrod lieber ein wenig schwerer als leichter zu machen« ...

D Bürgerwach

Descht e' Lebtag, descht e' Gspaß,
älles ist maschugger!
A' de Fea'ster, uf dr Gaß
wuselets vor Gucker.
Auf, ihr Leut, ond d Fahne' raus:
d Bürgerwach,
    d Bürgerwach,
        d Bürgerwach ruckt aus!

Iatz kommet se noh glei oms Eck,
älls pfupfret uf de Stroße',
dr Polezei laicht d Buabe' weg
ond iatz – iatz haört ma's blose' ...

Do send se schao': devoanedraus
dr Tambor mit seim Stecke';
r streckt en nuf ond schwenkt en naus,
r fuchtlet rom ond fuchtlet nom
ond zwirbelet dean Stecke' rom –
ma' kriagt en ganze' Schrecke'.
Sechs Trommler kommet hennedrei',
die hauet s Trommelfell schier nei'
ond gucket et kromm nom.
Des schetteret
ond wetteret
ond tuat oam en de Aohre' waeh –
rompede – bompede – bom!

Ond noh lupfts d Leut schier vo' de Plätz:
mit raote Büsch ond raote Lätz

ond puterraote Gsiichter
konnt d Musek vo' dr Bürgerwach
ond macht en donderschlächtige' Krach
mit ihre Messingtriichter.

Äll hondert Schritt macht oar e' Paus
ond dreht d Trompet em Bode' zua,
noh lauft am Mondstück d Spucke raus
ond tropfnet em uf d Schuah.
Ond dear, mo de graoß Trommel schlait,
der hot den ärgste' Schlauch:
ma' woaßt et, wa-n-er schwerer trait,
dia Trommel oder sein Bauch.

Uf oamol geits e' Mordsgedruck,
ond älles schreit: iatz konnt er, guck:
dr Hauptma', bolze'grad;
s ist oa' Gefonkel, oa' Geglitz
vom Helm bis ra zom Stiefelspitz –
e' Muster vome' Soldat!
Wia dear sein blanke' Sarraß schwenkt,
ond wia-n-er schiergär d Füaß verrenkt
ond nemme woaß, wa hist ond hott,
ond wa-n-er uf sei' schöne
Montur eest für en Krattel hot –
do hoaßts ao: Herr, wa ben-e!
Dear stönd, des sieht ma'-n-aohne Brill,
am liabste' vor se selber still.

Dehennedrei' trait oaner d Fah',
er ka's schier et verschnaufe'...
Sell woaß e gwiß, der stellt sein Ma'
nochher beim Freibiersaufe!

Ond noh maschieret se deher
em Stechschritt ond mit alte Gwehr;

aus dene
hot mei' Ähne
schao' anno Tubak gschosse'!
Se seahnet äll enander gleich
mit ihre Schnauzbärt, ihre Bäuch
ond ihre graoße Bosse'.
So dappet se verbei
ond gucket drei' wia bsesse',
as hett e' jeder heut schao' drei
Franzose' nüachtern gfresse'.

Ganz zletzte' zottlet noh oar mit,
dean schlaucht e' jeder Meter,
er knappet ond hot falsche' Tritt –
des ist der Sanitäter . . .

Aus ist d Kirbe, leer ist d Gaß,
d Weibsleut gehnd a's Koche',
ond em »Engel« wud e' Faß
Doppelbock a'gstoche' . . .
Gehnd iatzt hoam, ihr jonge Buuscht,
d Bürgerwach,
    d Bürgerwach,
        d Bürgerwach hot Duuscht!

Die Urbansbrüder

Das Wasser ist zu jeder Zeit
die beste aller Gottesgaben.
Mich aber lehrt Bescheidenheit:
Man muß nicht stets vom Besten haben.

(INSCHRIFT AUF EINEM
ROTTENBURGER KRÜGLEIN)

Vierundzwanzig Männer in feierlichen Bratenröcken, die Zylinderhüte in der Hand, am Fronleichnamstag den hl. Urban begleitend, der eine Traube und den Krummstab trug und im Rhythmus des Getragenwerdens über ihren Köpfen schwankte, als wandle er auf Meereswogen – so habe ich als Kind sie zuerst geschaut und so sind sie mir in Erinnerung geblieben, die Rottenburger »Urbesbrüder«. Die kindliche Phantasie umgab diesen merkwürdigen Verein, der weder Fahne noch Vorstand und nur zwei Dutzend Mitglieder hatte, mit dem Schimmer des Geheimnisses, der um so unerklärlicher war, als er diesen biederen Weingärtnern, Handwerkern, Kaufleuten, Privatiers, dem Tierarzt und dem Stadtschultheißen im täglichen Leben wahrlich nicht anhaftete.

Das Besondere der Vierundzwanzig, in knabenhafter Weise geahnt, hat mit Geheimnissen nichts zu tun; es liegt in der Form ihres Zusammenschlusses, in der echt mittelalterlichen Idee der Bruderschaft, welche diese Rottenburger als ein lebendiges Stück altväterlicher Sitte in unserer Zeit verkörpern. Fünfhundert Jahre alt ist die Rottenburger Urbansbruderschaft und damit bei weitem die ehrwürdigste aller Vereinigungen der Stadt, vielleicht sogar die einzige im Lande, die noch heute nach Sinn und Satzung ihres Ursprungs lebt.

Wann sie entstanden, läßt sich auf Jahr und Tag hin nicht feststellen. Sie muß aber, wie unser Landsmann Professor Stolz aus den Urkunden erschlossen hat, Mitte des 15. Jahrhunderts bereits bestanden haben. Der Weinbau, damals schon seit langem in unserer Gegend heimisch, erreichte in diesem Jahrhundert seine größte Ausdehnung; so überflüssig war dazumal in Rottenburg der Wein, daß man damit, wie es heißt, den Mörtel zum Bau des jetzigen Domturms anrührte. Dies ließe sich freilich auch mit der zusammenziehenden Kraft des Rottenburger Wachstums erklären, wie denn der Doktor Lienhart Hochmüller, »ein wunderschleckerhaft Mann«, den Neckarwein ganz allgemein einen »sauren Wein, einen Mosthansenwein, einen kuhwarmen Wein, einen keinnützigen Wein« schimpft ... Damals nun schlossen sich vierundzwanzig Rottenburger Weingärtner zu einer Bruderschaft zusammen unter dem Patronat des hl. Urban, der in Frankreich und Deutschland als Beschützer des Weinbaus verehrt wurde. Die Legende läßt den hl. Papst Urban am 25. Mai 230 den Märtyrertod sterben, von einer besonders engen Beziehung zum Wein, die einem Heiligen notabene auch schlecht anstünde, weiß sie aber nichts. Wenn die Weingärtner, besonders in Schwaben, St. Urban dennoch zu ihrem Patron erkoren, so vielleicht deshalb, weil sein Fest, der 25. Mai, in die für den erhofften Herbst so wichtige Zeit der Traubenblüte und des Fruchtansatzes fiel.

Das Mittelalter, eine Zeit der »religio«, verband alles mit der das Leben beherrschenden Idee des Glaubens, so daß es keine Form des persönlichen und gemeinschaftlichen Lebens gab, die sich von dieser »Bindung« hätte freihalten können. Die »Bruderschaft«, eine häufig auf die Zwölfzahl der Apostel oder das Doppelte begrenzte Gemeinschaft, verband die Brüder zur Verfolgung religiöser, ständischer und geselliger Zwecke; später, als aus ihr die Innungen und Zünfte herausgewachsen waren, blieb ihre Form dem Religiösen allein vorbehalten. Die Rottenburger Urbansbruderschaft diente und dient noch heute allen dreien, und es ist typisch für ihr mittelalterliches Wesen, daß die für uns Heutigen so streng getrennten Welten in ihr eine unlösbare Einheit bilden.

Schon in den ältesten Zeiten ihres Bestehens durften ihr nur vierundzwanzig Brüder angehören; »wann ein Bruder mit Tod abgehet, so soll man den nächsten Jahrtag darnach für den Abgestorbenen einen andern ersetzen«, heißt es in der erneuerten Ordnung von 1667. Der neuaufgenommene Bruder war gehalten, der Bruderschaft 2 Gulden und an St. Urbans Altar ein halb Pfund Wachs zu stiften, »item soll er geben ... zwei Viertel guten Weins«. Jährlich wechselnde Pfleger betreuten die Gelder und Gefälle der Bruderschaft, hatten bei ihren Festen und Versammlungen den Vorsitz und vertraten sie rechtens nach außen.

Im Gemeinwesen nahm die Urbansbruderschaft schon früh eine wichtige Stellung ein, sie galt als ständige Vertretung der Weingärtner, der die Aufsicht und Überwachung des Weinbaus im Stadtgebiet oblag. Sie bestimmte, wann in den Weinbergen geheftet, gebrochen und gelesen wurde und setzte die Zeit des Kelterns an, auch stellte sie die Schützen ins Feld, vier im ganzen, einen am Martinsberg, einen in der Zangenhalde, einen im Kraibel und den letzten in der Ehehalde. Dreimal im Jahr rügte die Brüderschaft die angezeigten kleineren Feldfrevel selber ab, einmal am Fronleichnamstag nach verrichtetem Gottesdienst auf dem Rathaus, sodann »wann es Zeit ist, die Schützen ins Feld zu tun«, und wiederum »wann man den Herbst daheim hat«.

Für diese gemeinnützige Tätigkeit standen der Bruderschaft beträchtliche Weingefälle zu, die auf den Jahrtag abgeliefert wurden. Von der Herrschaft Hohenberg erhielt sie 1 Ohm, von dem Spitalpfleger und dem »Herrn Pfarrer in der Statt« je 1 Viertel, vom St.-Moriz-Stift 2 Viertel, »item die Herren Burgermeister verehren nach alter Gewohnheit« 4 Viertel. Es »läbberte« sich auf diese Weise ein ganz ansehnliches Quantum zusammen.

Und doch reichte es nicht, den Weinbedarf bei den Bruderschaftsfesten zu decken, denn es heißt in der Ordnung von 1667, wenn es den Brüdern beliebe, möge jeder wie von alters her »zu Herbstzeiten zwei Viertel Weins in des Pflegers Haus in ein absonderlich Faß tragen«, den soll man dann am Jahrtag »miteinander verzören«. Dazu kamen noch Weinspenden aus besonderen Anlässen. Es versteht sich, daß die Urbansbrüder zu allen Zeiten, und im Mittelalter erst recht, trinkfeste Mannen gewesen sind – wer sollte die Gottesgabe ehren, wenn nicht sie zuallererst? Der Anlässe zu einem brüderlichen Umtrunk waren es außerdem früher mehr denn heute. Man darf aber nicht vergessen, daß von dem Gefällewein wieder gewisse Spenden abgingen, die man den Schützen oder als Botenlohn zu geben schuldig war, und daß zu den Bruderschaftsfesten Ehrengäste eingeladen wurden.

Das Hauptfest am St.-Urbans-Tag begann am Vorabend mit einer gesungenen Vigil für die abgestorbenen Brüder und Schwestern, worauf im Haus des Pflegers ein Abendtrunk folgte. Den Urbanstag selbst begann man mit einem Requiem für die Toten, deren Namen aus dem »Seelbüchlein« der Bruderschaft abgelesen wurden, und einem Lobamt an dem mit Reben und Blumen geschmückten Altar des Heiligen, dessen Bildnis »ein Cränzlein von vergultem Rosmarin ufs haubt« gelegt ward. Im 17. Jahrhundert schloß sich daran ein feierlicher Umgang um die Reben mit Urbanstatue und Bruderschaftskerze. Und dann kam das Festessen. Ein kräftiger Trunk zu Ehren St. Urbans, wie bei den Heiden die Libation an die Götter, eröffnete das Mahl; nachdem man noch einmal der Abgeschiedenen brüderlich gedacht, durfte man sich mit gutem Gewissen, das sich als herzhafter Appetit äußerte, dem Irdischen zuwenden.

Eine Abrechnung aus der zweiten Hälfte des 17. Jahrhunderts über den »Verzöhr« am St.-Urbans-Tag ist nicht nur der runden Schnörkelschrift nach, deren Buchstaben alle wie gemästet aussehen, ein Dokument des schwelgerischen

Barocks, deutlicher noch künden die vermerkten Zahlen von der derben Lebensfreude jenes Zeitalters. Die Brüder mit ihren Ehrengästen, dem Marschall und dem Landschreiber der Herrschaft Hohenberg, den beiden Bürgermeistern, den Pfarrherren von St. Martin und St. Moriz, dem Schulmeister (der die Orgel getreten) und wen sie sonst bei sich leiden mochten, vertilgten an ihrem Ehrentag als Voressen Köpfe, Füße und »Kreisch« und 42 Bratwürste, darnach 34 Pfund Rindfleisch, 175 Pfund »bratis flaisch«, alte und junge Hühner, 20 Kuchen (»beathe«), Käse, Nüsse und »underschidliches Confäct«. Als Zutaten verbrauchte man um 24 Kr. Eier, um 20 Kr. Salz, um 28 Kr. Butter und Schmalz, 1 Pfund Stärke und um 1 fl. 58 Kr. Baumöl, Gewürze, Zucker, Mandeln, Zimt, Nägelein und dergleichen sowie um 12 Kr. grünes Kraut, zweierlei Salat und Zwiebeln. Die Köchin bekam 30 Kr. Kochlohn, ebensoviel betrug der Aufwand für das Herdholz. Daß das Fest bis in die Nacht hinein gegangen, besagen die 6 Kr. »um liechter«, und ein Echo des festlichen Lärms schallt heute noch aus folgendem Posten: »Item in werend Zörung seindt gläser Verbrochen undt darfür ersetzt worden sambt den entlehnten (um) 36 Kr.«

Also ist dazumal eine ehrlöbliche Bruderschaft des hl. Urbani an ihrem Jahrtag »in Fried und Freuden beysammen versamblet gewesen«.

Familienfeste der Brüder feierte die ganze Bruderschaft mit. Hielt einer oder dessen Sohn oder Tochter Hochzeit, so gaben ihm die andern das Ehrengeleit in die Kirche und wieder heim; der Pfleger wünschte dem Hochzeiter im Namen der Bruderschaft Glück, wofür dieser 1 fl. 30 Kr. in die Lade zu geben schuldig war. Wenn ein Bruder starb – die Ordnung sagt: »die Schuld menschlicher Natur bezahlet« –, so mußte der Pfleger die Beerdigung durch den Schütz ansagen lassen; sein Name wurde in das Seelbüchlein eingetragen, sein Andenken durch gemeinsamen Kirchgang am Jahrtag in brüderlichen Ehren gehalten; dafür schuldeten die Hinterbliebenen eine Kerze auf den Bruderschaftsaltar.

Blättert man in dem Seelbüchlein von 1631, das »anno 1714 wider früsch Umbgeschriben worden«, so freut man sich der zähen Bodenständigkeit so vieler Rottenburger Familien, deren Namen schon im 16. und 17. Jahrhundert darin vorkommen; um nur einige zu nennen: Abbt, Bader, Bierlinger, Bolz, Buß, Dupper, Edelmann, Heberle, Holzherr, Hofmeister, Laux, Letzgus, Mährle, Orgeldinger, Rebstock, Schiebel, Schlayer, Stadel, Stein, Steiner, Strobel, Vollmer, Wiech, Wiedmaier, Welker.

Noch heute halten die »Urbesbrüder« an Gehalt und Gestalt ihrer 500jährigen Bruderschaft mit treuer Rottenburger Zähigkeit fest, wenn auch mancher alte Brauch dem Zeitenwandel zum Opfer gefallen ist, anderes sich neueren Anschauungen anpassen mußte. Nach wie vor ist ihnen die Förderung des Weinbaus im Bezirk Rottenburg ererbte Verpflichtung. Wenn das Rottenburger Gewächs trotzdem noch immer nicht zu den Spitzenweinen des Landes gehört – ihre Schuld ist es nicht. Vielleicht liegt es auch daran, daß der Wein aus dem musterhaft gepflegten Bruderschaftsweinberg, dem »Urbeswengert« in der vorderen Ehehalde, den Weinzähnen unbekannt ist, weil die Brüder ihn brüderlich selber trinken ...

Vierundzwanzig kernhafte Männer den hl. Urban begleitend – so schreitet die Rottenburger Urbansbruderschaft durch die Jahrhunderte zur Freude all derer, die am Wein wie an den Sitten ein »Bodengfährtle« und hohes Alter lieben.

»*Jockele, sperr!*«

Der alte Holzhändler nahm einen Schluck und strich seinen mannhaften grauen Schnauzbart, während die zahllosen Fältchen um die noch immer hellen Augen vor köstlichem Behagen zwinkerten – man wußte nicht, ob vom Wein oder von aufsteigenden Erinnerungen.

»Ja«, sagte er, »das sind noch Zeiten gewesen! Heute noch hör' ich das Geschrei: »e' Floz! e' Floz!« Herr, wie ist man da auf die Brücken gesprungen! Die Schulerbuben warfen ihren Ranzen weg, sie mußten natürlich die ersten sein, falls es anlegte. Schmal, aber so lang, daß man es auf einmal kaum übersehen konnte, kam es zwischen dem Ufergebüsch der Neckarhalde und des Hagenwörths dahergeschwommen, manchmal noch nicht wieder gerade ausgerichtet und die Gestöre übereinander geschoben von dem gefährlichen Sprung übers obere Wehr beim Preußischen. Die Floßknechte in ihren Wasserstiefeln sprangen hin und her, stießen bald hier, bald da ihre langen Stangen in den Fluß, schrien einander Anweisungen zu, um so lauter, je näher das Floß der Brücke kam, ohne sich viel um den Spektakel der Zuschauer und das vielstimmige »Jockele, sperr!« und »Jockele, hau abe!« zu kümmern. Wenn's freilich so ein Flößer einmal der Mühe wert hielt, die Pfeife aus dem Maul zu nehmen, weil er mit dem linken Fuß aufgestanden war oder weil es beim Preußischen droben »Haufen« oder mit einem Müller Schwierigkeiten gegeben hatte, dann – gut' Nacht, Rottenburger! Denn im Grobsein und Schimpfenkönnen sind sogar wir Rottenburger Waisenknaben gewesen neben diesen Schwarzwälder Flößern, die so ungeschlacht waren wie ihre Baumstämme. Nicht umsonst heißt's: grob wie ein Flößer!

Uns Buben war es am liebsten, wenn ein Floß gegen Abend hier ankam, dann mußte es anlegen. Wir paßten auf wie die Häftlesmacher und halfen trotz Püffen und Flüchen, trotz nassen Schuhen und Hosen dabei mit. Man trieb mit der Axt die Sperrbalken in den Grund, die bei einem widerspenstigen Floß oft abknickten wie Streichhölzer; die andern zogen die Gestöre mit Seilen und Wieden zum Ufer und machten sie mit dicken Ketten an Pfählen fest. Einer mußte Wache halten, die übrigen schulterten ihre Äxte und stapften in ihren hohen Stiefeln hinauf in die »Linde« oder ins »Rößle«; wir Buben, möglichst so breitspurig wie sie, hinterdrein. Diese beiden Wirtschaften waren die Rottenburger Flößerherbergen, wo man die rauhen, kräftigen Schwarzwälder alle dem Namen nach kannte und gern aufnahm. Alles an ihnen war herzhaft, ihr Aussehen, ihre Redeweise, ihr Humor, und so auch ihr Appetit und ihr Durst – vor allem ihr Durst, das Nasse ist halt ihr Element gewesen. Einem rechtschaffenen Flößer langten ein halb Dutzend Bratwürste gerade zum Voressen und zwei Schoppen Wein zum Hinunterschwenken. So ein Geschäft verlangte etwas Habhaftes im Magen, außerdem zahlte der Floßherr die Zeche. Im »Rößle« ist über dem Stammplatz der Flößer noch lange der gedrehte Weidenkranz als ihr Zunftzeichen zu sehen gewesen.

Früh am andern Morgen ging es weiter. Oft nahmen die Flößer uns Buben ein Stück mit oder drückten wenigstens ein Auge zu, wenn wir ungeladen mitfuhren. Am großartigsten war die Fahrt durch das Floßloch im unteren Wehr: Bis zu den Hüften stand der Floßführer auf dem vordersten Gestör im Wasser und dirigierte mit dem Ruder das steil hinabschießende Floß durch Gischt und Schaum. Die dicksten Stämme, Holländer genannt, knackten und krachten da ganz bedenklich, man meinte, das ganze Floß fahre auseinander. Man wurde naß bis auf die Haut, aber eine Tracht Prügel zu Hause war diese Herrlichkeit wert. Gab es dann weiter unten einen »Ellenbogen«, das heißt:

eine Biegung im Flußbett, wo das Floß hängenblieb, so sprangen wir an Land und kannten auf dem Heimweg nichts Höheres, als später einmal Flößer zu werden. – Prosit!«

Der alte Mann nahm einen so herzhaften Schluck, als wär' er wirklich einer geworden, und fuhr fort:

»Wissen Sie auch, wie so ein Floß gebaut gewesen ist? Die nächste Einbindstätte oberhalb Rottenburgs lag bei Sulz. Dort wurden die herangeführten Stämme auf dem Polterplatz floßgerecht behauen und an beiden Enden gelocht und dann im gestauten Wasser der Einbindestätte, in dem das Holz bequem gedreht und schwimmend bewegt werden konnte, mit »Wieden« zusammengebunden. Acht bis zwölf gleichlange Stämme nebeneinander, im ganzen 3 bis 4 Meter breit, bildeten ein Gestör. 15 bis 25 solcher Gestöre hing man mit »Zögen« hintereinander, so daß das ganze Floß 300 bis 350 Meter maß, sein Festmetergehalt schwankte von 200 bis 300 Festmeter. Beim Einbinden mußte man darauf achten, die schweren Stämme in die Mitte der Gestöre zu bringen, besonders aber die vorderen Gestöre so leicht wie möglich zu halten, weil von ihnen die Lenkbarkeit des ganzen Floßes abhing. Darum stapelte man auch die Oblast an Brettern, Dielen, Rundhölzern, Latten, Hopfenstangen und Weinbergpfählen, die die Flößer zum Teil auf eigene Rechnung mitführen durften, auf den mittleren und hinteren Gestören.

Jedes Floß mußte mit drei Sperren versehen sein, die von der Mitte aus nach hinten verteilt waren; es brauchte Armschmalz, diese schweren Balken gegen den Flußgrund zu stemmen, wenn gebremst oder angehalten werden sollte. Gelang es nicht, so gab es »Haufen«, das heißt: die hinteren Gestöre schoben sich über die vorderen, die Wieden rissen, die Stämme machten sich selbständig und mußten mühselig wieder aufgefischt werden. Besonders gefährlich war Hochwasser, da trieb es nicht selten so ein wildgewordenes Floß gegen eine Brücke, wo sich dann zeigen mußte, wer der

Stärkere war: das Floß oder der Brückenpfeiler. Auf diese Weise ist Rottenburg im Mai 1872 um seine zwei Brücken gekommen. Oberhalb der damals hölzernen Oberen Brücke hatten drei Flöße festgemacht, als Hochwasser kam, die Gestöre auseinanderriß und sie gegen die Pfeiler trieb; unter dem Anprall und Druck stürzte in der Nacht vom 25. auf den 26. Mai die ganze Brücke zusammen; ihre Trümmer aber und die schweren Floßstämme wurden vom reißenden Fluß gegen die Untere Brücke geworfen, so daß auch diese auseinanderbrach. Pioniere aus Ulm mußten kommen und eine Notbrücke bauen, inzwischen behalf man sich mit einer Fähre.

Das Handwerk des Flößers war also nicht ungefährlich, vor Rheumatismus und Schnupfen durfte man keine Angst haben. Neben einer robusten Gesundheit erforderte es Bärenkraft und noch mehr Geschicklichkeit. Vier bis sechs Flößer mußten mit ihren Stangen die 300 Meter lange Holzschlange über Stromschnellen, durch Wehre und Brükkenbögen und Flußwindungen bugsieren in reißender Strömung und – was noch gefürchteter war – über felsige Untiefen hinweg – da hieß es den Stromstrich genau kennen! Die kleinste Unaufmerksamkeit konnte nicht nur dem Floß – und der Wert eines solchen Floßes ging in die Tausende! –, sondern den Flößern selbst verhängnisvoll werden. Später, als ich älter war, habe ich darum im stillen immer den Hut gezogen, wenn ich sechs so wetterfeste Mannen mit ihrem Floß daherschwimmen sah: auf dem vordersten Gestör der Floßführer mit seinem breitrandigen, schwarzen Hut, der kurzen Jacke, den Lederhosen mit dem Zollstab aus Messing in der Seitentasche und den langen Rohrstiefeln; über die andern Gestöre verteilt seine fünf Gesellen, mit Äxten und Seilen, Sperren und Stangen hantierend. Und immer erschien es mir als Gipfel männlicher Kaltblütigkeit, mitten im Krachen der Stämme und strudelndem Wassergewoge die silberbeschlagene Pfeife zu rauchen! – Fräulein, noch ein Viertele ...

Mit den Müllern standen die Flößer ungefähr wie die Schäfer mit den Bauern. Man kann's verstehen. Hatte zum Beispiel ein Floß in Niedernau angelegt, dann mußte der Müller beim Preußischen die Fallen zumachen und das Wasser stauen, bis der Neckar nach Rottenburg herunter fahrbar war. Und wenn das Floß unterwegs hängenblieb, mußte die obere Mühle »Nachschuß« geben. Für die Müller bedeutete dies einen baren Verlust an Zeit und Geld, entweder hatten sie zu viel oder zu wenig Wasser. Und das passierte während der Floßzeit vom 1. März bis zum 30. November oft nicht nur einmal am Tag; es hat Zeiten gegeben, da kamen täglich sechs, acht, ja zehn Flöße hier durch! Freilich ließen sich die Müller, wie übrigens auch die Wasserherren und Fischer, das Passieren teuer bezahlen: Für jedes Floß hatte ihnen der Floßherr einen Zoll an Brettern von der Oblast zu entrichten; diese Gebühr steigerten sie mit der Zeit so, daß sogar das Oberamt gegen solche Übervorteilung der Floßherren Einspruch erhob. Daß unter solchen Umständen die Dreingabe der Flößer wie die Quittung der Müller häufig in wohlgeprägten, vollgewichtigen Schimpfreden bestand, kann niemand wundern. – Was sie gesagt haben? Nur langsam, nach dem nächsten Viertele sag' ich's Ihnen im Wortlaut ...

Wie weit die Schwarzwaldflößer gefahren sind? Meistens nur bis Cannstatt oder bis Mannheim; dort übernahmen die unterrheinischen Holzhändler die Schwarzwaldflöße und banden sie neu ein zu den größeren Rheinflößen, die dann bis nach Holland gingen. Das Verflößen dauerte von Rottweil bis Mannheim acht bis zehn Tage, dazu mußte man noch sechs Tage für Lochen und Einbinden rechnen. Wegen der Gefahren für Brücken, Wehre und Uferböschungen durfte nicht früher als eine halbe Stunde vor Sonnenaufgang und nicht später als eine halbe Stunde nach Sonnenuntergang geflößt werden.

Die Eisenbahn hat den Flößern den Garaus gemacht, langsam aber sicher. 1860 sind noch 350 Flöße durch Rottenburg gekommen, 1870 waren es nur noch 90. Die Menschen haben es auf einmal pressant gehabt, und da ging es freilich mit der Eisenbahn schneller als auf dem alten Neckar, aber auch gefahrloser und billiger. Und das hat, wie immer, entschieden.

Und so ist am 26. Oktober 1899 das letzte Floß durch unsere Stadt gefahren. Noch einmal haben die Rottenburger »Jockele, sperr!« und »Jockele, hau abe!« gerufen, als das mit Tannenbäumchen und Bändern verzierte Floß langsam und feierlich am Pfeiler der Brücke vorbei durch die Stadt dem Wehr zu glitt. Dort machte es halt, um eine Abordnung der Tübinger Verbindung »Normannia« mit einem Fäßlein Bier an Bord zu nehmen. Jahrhundertelang waren ja Studenten und Flößer in derber, aber herzlicher Freundschaft zueinander gestanden, nun gaben die Studenten ihren Schwarzwälder Freunden auf dem letzten Floß das Ehrengeleit hinab nach Tübingen. Als es dann unter Winken, Rufen und Hutschwenken durch das Floßloch im Wehr hinabrauschte, schwamm mit ihm ein schönes und langvertrautes Stück der alten Zeit davon. Der große Christophorus am Gutleuthaus, den ein Floßherr zum Dank für Hilfe in Flößernot dort hat anmalen lassen, soll dem letzten Floß so nachgeweint haben, daß er noch heute von den Tränen ganz verwaschen ist. Gucken Sie ihn nur an, wenn Sie vorbeikommen!

Fräulein, noch ein Viertele von dem, das Flößen macht sogar in der Erinnerung durstig ...«

Die erste Lokomotive

Bericht aus dem »Neckarboten« von 1861:

»Rottenburg, 26. Sept. So haben wir endlich den langersehnten Augenblick, die erste Locomotive hier zu sehen, erlebt. Heute Nachmittag nach 4 1/2 Uhr verkündeten Böllerschüsse, daß das Dampfroß die Nähe der Stadt erreicht habe. Allgemeiner Jubel erscholl unter den in Masse versammelten Bewohnern Rottenburgs. Besonders machte er sich unter der durch ihre Lehrer herbeigeführten Schuljugend, die sich zahlreich mit ihren Fähnlein eingefunden hatte, laut. Majestätisch kam die schön gezierte Locomotive dahergebraust, Herrn Oberbaurath Gaab und noch einige andere Eisenbahnbeamte und Angehörige des Bahnpersonals mitbringend. Ein stürmisches »Hoch« schallte den Ankommenden entgegen. Der herrliche Anblick der Locomotive »Enz« überraschte besonders diejenigen, welche noch nie etwas Derartiges gesehen hatten. Zur Begrüßung der Herren Beamten hatte sich Herr Stadtschultheißenamtsverweser Holzherr an der Spitze einer Deputation aus den beiden bürgerlichen Collegien eingefunden. Auch der Liederkranz suchte durch einige Gesänge das Seinige zum festlichen Empfange beizutragen. Nachdem die Locomotive auf ihrer Rückbewegung eine ganz kurze Zeit stille gehalten und den Ohren der versammelten Menge zu ihrer Ergötzung einen Vorgeschmack ihrer Tonkunst beigebracht hatte, brauste sie, verabschiedet unter allgemeinem »Hoch«, wieder hinunter das Neckarthal, die Blicke der Herbeigeströmten nach sich ziehend, bis sie auf der nächsten Biegung der Bahnlinie verschwand.«

Hopfenbrockeln ist e' Freud . . .

»94 Tara 7 – 86 Tara 9 . . .« So klang es im Spätherbst in eintöniger Reihe aus dem dunkeln Tor unter dem zierlichen Rathausbalkon. Bis auf den Marktplatz lagen die zwei Meter hohen, runden, weichen, knisternden Hopfenballen, auf denen sich mit großem Geschrei die Marktplatzjugend tummelte – unerlaubterweise und deshalb um so lieber. Drinnen in dem braunen Dunkel des Waaghauses, das erfüllt war von dem herben, trockenen Geruch des Hopfens, hing von der Decke eine riesige altmodische Waage, auf der die Hopfenballen amtlich gewogen wurden, worauf man den prallen Säcken mit Schablonen und schwarzer Farbe ihr Brutto- und Taragewicht aufpinselte.

Rottenburg war eine Hopfenstadt, sein Bezirk in der Mitte des letzten Jahrhunderts das bedeutendste Hopfenbaugebiet des Landes. Noch 1900 umfaßte die Anbaufläche des Bezirks nahezu ein Fünftel von der Württembergs. Die Bodenbeschaffenheit, eine Mischung aus Lehm, Sand, Kalkerde und Humus, läßt hier die hellgrünen, duftenden Dolden nicht nur ausgiebig, sondern auch in besonderer Güte gedeihen. Im Jahre 1803 legte Konrad Schiebel den ersten Hopfengarten in Rottenburg an. Nur zögernd folgten seine Mitbürger dem Beispiel. Doch betrug die Jahreserzeugung der Stadt und ihrer näheren Umgebung in den dreißiger Jahren bereits an die 1000 Zentner, so daß die Hopfengärtner 1835 bei der Stadt wegen Errichtung eines Hopfenmarktes einkamen. Von da an nahm die Zahl der Hopfenanlagen um die Stadt von Jahr zu Jahr zu. Fast jeder Rottenburger, gleichgültig, ob Weingärtner, Gewerbetreibender oder Beamter, hatte seinen Hopfengarten, und selbst der Taglöhner richtete auf seinem schmalen Äckerlein die langen, geldbringenden Stangen auf, die, in Reihen schräg in den Boden gepflanzt oder im Herbst zeltförmig zu Stangenhäuschen zusammengesetzt, der Landschaft ihr eigentümliches Gepräge geben.

Schon in den fünfziger Jahren war der Hopfen die Hauptquelle des Rottenburger Wohlstandes. Erfolgreich trat das »Rottenburger Stadtgut« mit dem berühmten böhmischen Hopfen in Wettbewerb auf dem europäischen Markt und wurde in allen ausländischen Preislisten und Marktberichten an ehrender Stelle genannt. Ihrem Hopfen verdanken die Rottenburger auch die Einrichtung des Telegraphen schon im Jahre 1859; denn bei den schwankenden Hopfenpreisen hingen Gewinn und Verlust für Erzeuger und Händler von einer raschen Marktberichterstattung ab.

Ihre Hochblüte erreichte die Hopfenkultur in den achtziger Jahren: Damals erzeugte man im Jahr durchschnittlich 18 000 Zentner! Von allen Seiten strömten im September die auswärtigen Hopfenbrockler in die Stadt, von der Steinlach, vom Gäu und von der Alb, Männlein, Weiblein und Kinder, oft drei- bis viertausend Köpfe stark. Drei Wochen lang glich die kleine Stadt einer allenthalben grüngeschmückten Fremdenherberge. Der »Neckarbote« von 1866 malt ein farbenfrohes Bild der damaligen Rottenburger Hopfenernte: »Vor allen Häusern, in den Straßen und Gassen ist das frische, aromatisch duftende Hopfengrün angehäuft, teils gepflückt, teils noch in seinem goldgelben Doldenschmucke, dazwischen die Bienenemsigkeit der Tausende von Pflückenden jeden Alters und Geschlechts. Am schönsten präsentiert sich das malerische Bild, wenn man einen Standpunkt einnimmt, von dem aus man die ganze Länge einer Straße oder Gasse überschauen kann. Wie hingesät zwischen das frische Grün erscheinen uns die zahlreichen Gruppen der Pflücker und Pflückerinnen. Ist das angehäufte Grün noch untermischt mit den rot- und buntfarbigen Trachten eines Teils unserer Nachbarorte – wie lieblich und malerisch ist dann erst das Bild! Wie rührig zugleich stellt es sich dar, wenn die Tausende und Tausende der Pflücker, gleich als gälte es um die Wette, Zweig um Zweig durch die flinken Hände gleiten lassen. Geplauder und Gesang wie das Rasseln und Geknarre der beladenen und unbeladenen Hopfenwägelchen, mit denen Hunderte durch die Straßen eilen, bilden die Musik zu diesem Schauspiel . . .«

Bühnen, Scheuern, Hausgänge, bei naßkaltem Wetter auch die geheizten Wohnstuben standen voll mit Hopfenrahmen, auf die man die kostbaren, gepflückten Dolden zum Trocknen schüttete. Die ganze Stadt war erfüllt von dem bitteren Hopfengeruch. Und im Spätherbst kamen dann die Händler, der Hopfen wurde »gesackt«, gewogen und in einer der vier Präparieranstalten mit ihren riesigen Hallen geschwefelt und in Ballen gepreßt. »Hopfensacker«, von oben bis unten gelb bestäubt und einen großen Stahlreifen über der Achsel, hatten es wichtig; wochenlang rollten die hochgetürmten Fuhren versandfertiger Ballen durch die Straßen. In den Wirtschaften wurde gehandelt und abgerechnet, in den Taschen der Hopfengärtner klimperten die Taler, und die Unterhändler, einheimische Hilfskräfte der Aufkäufer, hatten gute Tage, denn das Trinkgeld, das bei einem Abschluß sowohl dem Verkäufer wie dem Unterhändler zustand, war keine leere Metapher, sondern wurde zu einem guten Teil seiner Bestimmung gerecht.

Aber »der Hopf ist e' Tropf«: gilt er viel, so hat man wenig, hat man viel, so gilt er wenig. Infolge Überproduktion fielen die Preise. Daran waren die Rottenburger selbst mitschuldig: Sie verkauften Hunderttausende von Hopfensetzlingen, Fechser genannt, ins Ausland und machten sich damit selbst Konkurrenz, vor allem in England, dem Hauptabnehmer deutschen Hopfens, wohin nun die Amerikaner ihre zwar geringerwertigen aber billigeren Erträge lieferten. Der Rottenburger – man darf wohl sagen: überzüchtete – Hopfenbau hielt die nun einsetzenden Preisrückschläge nicht aus. Zahllose Hopfengärten wurden ausgehauen, die Anbaufläche des Bezirks verminderte sich von

1885 bis 1911 um 60 vom Hundert. Rottenburgs große Hopfenzeit war vorüber.

Freilich wird auch heute noch Hopfen gebaut in Rottenburg. Aber schon äußerlich, wie sie im Stadtbild in Erscheinung tritt, hält die heutige Rottenburger Hopfenernte nicht einmal einen Vergleich mit der Zeit vor 60 oder 80 Jahren aus. Wer sie damals erlebt hat, dem ist dieses Stück alten Rottenburger Wesens eine köstliche Erinnerung, unverlierbar und innig verknüpft mit den sorglosen Tagen der Jugend.

In fröhlichem Kreise um das Hopfenbüschele sitzend, neben sich den »Simri-Kratten«, den es vollzuzopfen und mit einem »Busen« zu krönen galt und an den man um Gottes willen nicht stoßen durfte; die Finger klebrig und schwarz von dem Saft der Stiele, den Schoß voll gelben, duftenden Blütenstaubs; lachend und erzählend, singend und einander neckend – so sieht sich der ältere Rottenburger rückschauend unter Nachbarn, Verwandten und Jugendgespielen. Und mancher gäbe viel darum, noch einmal die lieben, vertrauten Gesichter so unbeschwert lachen zu sehen, das kühle, rauhe Hopfenlaub und die gewundenen »Schluchten« durch seine Hände gleiten zu lassen, dazwischen hinein einen Schluck Most zu trinken, herzhaft in den derben, hopfenbitteren Brotranken zu beißen, und die mütterliche Mahnung aus längst verstummtem Mund zu hören:

Hopfe'brockle', Stiel dra' lao',
wers et ka', solls bleibe' lao'!

Das Waldhornschild

Wie zärtliche Gedanken
ein liebes Erinnerungsbild,
umspielen seines schwanken
Geästes goldne Ranken
das alte Schild.

Es sah viel frohe Zecher
und manche Braut im Kranz
bei Hochzeitsschmaus und Becher,
manch Spiel mit Blick und Fächer
und Glück beim Tanz.

Verstünd' es einer zu blasen,
das alte Horn verriet
von denen unterm Rasen,
die wir schon längst vergaßen,
manch heitres Lied.

Spaziergänge

Wir wenden uns,
wie auch die Welt entzücke,
Der Enge zu,
die uns allein beglücke!

Goethe

Von Haus zu Haus

Unser Rottenburg ist kein Museum. Mit aufgeputzter Kleinstadtromantik kokettiert es nicht, dafür ist sein Wesen zu spröde, ebensowenig freilich zeigt es Allüren, die über seine Verhältnisse gehen. Und doch ist Rottenburg als eine der ältesten Städte des Landes auch eine der reizvollsten.

Drei große Brände haben seinen mittelalterlichen Kern fast ganz zerstört, aber der »heimliche Zauber«, der stets von historisch denkwürdigem Boden ausgeht, ist ihm geblieben, und wer mit aufgeschlossenem Sinn seine Straßen und Gassen durchwandert, sei es als Freund der Geschichte, als Kunsthistoriker, als Liebhaber urwüchsigen Volkstums oder auf der Suche nach stimmungsvollen Winkeln, wird ihn bald erspüren.

Solchen Spaziergängern seien hier ein paar Winke gegeben; nur ein paar – der eigenen Entdeckungsfreude soll nicht vorgegriffen werden; auch Einheimische dürfen sich bei diesem Gang anschließen, vielleicht schärft er ihnen wieder den Blick für die Eigenart und die Schönheiten ihrer Stadt.

Auf der Unteren Brücke, die flankiert ist von zwei Statuen des Brückenheiligen Nepomuk, reizvoller Blick auf die durch den Neckar geteilte Doppelstadt: links Ehingen mit der Morizkirche, rechts Rottenburg mit dem Priesterseminar im Vordergrund am Wasser. Der quadratisch um einen Innenhof geführte Bau mit seinen schlanken Zwiebeltürmchen steht an der Stelle des unter Graf Albert II. 1292 gestifteten Karmeliterklosters, in dem die Ammanne, die Schenken von Stauffenberg, die von Owe, von Ehingen und viele andere Geschlechter ihre Erbbegräbnisse hatten. Erbaut 1736–1747, seit 1817 Priesterseminar. – Flußabwärts die 1929 gebaute Kepplerbrücke.

Die alte Zehntscheuer, geschmückt mit zwei steinernen österreichischen Doppeladlern, beherbergt die Sammlung des Sülchgauer Altertumsvereins; viele Funde aus ur- und frühgeschichtlicher Zeit.

Der Marktplatz, ein großes, geschlossenes Rechteck, der gegebene Festsaal der Stadt; darunter wahrscheinlich das »Forum« des römischen Sumelocenna. Von den alten Patrizierhäusern stehen nur noch wenige. Sein schönster Schmuck ist:

Der Marktbrunnen, ein wahrhaft fürstliches Geschenk Frau Mechthilds aus dem Jahre 1470. Um seine schlanke, fein und reich mit Streben, Fialen und Rankenwerk gegliederte Pyramide stehen in baldachin-überdachten Nischen die Standbilder des Pfalzgrafen Ludwig bei Rhein, des Vaters der Stifterin (mit Fahne und Schild), des Grafen Ludwig von Württemberg, ihres ersten Gemahls (mit Helm und Rüstung), und des Erzherzogs Albrecht von Österreich (in blau-goldenem Mantel mit Zepter); darüber Maria mit dem Kind, St. Martin und St. Georg, und im obersten Kranz Christus als Ecce homo, die Mater dolorosa und Johannes. Drei Pfennig mehr als sein größerer Bruder, der Domturm, soll dies Meisterstück spätgotischer Kunst gekostet haben.

Das Rathaus, erbaut 1735 von dem »Maurer und Baumeister Johannes Felder von Betzau aus dem hintern Prägentzer Waldt« um 1250 Gulden. Trotz seiner Stattlichkeit macht das Gebäude einen gefälligen, fast eleganten Eindruck dank der Gliederung seiner Front durch Wandpfeiler, gebrochenen Mittelgiebel, Torbogen und zierlichen Balkon.

Der Dom zu St. Martin. Ursprünglich Tochterkirche von Sülchen, heute bischöfliche Kathedrale. Von dem frühmittelalterlichen Gotteshaus steht nur noch der Chor. Was von seinem Langhaus nach dem Brand von 1644 noch stand, erhielt damals seine heutige dreischiffige, außen schmucklose, im Innern die gotische Ordnung fast ganz verbergende Gestalt. Die Renovierung von 1928 verhalf dem Raum zu seinem jetzigen Barock.

Der Domturm, 1468 an Meister Hans Schwarzacher, Bürger und Steinmetz zu Rottenburg, innerhalb fünf Jahren zu fertigen verdingt, steigt aus quadratischem Grundriß bis zur Höhe des Schallfenstergeschosses; dessen abgeschrägte, mit Fialen besetzte Ecken führen zum Umgang mit Maßwerkbrüstung, aus dem sich der achteckige Helm erhebt, krabbenbesetzt und von lichtem Maßwerk durchbrochen; eine doppelte Kreuzblume über einem zweiten, kleineren Umgang krönt die schlanke Pyramide.

Das Bischöfliche Palais, als Jesuitenkollegium von 1658 bis 1670 erstellt. Ein massiges Bauwerk aus zwei rechtwinklig aufeinanderstoßenden Flügeln mit Treppengiebeln und Freitreppe vor dem Hauptportal*. Sitz des bischöflichen Ordinariats; auch das Diözesanmuseum mit wertvollen Skulpturen und Tafelbildern, besonders der schwäbischen Schule, ist darin untergebracht. Einen noch bedeutenderen Eindruck muß der hohe Bau gemacht haben, als am Westflügel noch die 1711 erbaute St.-Josefs-Kirche mit ihrer säulengeschmückten Fassade stand, die 1789 wegen angeblicher Baufälligkeit abgebrochen wurde.

Der Ritterbrunnen vor dem Palais stand früher mitten in der Straße vor dem Sülcher Tor. Der Ritter in der Tracht des 16. Jahrhunderts mit Federbarett, Wappenschild und Schwert soll Graf Rudolf von Hohenberg darstellen.

Der »Heberles Graben«, jetzt durch Auffüllung zur Anlage geworden, führt der alten Stadtmauer entlang, deren trotzige Wehrtürme jetzt friedliche Holunderbüsche umgrünen.

Das Landesgefängnis auf dem höchsten Punkt der Stadt, an der Stelle eines römischen Junotempels und der Burg der Hohenberger Grafen; erbaut in den Jahren 1840–43 und 1890 erweitert. Das alte Schloß, in dem Erzherzogin Mechthild residierte, diente lange den österreichischen Hauptleuten der Grafschaft zur Wohnung, später in seinen

* jetzt abgebrochen.

noch nicht baufälligen oder abgetragenen Teilen als Kaserne, Seidenfabrik, Bierbrauerei und Wirtschaft, bis 1806 der Staat es aufkaufte und ein Zwangsarbeitshaus einrichtete. Der letzte Rest vergangener Herrlichkeit, der Ostflügel, brannte 1887 ab. Im Garten ein rekonstruiertes Stück der Ringmauer, die das spätrömische Sumelocenna umgab.

Das Kalkweiler Tor, eines der beiden noch stehenden Tore der alten Stadt, malerisch aus dem Gewinkel der steilen »Steig« ragend, wo es zusammen mit Schütteturm, Stadtmauer und alten Giebelhäusern einen Rest des mittelalterlichen Stadtbildes bewahren hilft.

Das Spital zum Hl. Geist, 1361 gestiftet, 1563 neu erbaut. Viele Stiftungen adliger und bürgerlicher Rottenburger schufen die Grundlage eines reichen Liegenschaftsbesitzes, dank dem das Spital noch heute als Krankenhaus und Altersheim seinem ursprünglichen Zweck dient. Schönes Portal am Kapelleneingang.

Das Kapuzinertor in Ehingen, bis zur Erbauung des vor ihm gelegenen, jetzt abgebrochenen Kapuzinerklosters »Jupitertor« genannt. Auch hier schmiegen sich an die Stadtmauer die alten Häuslein und bilden mit ihren Vorbauten, Altanen und den Überschneidungen ihrer Ecken und Dächer einen »Malerwinkel«.

Die Stadtpfarrkirche zu St. Moriz soll 1209 erbaut worden sein. Graf Rudolf von Hohenberg erhob sie 1320 zum Chorherrnstift und zur Grablege seines Geschlechts; im Lauf von hundert Jahren wurde sie damals zur dreischiffigen, gotischen Basilika umgebaut. Änderungen und Einbauten aus dem Anfang des 18. Jahrhunderts haben den ursprünglichen Raum teilweise verdorben. Am schönsten der achteckige Chor mit Strebepfeilern, Maßwerkfenstern und Kreuzgewölbe. Kunstgeschichtlich wichtig: die freigelegten gotischen Fresken an den Säulen, das Wandbild in der Chornische und die drei frühgotischen Hohenberger Grabdenkmäler.

In beglückender Harmonie verbindet die Umgebung der Stadt den Reiz des Historischen mit dem der Landschaft. Jeder der vielen Aussichtspunkte bietet einen neuen Aspekt dieser einzigartigen Gegend, der Schwarzwald und Unterland, Vor-Alb und Gäu in wechselvollem Spiel ihre Züge leihen. In der Umgebung Rottenburgs kommt der Geologe und Botaniker ebenso auf seine Rechnung wie der Kunstfreund, der Naturschwärmer und der fromme Pilger.

Das Weggenthal. Wallfahrtskirche zur »Schmerzhaften Mutter Gottes« in lichtem, wenn auch nicht überschwenglichem Barock, ein Werk der Jesuiten, die im 17. Jahrhundert die Wallfahrt betreuten. Herrlicher, vergoldeter Hochaltar mit dem alten Gnadenbild. Die Wallfahrt selbst reicht in das 16. Jahrhundert zurück; schon 1521 wurde dort eine Kapelle zu Ehren Unserer Lieben Frau eingeweiht. Im 17. und 18. Jahrhundert stand die Weggenthaler Wallfahrt in hoher Blüte: Es kamen Pilgerzüge aus dem Elsaß, der Pfalz, dem Rheinland, aus Burgund und aus Ungarn.

Das Huthüttele, gegenüber dem Weggenthal auf eiszeitlichem Neckarschotter, das Entzücken der Geologen und Botaniker; seiner erdgeschichtlichen Eigenart und seiner »Steppenheide« wegen zum Naturschutzgebiet erklärt, wie übrigens auch der an seltenen Pflanzen noch reichere Spitzberg bei Hirschau. Kommen auf dem Huthüttele Fingerkraut, Küchenschelle, Soldatenknabenkraut, Schwalbwurz, Goldschopfaster und Gelber Augentrost vor, so wartet der Spitzberg dazu mit Hirschwurz, Bergleinkraut, Ausdauerndem Lattich, Purpurklee und Alant auf, lauter Steppengewächsen, die in Deutschland an wenigen Stellen oder, wie die Ungarische Platterbse und die Gelbe Fahnenwicke, überhaupt nur hier vorkommen.

Kalkweil. Bescheidenes St.-Georgs-Kirchlein aus der Mitte des 17. Jahrhunderts, hoch oben am Rand des sonnigen, noch ganz schwarzwälderischen Neckartales. Flußabwärts, der Stadt zu, schieben sich die Talwände mit ihren gelbgrauen Muschelkalksteinbrüchen plötzlich gegeneinander, als wollten sie dem Fluß den Weg versperren. Bis Kalkweil reichten die Villen Sumelocennas, wie denn das abgegangene mittelalterliche Dorf Kalkweil seinen Namen römischen Ruinen verdankt.

Die Altstadt liegt auf der anderen Talseite, genau über der nicht ganz glücklich »Porta Suevia« genannten Talenge. Schon 1268 weihte Albertus Magnus einen Altar der Altstadtkapelle, die, 1688 umgebaut, noch heute dort steht. Die Beziehungen der Altstadt zu der sagenhaften, durch Erdbeben und Gewässer untergegangenen Stadt »Landskron« bilden das dankbarste Streitobjekt der Heimatforscher, nachdem das hier vermutete und gesuchte Römerkastell inzwischen sich als fränkischer Gutshof und wahrscheinlicher Sitz der Sülchgaugrafen entpuppt hat. Südlich der Kapelle auf freiem Feld das Mauerstück mit der rätselhaften Inschrift*; herrlicher Rundblick auf Weilerburg, Rammert, Stadt und Neckartal bis zum Schönbuch.

Der schönen Aussichten und denkwürdigen Stätten wären noch viele zu nennen: Klause und Schadenweiler Hof und Heuberger Turm und Kesselplatte und Plon und Theodorichskapelle ... Aber nach soviel Geschichte mag dem Wanderer ein geruhsamer Spaziergang in den Rammert wohltun, in dessen zeitloser Urwüchsigkeit er sich freilich nicht weniger verirren kann als im Gestrüpp historischer Zahlen und Namen.

* Siehe Seite 61.

Auf der Weilerburg

Drei Freunde, die der Zufall gemeinsamer Ferientage wieder einmal in der Heimat zusammengeführt hatte, beschlossen, einen Spaziergang nach der Weilerburg zu machen, dem Schauplatz mancher Schmetterlingsjagd ihrer Bubentage, dem Ziel fröhlicher Maientouren in seliger Tanzstundenzeit. Während sie hinaufstiegen zum Gelben Kreidebusen – nicht mehr ganz so mühelos wie damals –, lösten sich vom Grund ihres Herzens Erinnerungen und stiegen an die Oberfläche des Bewußtseins wie Luftblasen in einer Quelle.

Hier rechts, vor den windzerzausten Pappeln auf der heidigen Höhe stand man damals an Königsgeburtstagen bei den zwei Kanonen der Bürgerwache und schaute den Artilleristen zu, wie sie mit Rohrwischern hantierten und mit langen Stöpseln Pulver, Papier und Grasbüschel in die Rohre stießen; wenn dann der Schuß mit Blitz und Donner über die Stadt hin hallte, machte das Kanönele in seinem gelben Rauch einen Hopser, und das Bubenherz hüpfte vor Aufregung und Freude mit . . .

Von drüben sah aus dunklem Tann die Altstadt herüber, getrennt durch eine tiefe Schlucht von dem verlassenen Steinbruch, in dem waghalsig herumzuklettern Ehrensache war. Auf seinen Geröllhalden gab es Eidechsen und herrliche rot- und blauflügelige Heuschrecken; an keiner andern Stelle wuchsen so große Erdbeeren, und einem Glücklichen geriet wohl auch eine Versteinerung in die Hände. Hinter der Altstadt, auf der sonnigen Hochfläche, begann das Revier von Distelfalter, Pfauenauge und Schwalbenschwanz – sogar von dem seltenen Apollo ging die Sage . . . Einer erzählte, wie er damals auf der Jagd hinter einem Admiral her durch einen Zaun schlüpfte und dabei hängenblieb; unglücklicherweise bohrte sich der Stacheldraht gerade in die Pulverblättchen im Hosensack: Es gab einen Feuerteufel, ein schwarzes Loch in der Hose, eine handtellergroße Brandwunde am Schenkel und abends beim Heimkommen – denn aufgegeben wurde der Schmetterlingsfang wegen dieser Kleinigkeit nicht – den Hintern voll ...

Dann bog links ein Feldweg ab, hinüber zum Schadenweilerhof und zu den Eisweihern. Das Klirren und Klappern am Riemen getragener Schlittschuhe klang den dreien in den Ohren, obwohl ringsum heller Sommertag war, sie sahen sich schwebend Kreise, Achter und andere kunstvolle Figuren in die dünne, knirschende Schneedecke des zugefrorenen Weihers ziehen, die um so eleganter ausfielen, als an seinem Rand, auf ihren neuen, vernickelten Schlittschuhen wackelnd, die heimlich Umschwärmte stand ...

Damals! Aus diesem Vorzeichen ging die ganze Melodie des Gesprächs; es wirkte wie ein Bildlein aus »Menschenhaut«, das man als Kind vor die Augen hielt, worauf die ganze Welt rosenrot aussah.

Im »Ochsen« im Weiler holten sich die drei den Schlüssel zum Turm. Dann ging's die waldfreie südliche Burghalde, an der einst Wein gewachsen war, hinauf zur Kuppe, die sie mit Buchenwald empfing. Von Alt-Rotenburg, der Stammburg der Hohenberger, fanden sie nichts mehr als da und dort eine grabenähnliche Vertiefung, ein paar überwachsene Quader im Boden und ein grasiges Rondell, das den Grundriß eines Turmes ahnen ließ. Alles war noch wie damals: Weißdorn und Gewirr von Brombeerranken säumte die magere Grasnarbe, die stellenweise den grobkörnigen, weißen Sandstein sehen ließ. Hoch über die rauschenden Buchenkronen hinaus ragte der Aussichtsturm.

Als die drei Freunde seine Plattform betraten, standen sie eine Weile stumm an die Zinnenbrüstung gelehnt, wortlosem Schauen hingegeben. Das lange nicht mehr gesehene Bild, dessen vertraute Anmut so viele Erinnerungen wachrief, in vollen Zügen genießend, umschritten sie die Plattform. In feierlichem Blau standen westwärts die Schwarzwaldhöhen, erkennbar von der Hornisgrinde bis zum Feldberg, im Süden und Osten begrenzte die Alb in massiger, festgefügter Kette den Horizont, man sah vom Staufen bis hinauf zum Oberhohenberg. Im Mittel- und Vordergrund wechselten tiefe, vielgewundene, wasserreiche Täler, deren Hänge mit Tannen bestanden waren, mit ackerbraunen und lehmgelben Hochflächen, karge Muschelkalkfelsen mit sanft gerundeten Keuperhügeln, steinige Halden mit obstreichen, grünen Bühlen, Hopfengärten mit Weinbergen. Und wie viele Kirchtürme lugten naseweis aus Mulden oder Baumwiesen, hinter Waldecken hervor oder über die rostbraunen Dächer ihrer Dörfer! Und mitten in dieser Musterkarte der schwäbischen Landschaft lag im silbernen Dunst des Sommertags die Stadt, die dem Fluß aus der Enge seiner Felsen die Pforte aufriß in die weite, schimmernde, dorfreiche Au.

»Sunt Harum rerum, Quoniam, Tumulus, Calami mons«,

skandierte einer lächelnd vor sich hin, die Dörfer des Neckartals überzählend, und sogleich ergänzte der zweite, auf Kiebingen, Rottenburg und Hirschau weisend, den alten Studenten-Hexameter mit dem andern:

»Bingia vaccarum, Rubicund'arx, Augia cervi«

»Man merkt an euch die Nähe Tübingens und seiner gelehrten Luft«, sagte der dritte. – Nun, nach der ersten Weile des Nichts-als-Schauens, regte sich die Lust am Unterscheiden von Einzelheiten. Mit Hilfe ihrer Ortskenntnis und der aufliegenden Orientierungskarte – der dazugehörige Tubus war am Werktag leider nicht aufgeschraubt – suchten sie die Gegend ab: Hohenentringen, Ammerberg und Randelrain, Roseck am Schönbuchrand und die Herrenberger Kirche, dann Tübingen, die Fildern und ganz in der Ferne den Schurwald; drüben überm Neckar Gäu und Schwarzwaldvorland, flußaufwärts die Weitenburg, über der Eyach das Hügelland des Kleinen Heubergs mit seinen dunklen Tälern, und hinter Weiler in saftigem Wiesengrün Hemmendorf und Hirrlingen.

»Sicherlich gehört dieses Panorama zu den reizvollsten im Ländle«, meinte der eine, »auch für Augen, die es nicht durch unsere vorgefärbte Brille betrachten. Vollends für den, der sich nicht am malerischen oder stimmungsmäßigen Reiz genügen läßt, sondern die Landschaft mit geologisch geschultem Auge abtastet! Das Schwärmen, mein' ich, sollte man den Backfischen überlassen; um die Heimat bewußt zu erleben, muß man ihre Steine reden lassen. Mit dem Geologenhammer und dem »Fraas« in der Tasche habe ich mir einst diese Gegend erobert, und meine Phantasie entzündete sich lodernd an den Revolutionen der Elemente, gegen die alle menschlichen Kinderspiel sind, an den gewaltigen Katastrophen vor Hunderttausenden von Jahren, deren Spuren ich als Verwerfungen, Einbrüche, Aushöhlungen und Verwitterungen im heimischen Boden entdeckte.«

Und er begann einen Vortrag über die gelblichen Dolomitblöcke bei Kalkweil, über den Neckarschotter auf dem Huthüttele, 80 Meter über dem heutigen Flußbett, über Löß und Lettenkohle und die charakteristischen Formen von Muschelkalktälern und Keuperbergen, warf mit Lias, Dyas und Trias, mit Paläozoikum, Tertiär und Diluvium um sich wie ein Gigant mit Felsblöcken und sang das geologische Heldenlied des rastlos schaffenden Neckars. Auf etliche hunderttausend Jahre hin oder her kam es dabei nicht an. Er schloß: »*Sub specie geologiae* muß man die Heimat betrachten, dann lernt man sie kennen. Für einen philosophischen Kopf fällt dabei als Nebenprodukt noch die Erkenntnis ab, daß alles Menschenwesen und -unwesen nichts ist als ein lächerlicher Augenblick, und das ist mitunter ein recht tröstlicher Gedanke . . .«

»Nein«, widersprach der zweite, *»sub specie geologiae* ist alles eitel: Sein und Nichtsein, Gut und Böse, Roheit und Kultur, und der Neandertaler so bedeutend oder unbedeutend wie Goethe. Deine Philosophie strahlt eine Kälte aus wie ein diluvialer Gletscher und gähnt mich an mit der Öde einer Schulstunde. Der Mensch ist das Maß aller Dinge, hat ein alter Grieche gesagt. Das ist mein Mann. Nützlich mag sie ja sein, die Geologie, und dem menschlichen Geist macht es alle Ehre, daß er aus Steinen erschließen kann, was alles auf diesem Erdenfleck passiert ist, ehe er selber war. Aber mir ist das ein bißchen zu lange her. Nicht deine Saurier und tertiären Affen binden mich an diesen Boden, sondern die Menschen, die ihn vor mir bewohnt, bebaut, verteidigt und mit ihrem Schweiß und Blut gedüngt haben. Ihre Schicksale will ich kennen und dadurch des Beständigen im Wandel der Geschlechter innewerden, spüren, daß auch ich meine Wurzeln in diesem Boden habe. Für mich beginnt sinnvolle Geschichte erst mit dem Menschen, ein Gott mag es damit anders halten.

Die Geschichte der Burg, an deren Stelle wir stehen, ist wie ein Symbol schicksalhafter Verbundenheit von Mensch und Heimat. Vom Hohenzollern dort drüben ging es aus, das Geschlecht, von dem ich erzählen will, nach seiner Burg auf dem Oberhohenberg – ihr seht ihn dort rechts – nannte es sich, hier auf Alt-Rotenburg hauste es in seiner Blütezeit. 1150 wird die Burg zum ersten Male urkundlich genannt. Ihre besten Tage sah sie unter Graf Burkard von Hohenberg und seinem großen Sohn Albert. Hier wurde Gertrud, die Ahnfrau des Erzhauses Österreich, geboren, hier dem Grafen Rudolf von Habsburg versprochen, und hier hielt man auch das Beilager. Als die neue, geräumigere Burg in der Stadt bezogen wurde, blieb zwar Alt-Rotenburg noch bewohnt, aber seine wie seines Geschlechts kurze Blüte begann zu welken. Getreulich spiegelte fortan die Burg das Schicksal der Hohenberger wider. Beim Verkauf der Grafschaft an Österreich befand sie sich bereits in baufälligem

Zustand. Der letzte regierende Graf von Hohenberg, Rudolf III., war tot, als sein gleichnamiger Vetter aus der Wildberger Seitenlinie Alt-Rotenburg pfandweise von Österreich erwarb und, nachdem er 200 Gulden hineinverbaut hatte, 1398 auf die Burg seiner Väter zurückkehrte. Auf kurze Zeit nur, denn 1407 verheerte Graf Friedrich von Zollern in einer Fehde das Schloß seiner Vettern so gründlich, daß es weiterhin nur noch als gelegentliches Jagdquartier dienen konnte. Längst gab es keine Hohenberger mehr, als es 1624 gänzlich abgebrochen wurde; die Steine benützte man drunten in der Stadt zum Bau des Kapuzinerklösterle. Immerhin standen noch im Anfang des 18. Jahrhunderts ein paar Ruinen; schatzgrabende Bauern der Umgebung sind nach dem Chronisten Weittenauer die ›Ursach, daß jetzt gar keine *rudera* von selber Burg zu sehen‹ –

Die Burg auf dem Hohenberg erlitt ein noch eigenartigeres Geschick. Graf Sigmund von Hohenberg, der Sohn jenes auf die alte Rotenburg zurückgekehrten Rudolf, stand als Diener und Rat in württembergischen Diensten. Im Jahre 1449 sagten Jos von Hornstein und Genossen im Namen und als Helfer Graf Ulrichs von Würtemberg den Rottweilern ab, die daraufhin gegen die im Besitz Hornsteins befindliche Burg Hohenberg auszogen, sie eroberten und brachen. An dem Fehdebrief, der den Untergang dieser Hohenberger Stammburg herbeiführte, hing das Siegel Graf Siegmunds von Hohenberg, des Letzten dieses Namens. Mit ihm, den man 1486 mit Schild und Helm im Kloster Reuthin begrub, war das Geschlecht der Grafen von Hohenberg erloschen, untergegangen wie seine Burgen.«

Während der Erzählung waren die drei die Holztreppe des Turms hinabgestiegen und hatten sich am Rand der Böschung ins Gras gelegt, unter sich die sonnebeschienene Weite mit Fruchtäckern, Wiesen, gelben Rapsfeldern, Baumgütern und Hopfengärten.

»Eure Gelehrsamkeit in allen Ehren«, sagte nach einer Weile der dritte; »Geologie ist schön, Geschichte ist gut, aber ich bin bescheidener: der Augenblick ist das Glück! Diese leuchtenden Wolken da oben, dieses Spiel von Licht und Schatten auf dem sommerlichen Land, das rote Kopftuch dort im Ackerfeld und hier der segelnde Bussard – so, genauso wird es niemals mehr sein, in der nächsten Minute schon ist es vorbei, gewesen, Paläozoikum oder Geschichte – wie ihr wollt. *Carpe diem!* Und dieser Augenblick wird künftig vor mir stehen, wenn ich ›Heimat‹ denke . . .«

*Niedernauer Idylle**

»Gehet mr über d Altstadt, Babbe', oder durch d Dölle?«
D Frau Notar verschneidet debei de' knusprige' Brate' –
Kalbsbrust gibts, wie immer am Sonntag, und hausgemachte
Nudle'.
»Über d Altstadt«, sagt der Notar, »auf zwei habes aus-
gmacht.
Drecklet net rum mit Spüle' und A'ziah', machet euch fertig!
Kerle, und du, du nimmst de fei' zsamme und bist mr net
vorlaut!«
s gilt em Karl, seim Bube'; freilich beim Mariele braucht es
solche Ermahnunge' net, denn s Mariele geht scho' in d
Tanzstund.
»Mamme'«, ruft se und pfupferet ganz, »s ist Tanz auf
em Rase' –
hast mr mei' Hellblaus bügelt? es Hellblau gfallt em am
beste' ...«
Also geht mr mit s Oberinspektors und ihre zwei Mädle'
– au der Viktor darf heut mit und s Bäsle aus Stuggart –
über de' Wöhrd und nauf s Statione'wegle zur Altstadt;
d Herre' vora'; der Notar in der weiße Weste, de' neue'
Panama auf, der Oberinspektor im lüsterne' Schwenker,
Schritt für Schritt, und beide d Hand mit em Stock auf
em Rücke'.
Viel zu pomadig für unsere Backfisch, die möchtet scho'
dort sei';
d Göschle' laufet wie gschmiert und jede denkt: hoffentlich
kommt er ...

* Beim Vortrag dieses Gedichts im gehobenen Schwäbisch der Gebildeten befleißige man sich des reinsten Hochdeutsch, dessen ein Schwabe fähig ist.

Aber die Bube', bald vorne', bald hinte', springet de Bläule'
oder de Krautscheißer nach und lasset die Müttere' rufe'.
Heut machts warm, da schwitzet au Schlanke, und vollends
d Notarin!
Aber sie schaffts, und wenn se au schnauft wie e' Lokomotivle.
»Wilhelm«, ruft se und schwingt ihren seidene', rosakarierte'
Sonne'schirm, »langsam! – Wißt Se, mei' Herz, Frau Ober-
inspektor.«
– »Ja, mr ist nimmer de Jüngst, i sags als zu meine zwei
Mädle',
Mädle', in meine Jahr, do springeter, sag i als, nimmer.« –
Obe' im schattige' Waldweg, wemmer net grad über Wurzle'
stolpert, lauft mr wie auf em Plüsch im bessere' Zimmer.
Ah, und die Luft! Nach trockenem Moos und harzige
Tanne'
schmeckt se würzig und warm und heimlich, meint mr, nach
Erdbeer.
Kurz vor em Dorf verschnaufet die Herre' und knöpfet im
Warte'
d Westene' zu und wischet sich Krage' und Hals mit em
Sacktuch.
Dann, mitenander, geht mr ins Bad, wo alles scho' vollsitzt,
wo mr d Hand nimmer wegbringt vom Hut vor lauter
Bekannte.
»Au, se sind da! i seh ihre Kappe'.« s Oberinspekters
Klärle wirds grün vor de Auge', se schwärmt doch so arg
für d Westfale'!
s Mariele freilich hört nix, se spickt zum Katze'bach nüber:
dotschige rote Bixiermütze' trinket dort Bowle ...
»Isch hier noch frei? Erlaubet Se ...? Fräulein, zwei
Viertele' Rote',
sechs Portione' Kaffee und sechs Stück Haselnußtorte –
halt! und zwei Limonad, e' gelbs und e' rots, für die Bube'.«
Bis mr sich über de' Tisch begrüßt, tituliert und enander
gwunke' hat, wirds im Pavillon lebig: d Musik hat sich
ei'gstellt.

Gmächlich packet se d Instrument aus, d Note' und
d Ständer.
Der zieht, s Geigle zwische' de Knie, e' Sait auf, en andrer
schmiert sein Boge' mit Kolophonium ei' und e' dritter
schält aus em Wachstuchfutteral de' riesige' Bauch von re'
Baßgeig.
Aber der Klarinettist probiert e' paar Triller, des dudelt –
dideldu! – naus ins Tal und fahrt de Mädle' in d Füß nei'.
D Müttere', wie auf Kohle', als wäret sie selber noch ledig,
machet en Überschlag, ob au Studente' gnug da sind,
oder musteret d Kleider von andere Mädle'; inzwische'
langt der Karl s Limonad und spritzt beim Aufmache' d
Hälfte
über sei' weiße Matrose'blus nab, der elendig Lausbu!
»Komm mr noh heim!« – Zum Glück fangt d Musik a',
überal springet
Tänzer auf an de Tisch und engagieret zur Polnäs. –
Gottseidank, daß er kommt, weil s Mariele beinah ver-
bobbert:
»Darf ich bitten, gnädiges Fräulein«, sagt er, sei' rote
Mütz in der Hand, »wenn Frau Mamma es gütigst ge-
statten?«
D Frau Mamma ist im Glück, sie könnt net freundlicher
nicke',
ärger net strahle', wenn er sie selber zum Tanz engagiert
hätt.
Au em Klärle sei' Herr, der Fuchsmajor der Westfale',
kommt und holt se, und au de andere bleibet net sitze'.
s ist e' Bild zum male': die duftige Kleidle', die Mütze'
auf den sonnige' Rase' gsprenkelt wie farbige Tupfe',
schwarze Tanne' dehinter und drüber der blitzblaue
Himmel!
Wie se so tanzet, und s Tal bis nauf zu de oberste Gipfel
laut widerhallt von Pas-de-quatre, Polka und Schottisch,
seufzt d Frau Oberinspekter: »Ach! mr sollt nohmal jung
sei'!«

Aber ihr Mann sagt: »Bube', jetzt dürfeter bißle ge
schaukle'.«
– »Papperlapapp, Frau Inspekter, mr nehmets noh auf
mit de Junge«,
meint der Notar, »mr tanzet nachher mitnander de' Fra'-
säh!« –
»Sie, Frau Inspekter, wer ist denn der junge Mann bei der
Gertrud?
Ist er net Kaufmann?« – »Wo denket Se hi'! der ist Alt-
philologe.«
– »Sooo? des hätte mr net dacht, weil er kei' Band und
ke' Mütz hat.«
– »s muß au solche Studente' gebe', net allei' Schwitjehs,
wo bloß Geld verjublet und meinet, sie seiet was Bessers,
weil se en Schmiß im Gsicht und rote Dotschmütze' habet.«
– »Meiner kommt emal net in e' Schlagende, dem täti
helfe'!« –
»s hat noh Zeit, Herr Inspekter.« – Mit ganz verhitzgete
Backe'
kommet jetzt d Mädle' vom Tanz, und alle schwätzet auf
ei'mal,
bis mr drübe' im Pavillo' s Zeiche' zum Fra'säh trompetet.
»Haltet Se Wort, Herr Notar?« – »Ja freilich, Frau
Oberinspekter.«
s fehlt noh e' Vis-à-Vis. »Wie wärs, Frau Notar, mit meim
Eugen?«
Der verschrickt in de'Tod, mr ist doch schließlich Beamter...
Aber was will er mache', wo er bereits der Notarin
ihren mollige' Arm – und net emal o'gern! – in seim spürt?
»Kommet Se noh, i weiß, Se waret net immer so schüchtern.«
Also legt er – schad drum! – sei' brennende Zigar aufs
Teller.
Paarweis stellt mr sich auf, in Reihe gegenanander,
einer steht in der Mitte und schreit und tut und will ordne'
und ist drin wie der Nusse'ma', wie mr früher als gsagt hat.
Jetzt bei de übermütige Takt aus der »Lustige' Witwe«

gehts auf em Rase' los mit Mütze'schwenke' und Knickse',
Komplimentiere', Verbeuge' und Kopfnicke' rüber und
nüber.
Chassez! Croisez! Changez-les-dames! Mr muß bei der
Sach sei',
will mr net alles verwechsle' wie der Oberinspekter:
statt der Notarin nimmt er auf ei'mal en Backfisch am
Ärmle!
Nachher am Tisch verzehlt se, des hab er natürlich mit
Fleiß to'...
Aber ihr Mann, der Notar, scharwenzelt trotz eme' Junge'
um d Inspekterin rum und faßt se kecklich um d Taille,
hält aber s Tasche'tuch hi' aus Angst, er könnt se verschwitze'.
»Wilhelm, langsam! Tu net so arg, de kriegst noh e'
Schlägle!« –
Später wird gvespert: Edamer gibts und Schweinsfuß
und grauchte
Ripple'; kaum en Bisse' drucket die Mädle' gschwind
nunter –
s könnt ene' Wunderwas in der Zwische'zeit nausgehe' –
schrecklich!
Aber de Alte schmeckts, die haltet sich mehr ans Solide.

Langsam wachset d Schatte' im Tal, es geht auf de' Abend.
Drobe' der Waldrand glüht und glostet in feurige Farbe',
und im Bühnefensterle funkelts, als tät es drin brenne'.
Ältere Dame' mit Schals und würdige Herre' – s sind
Kurgäst –
machet sich etwas Bewegung, bevor mr zum Nachtesse'
läutet.
Kühl und säuerlich kommt vom Katze'bach rüber e' Lüftle.
»Eugen, s wird frisch, mr muß allmählich ans Heimgehe'
denke'.«
– Jetzt scho? Bloß e' einzige Tour noh! bettlet die Junge,
bis mr Gottsname' halt nachgibt. »Mir gucket derweil nach
de Bube.

Kommet Se, Frau Notar.« – Se gehet mitnander auf
d Suche
nüber zur Schaukel: weit und breit kei' Karl und kei'
Viktor!
Au beim Puppe'haus sind se net, wo möget se stecke'?
Schließlich findt mr die Kerle' – wo meinst? – am Katze'-
bachufer:
naß und dreckig von obe' bis unte'! – »Guck emol, Mamme',
guck, e' Wasserrädle, paß auf, mr lassets gschwind
saue' ...«
Aber die Müttere' möchtet am liebste' in Bode' versinke'.
»So eim de' Sonntag verderbe', du o'gezogener Lausbu!«
jammert verzweifelt de Ei', de Ander schimpft ihren en
Dreckspatz.
Beide putzets debei, so gut s ebe' geht, mit em Spitze'-
tasche'tüchle vom Gröbste' – der Vater wirds eine'weg
merke'...
D Herre' habet scho' d Hüt auf und wartet, mr kann also
gehe'.
In der Sonn ists noh warm, se blendet fast in de Auge'.
»s Wetter hält sich«, sagt der Notar, »s hat Schäfle' am
Himmel.«
»Ja, und der Rauch geht nauf.« – »I brauchs, i hab morge'
mein Waschtag.« –
Drinne' im Wald wirds merklich kühler, mr fröstelt e' bißle.
»Mädle', habeter eure Mäntel? mr holt sich oft leicht was.« –
Hänget die Alte jetz darum ei' bei enander? – Vom Bad
rauf
hört mr noh immer Tanzmusik spiele', bis mr am Waldeck
vorne' im Neckartal abbiegt, da ist se auf ei'mal verklunge'.
Bloß die Mädle' höret se noh – se höret noh s Flötle,
höret noh Brummbaß und Geig, Klarinett und Cello und
Piston.
wenn der Inspekter längst scho' Holz sägt mit schnarchigem
Mißton.

Droben stehet die Kapelle ...

Eine Wegstunde nordöstlich der Stadt erhebt sich, von dem Höhenzug des Spitzbergs durch eine tiefe Senke abgesetzt, der Wurmlinger Berg – »alleinig aus der Erd, als wann er nit von der Natur allda, sondern mit Fleiß wär zusammengetragen worden«. Wie eine Krone liegt ihm der Mauerkranz seines Friedhofs mit dem Kirchlein auf. Wenn im Tal die Abendschatten fallen, und nur die Bergkuppe noch im letzten Schein der Sonne glüht, dann leuchtet die Kapelle weit hinaus ins Land, ein Kleinod aus rotem Gold.

»Der Gipfel«, sagt eine alte Chronik, »allwo die Pfarrkirch oder St. Remigii Walfart stehet, allwo die Innwohner lebendig und todt hinaufgehören, hat so kleinen Raum, daß das gottesäckherli, der Pfarrhof an der Kirchen und ein Städeli kaum platz haben.« Längst sind Pfarrhof und »Städeli« abgegangen, aber der alte Frankenheilige Remigius hütet noch immer die windschiefen Holzkreuze, noch immer finden dort oben, wie seit Generationen, die Wurmlinger Platz, um ihrer Auferstehung entgegenzuschlafen, dem Himmel um 150 Meter nähergerückt.

Schwer zu sagen, welchem Blick der Vorzug zu geben ist: dem von der Landschaft auf den rötlich-violetten, mit allerlei Grün bewachsenen Keuperberg, oder dem von oben auf die herrliche Landschaft. Alb und Schwarzwald, Rammert und Schönbuch, das brotreiche Gäu, das Ammertal und die weite, braun und grün gewürfelte Wanne, durch die der Neckar fast zu manierlich eingedämmt dahinzieht – bei solchem Ausblick kann den Toten hier oben das Warten in ihren Gräbern nicht lang werden: über sich den offenen Himmel, ringsum weit aufgetan das schwäbische Paradies! Kein Laut des geschäftigen Tages dringt aus dem Tal über die Ringmauer, die den Frieden dieser Burg Gottes beschirmt, »nur im Winde rauscht leise ein welker Kranz ...«

Schlicht und schmucklos ist das Kirchlein: ein Langhaus ohne Zierat, ohne äußerlich sichtbaren Chor, nur von einem schlanken Dachreiter gekrönt. Abt Augustin Gimmi vom Kloster Kreuzlingen, zu dem die Bergkirche schon im 12. Jahrhundert gehörte, hat sie in ihrer jetzigen Gestalt anno 1683 unter tätiger Mithilfe zweier gebürtiger Rottenburger, des Konstanzer Weihbischofs Sigmund Müller und des Marschalls von Niederhohenberg Sebastian Schorer, errichten lassen, nachdem die alte romanische Kapelle durch Unachtsamkeit einer Bergwache im unseligen Dreißigjährigen Krieg abgebrannt war. Nur die Krypta mit ihrem Kreuznahtgewölbe auf Würfelknaufsäulen ist von dem alten Bau erhalten geblieben. Einst Pfarrkirche von Wurmlingen und Hirschau, beherbergte sie die Wohnung eines Leutpriesters, doch zog der Pfarrer wegen Baufälligkeit seines Häusleins schon im 16. Jahrhundert hinunter nach Wurmlingen. Und seit dem Dreißigjährigen Krieg benützt man die Kirche im Ort als Pfarrkirche.

Der alte Heilige auf dem Berg verlor dadurch nichts von seiner Anziehungskraft. Noch gegen Ende des 17. Jahrhunderts war »der Zuolauff zuo diser Walfart« so groß, besonders an Freitagen, daß der Weggenthalmesner Johann Edelmann in frommer Eifersucht »leichtsinniger und unbedachtsamer Weis'« schimpfen konnte: »Sid der Tüfel den h. Remigi auff den Berg tragen, so gilt das Weggenthal nuntz may.«

Die Anfänge von Kirche und Wallfahrt liegen im Dunkel. Nach der Sage hat ein Graf Anselm von Calw in seinem Testament verfügt: Man soll seinen Leichnam auf einen Ochsenkarren laden, ihn da begraben, wo die Zugtiere haltmachen würden, und über seinem Grab eine Kapelle errichten, wie dann auch auf dem Wurmlinger Berg geschehen sei. Noch heute liest man in einer Bogennische des Kirchleins eine lateinische Inschrift: Hier ruht Graf Anselm von Calw, der im 11. Jahrhundert gelebt hat. Wie alle Sagen enthält auch diese einen historischen Kern. Der die Wiederherstellung der Kapelle nach dem Erdbeben von 1911 leitende damalige Landeskonservator Eugen Gradmann hat diesen Kern herausgeschält: Danach stiftete ein Herr Gottfried von Sülchen um 1125 die Bergkapelle als Filiale der Urkirche Sülchen, deren Patronatsherr er war, und bestellte, da er ohne Leibeserben starb, einen Grafen von Calw zu ihrem Schirmvogt. Wahrscheinlich hatte aber »der natürlich freistehende Berg, von selber schon ein riesenhafter Grabhügel«, wie die Oberamtsbeschreibung sagt, schon vorher als Begräbnis- und Kultstätte Bedeutung, wie denn der »Wurmlinger Jahrtag« mit seinem Stiftungsmahl auch Uhland »weniger den Eindruck einer christlichen Feier als den eines heidnischen Opfers« machte. Anknüpfend an einen uralten heidnischen Brauch mag der Stifter des Jahrtags eine ausgiebige Schmauserei für das wirksamste Mittel angesehen haben, seiner armen Seele das fromme Gedenken der Nachfahren zu sichern.

Die älteste, lateinisch verfaßte Urkunde darüber stammt aus dem Jahre 1348. Abt Hermann von Kreuzlingen, der stiftungsgemäß für die Kosten des Jahrtagmahles aufzukommen hatte, erkundigte sich in diesem Jahr, wie der Calwische Jahrtag gehalten werden müsse, worauf Berchtold, Dekan des Kapitels in Poltringen, und seine Kapitelbrüder »die Art, form und gebräuch des graf-Calwischen jahrtags« beschrieben. Weitere, deutsch geschriebene Berichte aus den Jahren 1468 und 1530 erzählen uns noch ausführlicher, wie man es dabei halten mußte.

Am Montag nach Allerseelen wurden die Zurichtungen getroffen: Man schaffte ein Fuder dürrer Scheiter zu einem »Feuer ohne Rauch« auf den Berg, desgleichen ein Fuder Heu, gezogen von einem dreijährigen Stier; auf dem Heu saß eine haselbraune Gans für den Fuhrmann. Ferner brachte man hinauf: ein dreijähriges, ein zweijähriges und ein einjähriges Schwein, ebensolches Bier (das sich später in dreierlei Wein verwandelte) und die Hauptsache: einen tüchtigen Koch. Am Dienstag begaben sich die Herren und Notbrüder der Kapitel zu Tübingen und Rottenburg im Chorhemd mit ihren Mesnern und Knechten auf den Berg. Dort erhielt jeder einen neuen Kübel mit einem Viertel Haber und einen neuen Strick für sein Roß. Nach einer gesungenen Vigil in der Kirche, wobei sie die Sporen ablegen mußten, las der Dekan die Seelenmesse und betete über dem Stiftergrab die Vesper. Darnach bat der Kammerer die Kapitelherren und alle Anwesenden zu Gast, »und solange sie sich um Vorsitz zanken und die Zeit verlängern, gehet er hinab gen Sülchen, welches unten am Berge liegt, und spannet daselbst auf dem Kirchhofe des oben gemeldeten geschlachteten Stiers Haut aus, so breit sie mag, und heißet die aussätzigen Leute, so sich allda vermöge der Stiftung versammelt haben, niedersitzen«. Auf den Berg zurückgekehrt, höhlte er ein Brot aus, in das jeder einen Pfennig für die Armen zu geben hatte. Und nun begann das Mahl, bei dem zwischen den einzelnen Gängen immer dreierlei Brot und dreierlei Bier oder Wein gereicht wurde. Zum ersten brachte der Koch die drei gerösteten Schweinsköpfe, zum zweiten Gansg'schnader, zum dritten Hennen, Suppe und Rindfleisch, zum vierten gesottene Fische in gewürzter Brühe und zum fünften als Krönung des Ganzen für je zwei Kapitelherren eine gebratene Gans, darin ein Huhn und in diesem eine Bratwurst. »Von diesem mögen sie auch ihren Gästen, den Mesnern und den Schülern vorlegen.« Den Beschluß machten Käse, Kuchen und Obst. Alles, was von den Gängen wieder abgetragen wurde, erhielten die Siechen und Armen drunten in Sülchen auf der Stierhaut.

Nachdem solcher Art dem frommen Willen des Stifters Genüge getan war, schleppte man sich noch einmal in die Kirche, dies dort in aller Form zu bestätigen und den Abt seiner Schuldigkeit für dieses Jahr ledig zu sprechen. Würde der Abt von Kreuzlingen, heißt es weiter, seiner Verpflichtung nicht nachkommen, so soll der älteste Herr von Calw zu Roß, im Steigbügel stehend, einen goldenen Pfennig gegen das Gotteshaus schnellen und ihm dann alle Güter, die zur Stiftung gehören, wieder zufallen, wogegen er für die Zukunft gehalten wäre, den Satzungen der Stiftung alljährlich nachzukommen.

Es ist verständlich, daß bei solcher Gedächtnishilfe die Kapitelherren sich das Seelenheil des menschenkundigen Grafen von Calw fleißig angelegen sein ließen, verständlich auch, daß allen Chronisten, die von dem Jahrtag berichten, wie dem alten Crusius nach dieser Mahlzeit, besonders nach der »trojanischen Gans das Maul gewässert« hat. Bis zum Jahre 1566 hielt man sich streng an die alten Vorschriften der Stiftung. Dann verlegte man, nachdem die inzwischen evangelisch gewordenen Württemberger des Tübinger Kapitels von der Teilnahme ausgeschlossen worden waren, das Essen nach Wurmlingen und nach Rottenburg. Aufgehoben ward das Stiftungsmahl erst im Jahre 1816, wofür jedem der teilnahmeberechtigten Pfarrer zum Ersatz jährlich 6 Gulden ausbezahlt wurden. Der Jahrtag selbst wird auf dem Berg auch heute noch begangen, allerdings nicht mehr am Dienstag nach Allerseelen, sondern am Mittwoch nach Mariä Himmelfahrt.

Rosensträucher und immergrüner Efeu umwinden die einfachen Holzkreuze des Kirchhöfleins, Sage und Dichtung umranken den Berg. Kaum ein schwäbischer Dichter, der dieser uralten Kultstätte nicht die Opfergabe eines Liedes dargebracht hätte: Uhland, Kerner, Lenau, Knapp, Schwab, Gerok, Mayer, Hiller, Häcker, Weitbrecht, Stange und wie sie alle heißen – jeder hat einen Blütenranken, ein Reislein beigesteuert zu dem Liederkranz um die Wurmlinger Kapelle.

Auch der Strom der Wallfahrer ist bis auf diesen Tag nicht versiegt. Kommen sie auch nicht mehr, um von dem alten Heiligen auf dem Berg Heilung ihrer leiblichen Gebresten zu erflehen, so doch mit der Zuversicht, der Friede seiner Höhe und die Glorie seiner Landschaft möchten an ihren stadtmüden, natursüchtigen Seelen ein Wunder tun. Und es ist keiner, den der gute Geist des Berges ungetröstet und ungesegnet entließe.

Sülchen - Anfang und Ende

Noch stiller als sonst lagen an diesem Winternachmittag die Gräber um die alte Sülchenkirche geschart, als zwei Männer, ein alter und ein jüngerer, durch den Torbogen des Mesnerhäuschens schritten, wo auf einem in die Wand eingelassenen Rokokograbstein ein Totenkopf mit zierlichem Krönlein sie begrüßte, sozusagen das Wappen des schweigsamen Gemeinwesens, in das sie einzutreten im Begriff waren. Sie stampften den Schnee von den Schuhen, worüber des Mesners schwarzwolliger Hund mit der Kette rasselnd aus seiner Hütte kam und sie befremdet anstarrte.

Und wirklich hatte solches Tun der Wohlerzogenheit hier wenig Sinn, denn die Wege zwischen den Gräbern waren ungebahnt, noch kein Fuß hatte den frischen Schnee betreten, Fast schwarz standen die wattierten Pyramiden der Tannen und Lebensbäume, die dunkelgrünen Mauern der Taxushecken in dem blanken Weiß von Erde und Himmel, auf dem sich das Gitterwerk von Platanen, Birken und Trauerweiden wie feines Schattenspiel abzeichnete. Die Kreuze trugen dicke Schneepolster, die Kränze auf den Gräbern glitzerten wie mit Zucker überstreut, auf die startbereiten weißen Flügel eines Grabengels malte die Wintersonne hoffnungsfrohes Rosenrot.

Die beiden Besucher, die einzigen an diesem Nachmittag, gingen, ohne viel zu reden, durch die Gräberreihen, blieben da und dort einen Augenblick stehen, einen Namen lesend, eine verwitterte Jahreszahl entziffernd. Dem Jüngeren, er lebte schon lange nicht mehr in der Stadt, begegneten viele vertraute Namen von Nachbarn, Verwandten und Bekannten der Jugendzeit, Namen, deren halbverschollener Klang aus weiter Ferne zu kommen schien und schattenhafte Bilder

der ersten Kindheit heraufbeschwor. Sonderbar, wie sich die Erinnerung an nebensächliche Einzelheiten festklammerte: an einen grauen Backenbart, einen Rohrstock mit elfenbeinernem Kugelgriff, eine Chenille-Haube um ein Altweibergesicht mit spitzer Nase und zahnlosem Mund, an ein Blumensträußchen in den wächsernen Händen eines Schulkameraden, an gewisse Redensarten eines längst Dahingegangenen oder den Tonfall einer Stimme ...

Nur wo das Gedächtnis des Jüngeren sinnend stockte, half der Ältere erklärend nach – wie laut jedes Wort in der großen Stille tönte! –, knüpfte Verwandtschaftsbeziehungen über sieben Großtanten und ein Dutzend Geschwisterkindskinder hinweg und wußte von jedem und jeder eine Geschichte, eine Absonderlichkeit, einen altmodischen Spaß. Sprengte auch hier und da ein lobendes oder kritisches Wörtlein des Gedenkens auf ein Grab.

So führte er seinen jüngeren Begleiter hinter die Kirche, wo jenseits der niedrigen Umfriedungsmauer mit den alten Grabsteinen der Wurmlinger Berg aus den verschneiten Feldern stieg. Der mächtige Stamm einer Trauerweide, deren kahle Äste wie Schnüre niederhingen, und zwei wild aufgeschossene Buxsträucher verbargen den einfachen Stein eines Grabes. Der Jüngere schob die Zweige des Gebüsches auf die Seite, um den Namen seines Urgroßvaters und die beiden Jahreszahlen 1790 und 1864 zu lesen.

»Es ist die Nordseite«, sagte der Ältere; »sie sagen, da kriege man nie warme Füße. Es ist wahr, windig und schattig ist es hier, vielleicht wär's drüben bei den andern gemütlicher ...«

Diese andern lagen auf der Südseite, drei große Gräber nebeneinander. Auf dem Sockel mit der Namenstafel des mittleren erhob sich eine gebrochene Säule, behängt mit einem Blumenkranz, eine schöne Arbeit aus weißem Marmor, deren klassische Symbolik sich unter all den Kreuzen und Engeln ein bißchen ortsfremd ausnahm, so, als wäre eine heidnische Elegie unter lauter Kirchenhymnen geraten.

Er wolle die drei Gräber zusammenfassen zu einem einzigen Familiengrab, fuhr der Ältere fort, auch den Ferdinand von drüben. »Dann sind alle beieinander, der Urgroßvater, die Großeltern und deine Eltern. Und wir zwei haben auch noch Platz darin. Was meinst?«

Die gelassene, fast heitere Sachlichkeit, mit der hier die endgültigste aller Wohnungsfragen erörtert und geordnet wurde, gefiel dem Jüngeren. »Mir ist es recht«, sagte er. Die Aussicht, in dieser Erde, die ihn geboren, später einmal auszuruhen, warf keinen Schatten auf die Heiterkeit seines Gemüts; es war gut und sinnvoll, daß sich hier Anfang und Ende zum Kreise schließen sollten. Hier gehörte er hin, mitten unter die vielen Generationen seiner Mitbürger dieses »größeren Rottenburgs«. Und es erschien ihm als Symbol der unversieglichen Lebenskraft der Vaterstadt, daß gerade Sülchen, die Stätte des Vergehens, in seinem Namen die Erinnerung an ihren Anfang, an Sumelocenna, lebendig weitertrug – über allen Wechsel der Dinge hinweg.

Der Schnee knarrte unter den Sohlen der beiden Spaziergänger, als sie, ausgefroren und mit gesundem Appetit, der warmen Stube und dem Abendessen zustrebten, hinauf in die alte Stadt, hinter deren türmereicher Silhouette die Wintersonne eben als glühendrote Scheibe unterging.

Descht älles dei'!

Gucks a', des Land em Sonne'schei':
Fruuchtfelder, Wiese', Berg ond Wald,
ond Wenget a' dr Sommerhald –
descht älles dei'!

Haörsch? Haalet selle hoa'lich Sproch
vom Necker donn am alte' Wuhr
ond vo' dr alte' Kirche'n-uhr
et en dr noch?

Ond schmeckst dean Schmack vo' Haaz ond Holz,
vo' Tanne'nodle' ond vo' Heu,
vo' reifem Koan ond Obst ond Wei'?
Bist et druf stolz?

Sag, regt se ebbes en dr denn?
Speirsch, wia drs warm oms Heaz rom wud
ond wias de zo deam Bode' zuht
mit älle Senn?

s ka' gär et anderst sei', als so:
bist selber je e' Stuck de'vo'!
Ond zletzte' legt ma' de drei' nei' –
noh bist wied sei' . . .

Veduten

Müsset im Naturbetrachten
Immer eins wie alles achten ...
Nichts ist drinnen, nichts ist draußen:
Denn was innen, das ist außen ...

Goethe

Heimkehr

Sooft ich einst durchschritt das alte Tor –
ein steinalt Weiblein hockte stets davor,
sich sonnend, Kinder hütend, strickend und
ein Grüßgott bietend aus verschrumpftem Mund.

Die weite Welt – ich ging. Und ich vergaß
den Turm mitsamt dem Weiblein, das dort saß.
Nach vielen Jahren kehrte ich zurück,
sah wieder Graben, Torweg, Baum und Brück'.

Und vor dem Turm mit frisch geweißtem Rumpf –
das Weiblein strickte noch an seinem Strumpf
und gab dem fremden Mann ein freundlich Wort,
und alles war, als wär ich niemals fort . . .

Blick vom Turm

Kleine, bunte Spielzeugwelt,
sich zur Lust vom lieben
Gott am siebten Tag erstellt,
bist dir gleich geblieben!

Gar zu eng und gar zu klein
dünkte sie dem Knaben,
eine größre mußte sein
draußen vor dem Graben . . .

Anders blickt der Mann auf ihr
putziges Gewimmel:
Haus und Baum und Mensch und Tier
unterm alten Himmel.

Was ist klein und was ist groß?
Mehr als diese kleine
bunte Welt ihm einst umschloß,
gab ihm später keine.

Blick auf den Marktplatz

Mittag auf dem Turm

Sommer schwenkt, der sonnenhelle,
über Hügel, Stadt und Au
und die ferne Bergkapelle
seine Fahne gold und blau.

Und ich steh beglückt, begnadet
an den grauen Stein gelehnt:
schau das Land, das lichtgebadet,
reich sich mir zu Füßen dehnt.

Bis der Schlag der Mittagsstunde
dröhnend Turm und Herz durchbebt:
Bleibe, säume, Glückssekunde,
eh der Schall im weiten Runde,
eh mein Morgen mir verschwebt!

Sülchen und Wurmlinger Kapelle

Der Neckar

Ströme hab' ich gesehen und volkreiche Flüsse befahren –
Keiner wuchs mir ans Herz, Fluß meiner Jugend, wie du!
Baum und Gebüsch an deinen gärtenumschmeichelten Ufern
Neigen ihr fröhliches Grün, Häuser die Giebel dir zu.
Enten schnattern im Wasser wie auf der Brücke die Weiber,
Und der uralte Turm zittert noch immer in dir ...
Aber bist du es wirklich, der einstens schwimmen mich lehrte,
Später den schüchternen Kuß erster Liebe umrauscht?
Sag, wo sind sie, die Wasser, die meine Jugend gespiegelt ...?
Gleichst du dem alten, du bist, Neckar, ein anderer doch ...

Blick auf den Neckar

Weinbergstaffel

In den Hügel eingehauen
als ein Rinnsal, viel zu schmal
für das Übermaß des Blauen,
das den Hang herab ins Tal

flimmernd, flirrend und kristallen
Ströme seines Lichtes gießt
und kaskadengleich im Fallen
über Mauerstufen fließt,

bis sein Fluß sich in der Rinne,
aprikosenbaumgesäumt,
staut, als ob er sich besinne,
und in rosa Gischt verschäumt.

Huthüttele bei Weggental

Römische Säulen

Ihres Tores heitre Trümmer
schirmt nicht Lorbeerhain noch Pinie –
Neckarherbst umspielt die Linie
ihres Schafts mit goldnem Schimmer.

Im geheiligten Bezirke
ihrer südlich hellen Träume
schatten schwäbische Apfelbäume
und das keusche Grün der Birke.

Und dem Gott, dem dies Gemäuer
einst geweiht nach frommem Brauche,
sinnt es nach im Opferrauche
herbstlicher Kartoffelfeuer.

Auf der Kesselhalde

Wallfahrtskirche

Durch unsichtbare Fenster bricht
des Mittags abgeklärtes Licht
in flimmernden Kaskaden.
Es stürzt aus himmelhellem Raum,
mit Goldstaub und mit Silberflaum
das Dunkel zu begnaden.

Es wirft aus goldnem Überfluß
beglänzte Pfeile, Schuß auf Schuß,
an Pfeiler und Geländer,
küßt einem Heiligen die Tonsur
und säumt mit flammendem Kontur
wildflatternde Gewänder.

Und plötzlich in dem stillen Schiff
Gezwitscher, Flügelschlag und Pfiff:
hoch am Gewölb zwei Schwalben.
O lichtberauschter Überschwang,
die Stille selbst wird hier Gesang,
o Jubel allenthalben!

Weggentaler Kirche

Nachwort

Das Wort Lokalpatriotismus hat ein Gschmäckle.

Heimatliebe klingt stiller und anspruchsloser, läßt die Kirche im Dorf und macht sie nicht zum Nabel der Welt. Das Gefühl der Verbundenheit mit dem Stück Erde, wo »das Herz dir aufwachte zum Leben«, eines der natürlichsten und beständigsten, ist ganz ich-bezogen, unabhängig von allem Wissen um Bedeutung und Geschichte der Heimat. Derb aber treffend spricht dies eine Rottenburger Redensart aus: »s ist nirgends schöner als daheim, ond wenn d Heimet bloß e' Saustall ist.«

Eine landschaftlich so schön gelegene, an Zeugnissen einer ehrwürdigen Vergangenheit so reiche und ihr Volkstum so unverfälscht bewahrende Stadt, wie es Rottenburg ist, hebt auch beim Dumpfsten die Heimatliebe aus dem Bereich des Nur-Gefühlsmäßigen heraus und regt zum bewußten Erleben an. Aus solchem Erleben ist dieses Buch entstanden, anderen auf diesem Weg zu dienen, seine vornehmste Absicht.

Bei allem Stolz auf die Eigenart der geliebten Stadt liegt ihm jedoch nichts ferner, als einem eigenbrötlerischen, beschränkten und dünkelhaften Lokalpatriotismus das Wort reden zu wollen; es bemüht sich vielmehr gerade umgekehrt, die historischen und kulturellen Bedeutsamkeiten der engeren Heimat in den weiten Rahmen der Geschichte unseres Volkes zu spannen. Ihr sonst im großen Orchester der deutschen Städte kaum hörbarer, besonderer Klang soll darin etwas verstärkt, gewissermaßen als Solo hervortreten. Oder, um ein anderes Gleichnis zu gebrauchen, ist es nicht reizvoll, von dem gestalten- und farbenreichen Bild deutschen Lebens eine kleine Ecke einmal unter der Lupe zu betrachten und so Sinn und Zusammenhang des Ganzen, am Beispiel des Kleinen die Vielfalt des Großen verstehen und schätzenzulernen? So, hoffe ich, wird dieses Buch auch für solche Leser nicht langweilig sein, die nicht gerade mit Rottenburger Neckarwasser getauft sind.

Es war nicht mein Ehrgeiz, den Staub der Archive nach neuen Funden zu durchwühlen, abgesehen davon, daß dies bei der fleißigen und gründlichen Arbeit der Rottenburger Heimatforscher auch kaum Erfolg gebracht hätte. Nicht Stoffmangel, sondern die Qual der Wahl hat mir manchmal Kopfweh gemacht angesichts der Fülle der von Wissenschaftern und Heimatfreunden in mühevoller Kleinarbeit gesammelten Beiträge zur politischen und kulturellen Geschichte, zur Natur- und Volkskunde Rottenburgs.

Die Form der Verarbeitung und Darbietung dieses reichen Materials, die ich gewählt, verbot von selbst Fußnoten und Quellennachweise für jede Einzelheit; es versteht sich, daß die Jahrgänge der »Sülchgauer Scholle«, der »Reutlinger Geschichtsblätter«, des »Diözesan-Archivs für Schwaben« und der »Württembergischen Vierteljahrshefte« herangezogen und ausgiebig benützt wurden. Auch Birlingers »Alemannia« und die »Besondere Beilage des Staatsanzeigers« gaben neben anderen Veröffentlichungen mancherlei Aufschlüsse und Anregungen. Das Literaturverzeichnis am Ende des Buches möchte dem an Einzelfragen interessierten Leser Hinweise auf die wichtigsten Quellen geben.

Freilich hätte das Buch ohne die bereitwillige Hilfe von sachkundigen Forschern und Heimatfreunden, denen ich für Erschließung von Quellen, für Auskünfte, Anregungen und Ratschläge Dank schulde, nicht hoffen dürfen, zu werden, was es zu werden wünscht: ein Rottenburger Lesebuch zur Mehrung der Heimatliebe daheim, zu ihrer Erhaltung draußen und zur Gewinnung neuer Freunde unserer alten Stadt.

Zeittafel

Um 89 n. Chr.	Besetzung und Befestigung der mittleren Neckarlinie durch die Römer unter Domitian. Einrichtung der Domanialverwaltung des »saltus Sumelocennensis« mit dem Vorort Sumelocenna.
um 180	Übergang von der Domanial- zur Selbstverwaltung, d. h. zur »civitas Sumelocennensis«. Gleichzeitig vielleicht Aufrichtung der Ringmauer um Sumelocenna.
213	Erstes Auftreten der Alamannen an der römischen Reichsgrenze, vermutlich am Main.
um 260	Verdrängung der Römer aus dem Gebiet zwischen Main, Rhein und Donau durch die Alamannen. Zerstörung Sumelocennas.
um 350	Seßhaftwerden der Alamannen in diesem Gebiet. Alamannensiedlungen in Sülchen und Ehingen.
368	Letzter größerer Versuch der Römer unter Valentinian zur Wiedergewinnung des rechtsrheinischen Gebiets. Schlacht gegen die Alamannen bei Solicinium (Rottenburg?).
496	Sieg des Frankenkönigs Chlodwig über die Alamannen. Verlust des nördlichen Teils ihres Kernlandes an die Franken bis zur heutigen schwäbisch-fränkischen Sprachgrenze.
537	Anerkennung der fränkischen Oberherrschaft auch durch die südlichen Alamannen. Errichtung eines alamannischen Herzogtums durch die Franken.
550/600	Beginn der Christianisierung der Alamannen; Abschluß im 8. Jahrhundert. Urkirche der Gegend: St. Martin in Sülchen.
730	Karl Martell beseitigt das alamannische Stammesherzogtum. Die vollziehende Gewalt in Alamannien geht auf gräfliche Beamte des Frankenkönigs über. Sitz der Sülchgaugrafen wahrscheinlich auf der Altstadt ob Ehingen.

746 n. Chr.	»Tag von Cannstatt«: Vernichtung des alamannischen Adels durch die Franken.
861	St. Meinrad, ein Sohn des Sülchgaues, im »Finsternwald« an der Stelle des heutigen Klosters Einsiedeln erschlagen.
888	Erste urkundliche Erwähnung des Sülchgaus.
1007 u. 1057	Urkundliche Erwähnung zweier Sülchgaugrafen namens Hesso.
1024	Bau der Leutkirche des hl. Remigius zu Ober-Ehingen (Klause).
1112	soll die Stadt »Landskron«, die Vorläuferin Rottenburgs, durch »Erdbeben und Gewässer« untergegangen sein.
1170/1220	Hartmann von Aue, ritterlicher Dienstmann der Herren von Aue.
1170	Erste urkundliche Erwähnung eines Burkard, der sich bald Graf von Zollern, bald Graf von Hohenberg nennt. Stammvater der Hohenberger.
1209	Baubeginn der St. Morizkirche in Ehingen durch Graf Burkard.
um 1245/1250	Verheiratung Gertruds, der Tochter des Grafen Burkard III. von Hohenberg, mit Graf Rudolf von Habsburg auf der Rotenburg.
1273	Krönung Rudolfs von Habsburg zum Deutschen König in Aachen. Gertrud nimmt als Königin den Namen Anna an.
1280	*Gründung der Stadt Rottenburg* durch Graf Albert II. von Hohenberg.
1298	Graf Albert II. im Kampf bei Leinstetten gefallen; begraben im Kloster Kirchberg.
1304	besteht bereits eine Elementarschule in Rottenburg.
1305	Erstes Rottenburger Stadtsiegel mit dem Hohenberger Schild.
um 1320	Erhebung der St. Morizkirche in Ehingen zum Chorherrnstift und Erbbegräbnis der Hohenberger.
1381	Verkauf der Grafschaft Hohenberg an Herzog Leopold von Österreich durch Graf Rudolf III.
1389	Tod Graf Rudolfs III., des letzten regierenden Hohenbergers; begraben im Stift Ehingen.

1410/1452	Burg und Herrschaft Rottenburg im Pfandbesitz schwäbischer Reichsstädte.
1419	Mechthild, Tochter des Pfalzgrafen Ludwig III. bei Rhein und Mechthilds von Savoyen, in Heidelberg geboren.
1428	Jörg von Ehingen auf Hohentringen geboren.
1432	Baubeginn des Chors von St. Martin.
1434	Verheiratung Mechthilds mit Graf Ludwig von Württemberg (gestorben 1450).
1452	Wiederverheiratung Mechthilds mit Herzog Albrecht VI. von Österreich, dem seit 1444 die österreichischen Vorlande in Schwaben zugesprochen sind. Besuch des Paares in Rottenburg.
1453	Erhebung Albrechts zum Erzherzog.
1454	Erzherzog Albrecht nimmt den schwäbischen Reichsstädten die Herrschaft Hohenberg mit Gewalt weg, als sie ihm die Auslösung verweigern. Rottenburg bleibt Mechthilds Residenz bis zu ihrem Tod.
1456	Erzherzog Albrecht verläßt die Vorlande und überläßt die Regierung der Grafschaft Hohenberg Mechthild.
1457	Gründung der Universität Freiburg durch Albrecht und Mechthild.
1470	Mechthild stiftet der Stadt Rottenburg den Marktbrunnen.
1474/1476	Bau des alten Rathauses, abgebrannt 1644.
1477	Gründung der Universität Tübingen durch Graf Eberhard im Bart unter Mithilfe Mechthilds, seiner Mutter.
1482	Erzherzogin Mechthild in Heidelberg gestorben; begraben in der Tübinger Stiftskirche.
1486	Baubeginn des Turmes von St. Martin.
1490	Kaiser Maximilian wird Landesherr der Herrschaft Hohenberg. (Besuche in Rottenburg 1498 und 1504).
1508	Ritter Jörg von Ehingen in Kilchberg gestorben.
1523	Kaiser Karls V. Mandat gegen »die luthrische Opinion« wird in Rottenburg von den Kirchentüren abgerissen.
1525	Im Bauernkrieg lagert der »Bauernjörg« anfangs Mai fünf Tage mit seinem Heer im Sülcherfeld beim Birtenlê.

1527	Prozeß und Hinrichtung des Wiedertäufers Michael Sattler und Genossen.
1537	Befehl der Innsbrucker Regierung, alle lutherischen Pfaffen, die Hohenbergisches Gebiet betreten, auszuweisen.
1539	Anweisung an die Hohenbergischen Amtleute, das Rottenburger Hofgericht von allen des Luthertums verdächtigen adeligen Beisitzern zu reinigen.
1638	Die Stadt von Schweden und nachher von Kaiserlichen geplündert.
1644	Stadtbrand, dem 556 Gebäude zum Opfer fielen.
1648	Niederlassung der Jesuiten in Rottenburg.
1658/1670	Bau des Jesuitenkollegiums, des heutigen Bischöflichen Palais.
1674	Einweihung des neuen Rathauses.
1682	Erbauung der Weggenthaler Wallfahrtskirche.
1711	Erbauung der Jesuitenkirche St. Joseph, die 1789 wegen »Schadhaftigkeit« abgebrochen wurde.
1735	Stadtbrand, dem 433 Gebäude zum Opfer fielen.
1735	Erbauung des jetzigen Rathauses.
1744	Während des österreichischen Erbfolgekrieges lagern 12 000 Mann französischer und bayrischer Truppen bei Sülchen.
1773	Aufhebung des Jesuitenordens und damit ihres Rottenburger Kollegiums.
1786	Stadtbrand, dem in Ehingen 125 Gebäude zum Opfer fielen.
1792/1795	Das Condé'sche Emigriertenkorps nimmt in Rottenburg mehrmals Winterquartier.
1806	Übergang der österreichischen Herrschaft Hohenberg an Württemberg gemäß dem Preßburger Friedensvertrag vom 26. Dezember 1805.
	Erster Besuch König Friedrichs von Württemberg in Rottenburg. — Auf dem alten Hohenberger Stadtschloß wird ein Zwangsarbeitshaus eingerichtet; seit 1872 Landesgefängnis.
1808	Rottenburg wird Kreishauptstadt. Am 1. Mai kommt der erste Postwagen von Tübingen an.
1812	Rottenburg wird Hauptstadt der Landvogtei am mittleren Neckar.

1817	Rottenburg wird Oberamtsstadt.
1827	Am 20. Mai wird Johann Baptist von Keller als erster Bischof von Rottenburg feierlich eingesetzt.
1828	Gründung der Lateinschule.
1861	Am 12. Oktober Eröffnung der Eisenbahnstrecke Reutlingen—Rottenburg.
1864	Am 1. November Eröffnung der Eisenbahnstrecke Rottenburg—Eyach.
1872/1873	Bau der beiden Neckarbrücken.
1899	Durchfahrt des letzten Neckarfloßes am 26. Oktober.

Literaturverzeichnis

Bauer, Albert, Gau und Grafschaft in Schwaben (Darstellungen aus der Württ. Geschichte). Stuttgart 1927.

Beck, Jos., Die Geschichtsbücher der Wiedertäufer in Österreich-Ungarn (Fontes rerum Austriacarum II, 43). Wien 1883.

Berduscheck, H., Albert von Hohenberg. Berlin 1853.

Beschreibung des Oberamts Rottenburg. Herausgegeben von Prof. Memminger. Stuttgart, 1828.

Beschreibung des Oberamts Rottenburg. Herausgegeben vom Kgl. Statist. Landesamt. Stuttgart 1899.

Birlinger, Anton, Aus Schwaben. Wiesbaden 1874.

— So sprechen die Schwaben. Berlin 1868.

— Volkstümliches aus Schwaben. Freiburg 1861—1864.

Bittel, Kurt, Die Kelten in Württemberg (Röm.-German. Forschungen 8). Berlin 1934.

Bohnenberger, Karl, Die Mundarten Württembergs (Schwäbische Volkskunde 4). Stuttgart 1928.

Buhl, A. Rottenburger Bibliographie. Handschrift.

Bunz, Chr., Der Franzosenfeiertag 1848. Reutlingen 1880.

Crusius, Martin, Schwäbische Chronik. Übersetzt von J. J. Moser. Frankfurt 1733.

Ehingen, Jörg von, Des schwäbischen Ritters Georg von Ehingen Reisen nach der Ritterschaft. Herausgegeben von Franz Pfeifer (Bibl. d. Lit. Vereins I). Stuttgart 1842.

— The diary of ... Translated and edited by Malcolm Letts. London 1929.

Flugschriften aus den ersten Jahren der Reformation II: »Brüderlich Vereinigung etzlicher Kinder Gottes sieben Artikel betreffend. Item ein Sendbrief *Michael Sattlers* an eine Gemeine Gottes samt seinem Martyrium (1527).« Herausgegeben von Walther Köhler. Leipzig 1908. (Enthält den Prozeßbericht des Augenzeugen Claus von Graveneck).

Gärt, Joseph Anton, Beschreibung der Grafschaft Hohenberg. 1773 bis 1793. Handschrift der Württ. Landesbibliothek.

Goeßler, Peter, Grabhügel und Dingplatz (in »Beiträge zur Geschichte, Literatur und Sprachkunde vornehmlich Württembergs«, herausgegeben von Hans Bihl. Festgabe für Karl Bohnenberger). Tübingen 1938.

Goeßler, Peter, Vom Werden und Wesen unserer alamannischen Vorfahren (in »Schwaben, Monatshefte für Volkstum und Kultur« 2/3) 1941.

Guggenhahn, Zur Geschichte der Flößerei in Württemberg. 1909.

Haßler, Ludwig Anton, Chronik der Kgl. Württ. Stadt Rottenburg und Ehingen a. N., Rottenburg 1819.

Haug-Sixt, Die röm. Inschriften und Bildwerke Württembergs. 2. Aufl., Stuttgart 1914.

Hertlein-Paret-Goeßler, Die Römer in Württemberg. Stuttgart. 1928 bis 1932.

Holzherr, Karl, Geschichte der Reichsfreiherrn von Ehingen. Stuttgart 1884.

Jaumann, J. v., Colonia Sumlocenne. Stuttgart 1840.

— Neuere zu Rottenburg aufgefundene römische Altertümer. Stuttgart 1855.

Kapff, Rudolf, Schwäbische Geschlechtsnamen (Schwäb. Volkskunde 3), Stuttgart 1927.

Lutz von Lutzenhart, Christoph, Chronik der österr. Stadt Rottenburg a. N. 1609. Handschrift der Württ. Landesbibliothek.

Martin, Ernst, Erzherzogin Mechthild (Zeitschrift für Beförderung der Geschichts-, Altertums- und Volkskunde von Freiburg II). Freiburg 1872.

Meier, Ernst, Deutsche Sagen, Sitten und Gebräuche aus Schwaben. Stuttgart 1852.

Mönch, W. Die Wurmlinger Kapelle. Tübingen 1922.

(Nägele, Eugen), Grinario, das röm. Kastell bei Köngen, Tübingen 1911.

Paradeis, Franz Jos., Sumelocenna, Sülchen, Landskron. Rottenburg 1935.

Paret, Oskar, Das Kastell Rottenburg (Der Obergermanisch-rätische Limes des Römerreichs, B Band V, 2, Nr. 51). Berlin 1936.

(Petzek, J.), Sammlung aller Gesetze und Verordnungen, die bis 1792 für die Vorderösterr. Lande erlassen worden sind. Herausgegeben von J. Petzek. Freiburg 1792 und ff.

Schleiermacher, W., Die Neckarlinie (Der Obergermanisch-rätische Limes des Römerreichs, A Band V, Strecke 11). Berlin 1935.

Schmid, Ludwig, Albert von Hohenberg, Stuttgart 1879.

— Geschichte der Grafen von Zollern-Hohenberg, Stuttgart 1862.

— Der hl. Meinrad in der Ahnenreihe des Hauses Hohenzollern. Sigmaringen 1874.

— Des Minnesängers Hartmann von Aue Stand, Heimat und Geschlecht. Tübingen 1874.

— Das Schloß Alt-Rottenburg. Rottenburg 1877.

Stoll, Hermann, Die Alamannengräber von Hailfingen in Württemberg. (German. Denkmäler der Völkerwanderungszeit IV.) Berlin 1939.

— Urgeschichte des oberen Gäus (Veröffentlichungen des Württ. Landesamts f. Denkmalpflege 7). Öhringen 1933.

Stolz, Eugen, Die Urbansbruderschaft in Rottenburg. Rottenburg 1913.

Strauch, Ph., Pfalzgräfin Mechthild in ihren literarischen Beziehungen. Tübingen 1883.

Strigl, Froben., Chronik der städt. Volksschule in Rottenburg a. N. von 1766—1870. Handschrift im Archiv der Volksschule.

Vanotti, Joh. Nepom., Die Feyer des 19. Jänners bey der Besitznahme ... der Grafschaft Ober- und Niederhohenberg. Rottenburg 1806.

Veeck, Walther, Die Alamannen in Württemberg (German. Denkmäler der Völkerwanderungszeit I). Berlin 1931.

Weittenauer, Joh. Ev., Liber traditionum. Handschrift der Stadtpfarrei St. Moriz in Ehingen.

Weller, Karl, Besiedlungsgeschichte Württembergs vom 3. bis 13. Jahrhundert. Stuttgart 1938.

Zimmersche Chronik. Herausgegeben von Barack. Freiburg 1881—1882.

Nach dreißig Jahren

Der ist der glücklichste Mensch,
der das Ende seines Lebens
mit dem Anfang in Verbindung
setzen kann.

Goethe

Sie sind beide alt geworden, das Buch vergilbt und sein Verfasser grau. Dreißig Jahre sind seit dem Erscheinen der »Rottenburger Hauspostille« vergangen und seit ihrer Niederschrift noch einige mehr.

Das Buch ist schon lange vergriffen, aber immer noch wird in den Buchhandlungen nach ihm gefragt – und nicht nur von Rottenburgern; gelegentlich taucht sein Titel in Antiquariatskatalogen auf zu Preisen, die den Verfasser stolz machen könnten, kurz, es ist eine Rarität geworden.

Dies und andere Gründe haben den damaligen Anreger des Werks bewogen, eine Neuausgabe herauszubringen. Widrige Umstände, zum Teil in der Person des Autors gelegen, der in jenen dunklen Jahren Schreibverbot hatte, zum anderen Teil vom Schicksal des vorgesehenen Verlegers (lange Kriegsgefangenschaft) bestimmt, haben es damals verhindert, die »Hauspostille« nach dem Krieg in *dem* Verlag erscheinen zu lassen, dessen Name heute auf dem Titelblatt steht. So geriet das Manuskript in die Hand eines Verlegers, der die Möglichkeit hatte, es alsbald zu veröffentlichen. Dem ursprünglich vorgesehenen Verleger ließ dies keine Ruhe, er hing, sozusagen als Adoptivvater, an seinem Sprößling. So ergriff er, als das Buch im Handel längst nicht mehr zu haben war, die Gelegenheit, eine neue Ausgabe zu riskieren. Dafür schuldet ihm der Verfasser Dank und Anerkennung seines verlegerischen Muts.

Er hätte dieses Nachwort gern so eingeleitet, wie das Buch beginnt: mit einem »Blick vom Turm«. Aber dazu hätte der Fünfundsiebzigjährige ein paar hundert steile Stufen hinauf zum gotischen Helm der Domkirche ersteigen müssen. Außerdem schuf ihm die Voraussicht, droben eines Führers zu bedürfen, der ihm das neue Bild von Stadt und Landschaft erklären müßte, ein gewisses Unbehagen. Was zu seinen Zeiten noch grüne Umgebung der Stadt gewesen war – Obst- und Hopfengärten, Wiesenhänge und Weinberge – ist inzwischen überbaut worden. Neue Viertel und Siedlungen sind am Stadtrand entstanden, es gab Umbauten und Abbrüche und neue Straßennamen, sogar der Stadtkern hat sein Gesicht verändert und sich nach den Bedürfnissen des Verkehrs modernisiert, um es ohne Bewertung zu sagen. Sich all dies von einem andern erklären zu lassen, hätte den Besucher zu einem Fremden in der Heimat, die er doch so gut zu kennen meinte, gemacht . . .

Eine kleine Statistik möge diese Veränderungen verdeutlichen: Rottenburgs Einwohnerzahl stieg von 7027 im Jahre 1900 auf 8311 im Erscheinungsjahr der »Hauspostille« und auf 30469 im Jahre 1975, dem Jahr der großen Gebietsreform in Baden-Württemberg und der Eingliederung der angrenzenden Gemeinden. Gab es 1950 noch 824 Flüchtlinge in der Stadt, so 1970 bereits 1217. Die Zahl der Arbeiter in der traditionell von Kleinbauern, Handwerkern, Gewerbetreibenden und Beamten bewohnten Kleinstadt betrug im Jahre 1970 29,8 Prozent der Gesamtbevölkerung (in Stuttgart im selben Jahr 24,3 und in Ulm 24,4 Prozent). Im Jahre 1900 zählte man 87,7 Prozent Katholiken und 12,1 Prozent Protestanten, im Jahre 1972 war das Verhältnis 77 zu 17 Prozent.

Leser der »Hauspostille« haben den Autor oft gefragt, warum er seine Chronik nicht bis auf unsere Zeit weitergeführt habe. Das hat verschiedene Gründe. Bis zum Anbruch des technischen, industrialisierten Zeitalters waren sich Lebensumstände und Lebensart in der Kleinstadt jahrhundertelang im wesentlichen gleichgeblieben. Den Umbruch aller Grundlagen, den Aufbruch in die neue Epoche darzustellen, dazu fühlte sich der Verfasser weder sachlich berufen, lebte er doch schon lange nicht mehr in der Vaterstadt, noch war er dazu innerlich geneigt – seine Interessen waren auf anderes gerichtet. Dazu kommt, daß es in jenen Jahren, wenn nicht lebens-, so immerhin freiheitsgefährlich war, geschichtlich und kulturell wertende Urteile »sine ira et studio« abzugeben, ohne der Zeittendenz zu huldigen. So schwieg er lieber; es gab ja anständigere Berufe als den eines Schriftstellers im Dritten Reich. Und schließlich wollte er Selbsterlebtes für seine später zu schreibenden Jugenderinnerungen aufheben; sie sind inzwischen unter dem Titel »Aller Tage Morgen« erschienen.

Einige für das Gesicht der Stadt aufschlußreiche Figuren und Daten sollen wenigstens hier im Nachwort angeführt werden. Da ist vor allem der württembergische Staatspräsident Eugen Bolz zu nennen. Vom Ruhm seines Namens und seines mutigen Kampfes gegen die Barbarei, seines Schicksals und gewaltsamen Endes fällt ein Lichtstrahl auch auf seine Vaterstadt Rottenburg.

In das Kapitel »Schattenrisse« gehören auch drei Bischöfe: der in der ganzen Fachwelt berühmte Kirchenhistoriker Karl Joseph von Hefele (1809–1893), Bischof von Rottenburg seit 1869; Paul Wilhelm von Keppler, als Historiker kirchlicher Kunst und als Verfasser des Buches »Mehr Freude« weit über seine Diözese hinaus bekannt geworden, und schließlich sein Nachfolger Johann Baptist Sproll, den sein tapferer Widerstand gegen die braunen Antichristen in die Verbannung getrieben hat. Ferner wäre in diesem Kapitel über einen Fund zu berichten, den der Zufall lange nach dem Erscheinen der »Hauspostille« ihrem Verfasser in die Hand gespielt hat. Da gab es im 16. Jahrhundert zwei lateinisch dichtende Rottenburger, deren verblaßte Namen im Herbarium der Literaturgeschichte eingesargt sind. Der eine, Hieronymus Ziegler, wird als fruchtbarer Dramatiker des Jesuitentheaters genannt; er starb 1562 als Professor in Ingolstadt. Der andere, Stessan mit Namen, auch er ein Dramatiker, führte 1589 in Überlingen am Bodensee sein lateinisches Drama von der Märtyrerin Felicitas auf – sicherlich nicht sein einziges Werk. Auf die neu entdeckten und freigelegten Fresken in der uralten St. Moriz-Kirche in Ehingen kann hier nur hingewiesen werden, sie allein lohnen einen Ausflug in die alte Neckarstadt.

Im Buch selbst wird man einiges finden, was in der alten Ausgabe nicht enthalten war: eine Folge von Gedichten des Verfassers, zu denen ihn vor langer Zeit Stadt und Landschaft angeregt haben; die entsprechenden Federzeichnungen stammen von Josef Eduard Wagenblast. Außerdem mögen sich Leser, die es danach gelüstet, ihre Lateinkenntnisse zu erproben, an die zwölf schönen Kupferstiche von Virgil Solis, Stecher und Radierer in Nürnberg (1514–1562), halten, die den Monaten des »Rottenburger Kalenders« vorangestellt sind.

Ein eigenartiges Gefühl überkommt den Verfasser, liest er, alt geworden, was er zwar nicht als junger, aber doch als jüngerer Mann geschrieben hat. Manches würde er heute wohl anders oder gar nicht mehr schreiben, trotzdem sagt er im großen und ganzen ja zu seinem Buch. Heimatliebe mag als altmodisches Wort zur Zeit nicht hoch im Kurs stehen, was es aber in sich begreift, das stirbt bei einem Schwaben erst mit ihm selbst. Daß dieses Kindheits- und Jugenderlebnis kein Hemmnis ist beim Erfahren und Erfassen einer Welt mit weiteren Horizonten, bestätigt dem Autor sein eigener Lebensweg: er hat ihn in vieler Herren Länder geführt, aber der Heimatstadt nicht entfremdet.

Ich las es wieder, Blatt um Blatt,
was ich geschrieben von der Stadt.
Ich träumte mich in ihre Gassen,
als hätt' ich niemals sie verlassen,
sah viele, die an ihr gehangen
und lange schon von uns gegangen;
das Eckhaus mit den hohen Stuben,
die Mutter und den wilden Buben
als Gast auf jedem Apfelbaum,
sah Marktplatz, Schule, Klassenraum,
vernahm der Sprache herben Laut,
mir heut wie ehedem vertraut,
zerfallner Mauern alte Mär,
den Sturz des Neckars übers Wehr,
des Domturms wogendes Geläut –
und alles war, als wär es heut . . .

Der Traum zerging. Was mir geblieben
steht schwarz auf weiß im Buch beschrieben.
Ward i c h auch alt, blieb s i e doch jung,
der Jugendzeit Erinnerung.

Inhalt

Auslieferung durch Konrad Theiss Verlag Stuttgart
ISBN-3-8062-0152-8.

Die Veduten zeichnete Josef Eduard Wagenblast, Schwäbisch Gmünd.

Das Buch ist in der Linotype Garamond Antiqua gesetzt und von U.E. Sebald in Nürnberg auf Papier der Papierfabrik Scheufelen in Oberlenningen gedruckt. Georg Gebhardt in Ansbach hat es gebunden.
Die Einfassungen sind Monotype Borders nach Robert Granjon.